★ 建设更高水平的"齐鲁粮仓"县域样板书系 ★

小农户与现代农业发展有机衔接
——粮食生产多元经营主体与社会化服务体系研究

李　蹊　董磊明◎著

人民出版社

目　　录

绪　论　种粮富农的现代农业经营体系

务农重本，国之大纲。党的十八大以来，农业、农村、农民的发展是全党工作的重中之重，关系到乡村振兴和农业农村现代化的实现。"三农"问题作为一个有机整体，涵盖了我国快速发展过程中的诸多重要议题。现代农业经营体系的建构关系到我国粮食安全与中国式现代化的实现。2023年12月第十四届全国人民代表大会常务委员会第七次会议通过《中华人民共和国粮食安全保障法》，其中第二十七条规定："国家支持面向粮食生产者的产前、产中、产后社会化服务，提高社会化服务水平，鼓励和引导粮食适度规模经营，支持粮食生产集约化。"[①]基于此，本书记录了我国华北平原沿黄河地区一片沃土之上关于粮食种植的故事，探讨了以家庭为生产单位的小农户如何与现代农业发展相衔接的问题，阐释了多元农业经营主体与社会化服务体系的发育过程与运转机制，希望管中窥豹，为兼顾粮食安全与农民利益的现代农业生产道路提供案例支撑，探讨地方经验的借鉴价值与推广意义。

---

① 《中华人民共和国粮食安全保障法》，2023年12月30日，https://www.gov.cn/yaowen/liebiao/202312/content_6923387.htm。

第一节　种粮富农的战略意义

强国必先强农,农强方能国强。2023 年,中央一号文件再次从现代化建设与国家安全两个维度,指出了粮食生产与强农富农的重要意义。对内而言,全面建设社会主义现代化国家最艰巨最繁重的任务仍然在农村。粮食种植直接构成了农业发展和农民增收的重要动力,进而深刻影响着我国农村人口结构与发展活力。对外而言,世界百年未有之大变局加速演进,我国发展进入战略机遇和风险挑战并存、不确定因素增多的时期,粮食安全作为国家安全的重要基础,是我国平稳快速发展的关键保障。[1] 党的二十大报告全面阐述了中国式现代化与西方现代化的本质区别,农业现代化作为中国式现代化的重要一环,也是守住底线、修补软肋,提升极端情况下保证生存、发展和国家安全的能力的压舱石。[2] 因此,守好"三农"基本盘至关重要、不容有失。

一、夯实国家粮食安全根基

农业生产实践表明,中国特色的农业现代化道路绝不同于大农场的西方模式。我国已经深刻认识到了种粮富农对夯实国家粮食安全根基的重要意义,并且明确了农业现代化建设的大方向。《国务院关于印发"十四五"推进农业农村现代化规划的通知》指出,提升粮食等重要农产品供给保障水平,需要藏粮于地、藏粮于

---

[1] 《中共中央 国务院关于做好 2023 年全面推进乡村振兴重点工作的意见》,人民出版社2023 年版。

[2] 陈锡文:《当前农业农村的若干重要问题》,《中国农村经济》2023 年第 8 期。

技,健全辅之以利、辅之以义的保障机制。[①]

　　辅之以利,便是通过激发农民的种粮积极性来保障粮食安全。农民是种粮主体,落实国家粮食安全战略,需要让种粮农民不吃亏、多获利,种粮富农是国家粮食安全的必由之路。[②] 具体而言,种粮富农对夯实我国粮食安全根基发挥作用的路径,首先在于确保粮食播种面积稳定。维护粮食播种面积稳定一方面需要遏制耕地"非农化",另一方面需要避免基本农田"非粮化"。

　　我国人均耕地面积在第一次全国国土调查结果为 1.59 亩,第二次调查结果为 1.52 亩,第三次调查结果为 1.36 亩。这组数据意味着,1957 年至 1996 年,我国耕地年均净减少超过 600 万亩;1996 年至 2008 年,年均净减少超过 1000 万亩;2009 年至 2019 年,年均净减少超过 1100 万亩,如果不对耕地减少速度加以遏制,2029 年我国可能面临跌破 18 亿亩耕地红线的危险。[③]

　　针对这种情况,我国自上而下地推动落实了最严格的耕地保护制度、开展专项监督,不断敦促各地加强用途管制、规范占补平衡、强化土地流转用途监管、推进撂荒地利用。[④] 耕地保护措施取得了显著成效,2022 年度全国国土变更调查显示,全国耕地面积 19.14 亿亩,较上年末净增加约 130 万亩。[⑤] 但是,政府对耕地保

---

　　① 《国务院关于印发"十四五"推进农业农村现代化规划的通知》,2022 年 2 月 11 日,https://www.gov.cn/zhengce/content/2022/02/11/content_5673082.htm。

　　② 孟哲:《保障粮食安全,要让种粮农民多获利》,2022 年 5 月 22 日,http://opinion.people.com.cn/n1/2022/0522/c223228-32427175.html。

　　③ 徐涵、乔金亮、黄晓芳、吉蕾蕾:《耕地问题调查:耕地数量正在减少 局部质量也在变差》,《经济日报》2022 年 2 月 14 日。

　　④ 李微微:《心系"国之大者",服务粮食安全》,《人民日报》2022 年 7 月 6 日。

　　⑤ 自然资源部:《2022 年度全国国土变更调查初步结果显示:全国耕地面积连续第二年止减回增,实现净增加》,2023 年 3 月 3 日,https://www.mnr.gov.cn/dt/ywbb/202303/t20230303_2777259.html。

护自上而下的强力监管伴随着高强度的人力物力财力支出。如果能自下而上地调动农民的种粮积极性,将降低政府的监管难度,有助于更加高效地维持并提升我国耕地保护成果。而调动农民种地积极性的关键便在于让种粮能够带来经济收益。

此外,在保障耕地面积和粮食种植面积的基础上,通过先进农业技术和农机推广,提高粮食单产、降低粮食损耗也是夯实粮食安全根基的重要内容。我国耕地面积与众多的人口相比仍然相对紧缺,所以2021—2023年的中央一号文件连续三年强调了"全国粮食产量保持在1.3万亿斤以上"的年度粮食生产目标,2023年中央一号文件更进一步,在提到稳住粮食种植面积的同时,强调粮食单产的提高。① 在种粮富农的目标下,提高粮食单产可以增加农民种粮利润,进而提升农民的种粮积极性,这又会进一步确保粮食种植面积的稳定,形成良性循环。

综上所述,种粮富农是保障我国粮食安全的重要路径。一方面,粮食为农民带来经济收益的模式能够降低国家确保粮食播种面积稳定的监督成本,避免耕地的"非农化"和基本农田的"非粮化"。另一方面,粮食的稳定收益能够激发农民提高粮食单产的积极性,更快地接受先进农业技术,从一家一户的零散种植,向标准化、规模化的现代农业生产模式转型。

二、助力农业现代化与乡村振兴

促进小农户和现代农业发展有机衔接,建立种粮富农的现代农业经营体系,不仅有助于确保粮食播种面积稳定和国家粮食安

---

① 《中央一号文件发布:加快建设农业强国,全面推进乡村振兴》,2023年2月13日,http://www.bjnews.com.cn/detail/167591995614335.html。

全,还关系到我国农业现代化的建设,对构建农业农村发展新动能、助力乡村全面振兴具有重要意义,是兼顾国家"粮袋子"与农民"钱袋子"、实现强农强国战略目标的有效途径。①

实现农民高质量增收是立足中国式现代化的新发展阶段,不断增进民生福祉的应有之义。1993—2021 年,农民收入质量综合水平均值从 0. 4087 增长到了 0. 6415,农业现代化是扩展农民收入渠道、提升农民收入质量的重要动力。② 我国农业现代化建设作为农民生计的基石,关系到农村地区"一老一小"群体与特殊困难群体的生活保障,也关系到新型农民的职业发展。种粮富农的现代农业经营体系是提升农民获得感、幸福感和安全感的基础,有助于降低我国快速发展中产生的摩擦成本,守护农业农村"压舱石",在风险社会中建立"进可攻、退可守"的稳定后方。③

首先,增加粮食种植收益可以拓宽农民增收致富渠道,提升农民收入水平,并且为农村地区留住青壮年劳动力。历史上,我国的农业生产是自给自足的小农形态,随着社会主义市场经济体制的建立,粮食作为商品实现了有序流通,为种粮富农提供了前提条件。当下,粮食种植作为农业生产的主要内容,是众多农民的重要生活来源之一。在种粮富农的现代农业经营体系中,新型农业经营主体能够以专业化的服务降低小农户购买农机的压力,节省种地成本,推动先进农业技术在小农户耕地上的应用,并且以机械化

---

① 《农业农村部关于印发〈新型农业经营主体和服务主体高质量发展规划(2020—2022 年)〉的通知》,2020 年 3 月 3 日,https://www.gov.cn/zhengce/zhengceku/2020/03/24/content_5494794.htm。
② 杨少雄、苏岚岚、孔荣、王慧玲:《农民收入质量:逻辑建构、测度评价与动态演进》,《中国农村经济》2023 年第 8 期。
③ 吕方:《中国式现代化视域下的"宜居宜业和美乡村"》,《新视野》2023 年第 3 期。

耕作解放劳动力。加之粮食生产劳动的季节性特征,农民在种粮的同时,仍然可以就近务工或进行其他的经营性活动,兼业的生计模式能够为农村留住青壮年劳动力,助力乡村振兴。

其次,随着农业社会化服务水平的提高,机械化耕作之下老年农民正在日益成为种地的主力,促进农业经营增效可以为农村老年人口提供基本生活保障与收入来源。耕地长期以来便是我国农民的底线保障,种粮富农的现代农业经营体系在拓展农民收入渠道的同时发挥着社会保障的功能。回乡种地如果能够获得足够支撑日常生活的盈利,一方面,有助于老年人回归其社会资本较为丰厚的乡土社会,为晚年生活获取社会关系网络的支持提供便利。另一方面,可以缓解城市中超龄农民工的就业困境,让土地成为老年农民的保障与退路。

最后,推进农业适度规模经营,有助于促进农业生产的现代化转型。在种粮富农的现代农业经营体系建构过程中,通过农地经营权的有序流转,我国农业生产模式能够走向适度规模经营,在农民自愿前提下的"小田并大田"与农田建设、土地整治相结合,可以逐步解决耕地细碎化问题,实现农业生产的规模效应。[①] 与之相伴的是,我国农业机械化水平不断提高。从 2004 年出台《中华人民共和国农业机械化促进法》到 2020 年年底,中央财政累计投入 2392 亿元,扶持 3800 多万农民和农业生产经营组织购置各类农机具 4800 多万台(套)。截至 2020 年,全国农机总动力 10.3 亿千瓦,农机保有量 2.04 亿台(套),分别较 2003 年增长 72% 和 63%。全国农作物耕种收综合机械化率 71%,较 2003 年提高 39

---

① 《中共中央 国务院关于做好 2023 年全面推进乡村振兴重点工作的意见》,2023 年 2 月 13 日,https://www.gov.cn/zhengce/202302/content_6754065.htm。

个百分点,小麦、水稻、玉米等主要农作物耕种收综合机械化率均已超过80%。① 由此可见,我国农业生产正在逐步适应现代化和市场化进程带来的大生产模式。

总而言之,粮食生产关乎国运民生,既是国家安全与农业现代化建设的基础,又是广大农民的重要生活来源与退路保障。农业作为全面建成小康社会、实现现代化的基础,是稳民心、安天下的战略产业。实现农业现代化,是我国农业发展的重要目标。② 只有立足国情农情,体现中国特色,才能将我国建设成为供给保障强、科技装备强、经营体系强、产业韧性强、竞争能力强的农业强国。③ 下面将基于"种粮富农"的目标,讨论现代农业经营体系下的粮食生产模式。

第二节　现代农业经营体系中的粮食生产模式

现代农业经营体系指的是现代化的农业经营主体、组织方式、服务模式的有机组合。建构种粮富农的现代农业经营体系,必须破解"谁来种地"和"如何营利"两大问题。④ 而提升粮食种植的经营效益,一方面需要稳定粮食价格、保障粮食售卖渠道畅通,实

---

① 《农业农村部 财政部就2021—2023年农机购置补贴政策实施工作答记者问》,2024年4月7日,https://www.gov.cn/zhengce/2021/04/07/content_5598135.htm。
② 韩长赋:《构建三大体系,推进农业现代化——学习习近平总书记安徽小岗村重要讲话体会》,《人民日报》2016年5月18日。
③ 《中共中央 国务院关于做好2023年全面推进乡村振兴重点工作的意见》,https://www.gov.cn/zhengce/202302/content_6754065.htm。
④ 韩长赋:《构建三大体系,推进农业现代化——学习习近平总书记安徽小岗村重要讲话体会》,《人民日报》2016年5月18日,http://politics.people.com.cn/n1/2016/05/18/c1001-28358378.html。

现优价收购;另一方面需要降低粮食种植成本、保障粮食产量稳定,实现稳产高产。现代农业生产中,规模化、机械化生产和农业技术应用是降低粮食种植成本的重要途径,现代生产方式与小农户这一主要经营主体之间的衔接是需要重点攻克的环节。本节从国家政策顶层设计出发,讨论我国农业节本增效的整体发展方向,梳理农业经营主体的构成和多元主体之间的关系,探讨支撑农业适度规模经营的社会化服务体系建设路径,以此勾勒种粮富农的现代农业经营体系运转模式。

一、小农户与新型农业经营主体共存

现代农业经营体系的建立首先需要解决"谁来种地"的问题,国家有关部门多次明确,要坚持家庭经营基础性地位、支持保护小农户发展。直至目前,家庭联产承包责任制依然是我国农村基本经营制度,小农户仍是并且将长期作为我国农业生产主体。中共中央、国务院先后印发的《关于保持土地承包关系稳定并长久不变的意见》《关于稳步推进农村集体产权制度改革的意见》,中共中央办公厅、国务院办公厅先后印发的《关于加快构建政策体系培育新型农业经营主体的意见》《关于促进小农户和现代农业发展有机衔接的意见》等一系列重要政策文件,为小农户在粮食生产中的主体地位提供了制度保障。[①]

但是,小农户在链接现代农业生产的过程中天然存在短板。一方面,小农户的资金投入能力、农业技术改进能力、对接市场的能力以及抗风险能力均处于较低水平,一家一户的生产方式难以

---

① 《国务院关于加快构建新型农业经营体系推动小农户和现代农业发展有机衔接情况的报告》,http://www.npc.gov.cn/npc/c30834/202112/e0995f9916d747e38bcc7deafda97048.shtml。

形成规模效应。另一方面,随着我国新型工业化、信息化、城镇化进程加快,大量农村劳动力进入城镇,农村2亿多承包农户的就业和土地经营状态不断发生变化,"未来谁来种地、怎样种好地"的问题亟待回答。①

为了解决小农户与现代农业衔接困难的问题,我国将破解途径放眼于小农户群体之外,在保留小农户作为农业生产主体的基础上,大力培育发展新型农业经营主体。一方面,政府部门投入大量人力与财力,培养新型农业经营主体带头人,实施高素质农民培育计划,面向家庭农场主、农民合作社带头人开展全产业链培训。鼓励有长期稳定务农意愿的农户适度扩大经营规模,发展家庭农场。另一方面,着力引导以家庭农场为主要成员的农民合作社,鼓励返乡、下乡人员创办农民合作社,在产业基础薄弱、主体发育滞后、农民组织化程度低的地区,鼓励村党支部领办农民合作社,以此推动农业生产的组织化和规模化。支持发展到一定规模的农民合作社探索决策权与经营权分离,引入职业经理人,或采取出资新设、收购或入股等形式办公司。鼓励各地引入信贷、保险、科技、物流、网络零售、农产品加工等各类优质企业,面向新型农业经营主体提供覆盖全产业链条的服务和产品,实现优势互补、合作共赢。②

上述发展新型农业经营主体的举措取得了良好成效,包括家庭农场、农民合作社和农业社会化服务组织在内的各类新型农业

---

① 《农业农村部关于印发〈新型农业经营主体和服务主体高质量发展规划(2020—2022年)〉的通知》,2020年3月3日,https://www.gov.cn/zhengce/zhengceku/2020/03/24/content_5494794.htm。

② 《农业农村部关于实施新型农业经营主体提升行动的通知》,2022年3月23日,https://www.gov.cn/zhengce/zhengceku/2022/03/29/content_5682254.htm。

经营主体快速发展。截至 2022 年,我国注册的家庭农场共计 391.4 万家,农民合作社 222.2 万家。根据农业农村部计划,到 2025 年年末,培育的农业产业化国家重点龙头企业将超过 2000 家,国家级农业产业化重点联合体将超过 500 个。① 多元经营主体涵盖了产业链延伸型、内部融合型、多功能拓展型和技术渗透型等多种类型,分别承担着增加农产品附加值、节省农业生产成本、推动农业与第三产业融合,以及提升生产、交易效率的不同功能。②

由此可见,小农户与新型经营主体并不是非此即彼、此消彼长的替代关系,而是共同构成了农业经营的有机体系。新型经营主体不仅需要在农业生产中培育自身的发展实力和经营活力,同时兼具提供农业社会化服务和带动能力。截至 2021 年,各种类型的农民合作社已经带动了全国近一半农户,其中在脱贫地区培育的农民合作社达 72 万家,吸纳带动脱贫户 630 万人。③ 由此,新型经营主体通过"主体联农"和"服务带农"两种方式,逐步将小农户引入现代农业发展轨道。2022 年,我国农产品加工企业营业收入近 25 万亿元,县级以上龙头企业引领各类农业产业化组织辐射带动农户 1.2 亿多户,吸纳就业农村劳动力接近七成。④ 可见农业经营主体的多元化,不仅有助于提升现代农业经营的组织化程度,还

---

① 高云才、王浩、游仪、常钦:《发展新型农业经营主体(全面推进乡村振兴)》,《人民日报》2022 年 12 月 26 日。

② 赵雪、石宝峰、盖庆恩、吴比、赵敏娟:《以融合促振兴:新型农业经营主体参与产业融合的增收效应》,《管理世界》2023 年第 6 期。

③ 《国务院关于加快构建新型农业经营体系推动小农户和现代农业发展有机衔接情况的报告》,2021 年 12 月 21 日,http://www.npc.gov.cn/npc/c2/c30834/202112/t20211221_315449.html。

④ 高云才、王浩、游仪、常钦:《发展新型农业经营主体》,《人民日报》2022 年 12 月 26 日。

能够带动小农户合作经营、共同增收。

总而言之,我国构建现代农业经营体系的发展思路是以内强素质、外强能力为重点,突出抓好农民合作社和家庭农场两类农业经营主体发展,着力完善基础制度、加强能力建设、深化对接服务、健全指导体系,推动由数量增长向量质并举转变。"十四五"时期发展目标指向的是新型农业经营主体发展质量效益稳步提升、服务带动效应显著增强的发展格局。在新的发展阶段,我国将基本形成以家庭经营为基础、新型农业经营主体为依托、社会化服务为支撑的现代农业经营体系,在粮食生产中实现小农户和现代农业发展的有机衔接。①

二、覆盖粮食生产全流程的社会化服务供给

农业现代化是中国式现代化的重要组成部分,我国的农业现代化道路不能学欧美的模式,短期内不应该、也不可能把农民的土地集中到少数主体手上搞大规模集中经营。同时,也不可能走日韩高投入高成本、家家户户设施装备小而全的路子。对我国而言,发展农业社会化服务是实现农业高质量发展和现代化生产现实而有效的途径。② 我国在农业人口规模巨大的前提下,创新性地把土地流转形成的土地规模化和社会化服务形成的服务规模化有机结合在一起③,在实践中形成了匹配家庭联产承包责任制的规模

---

① 《农业农村部关于实施新型农业经营主体提升行动的通知》,2022 年 3 月 23 日,https://www.gov.cn/zhengce/zhengceku/2022/03/29/content_5682254.htm。

② 《农业农村部关于加快发展农业社会化服务的指导意见》,2021 年 7 月 7 日,https://www.gov.cn/zhengce/zhengceku/2021/07/16/content_5625383.htm。

③ 孔祥智:《中国式农业现代化的重大政策创新及理论贡献》,《教学与研究》2023 年第 2 期。

化生产模式,在理论上对马克思主义政治经济学的创新与发展作出了重要贡献。

现代农业经营体系的建构之所以离不开社会化服务,是因为小农户的生产模式存在诸多"干不了"和"干不好"的生产环节,规模化和机械化的农业生产又无法完全依赖农地经营权的流转来实现。人多地少是我国农业发展需要长期面对的基本现实,实施家庭联产承包责任制分田到户时根据土地条件分等级来分配地块,从而形成了"人均一亩三分地、户均不过 10 亩田"且地块分散的细碎土地格局和小农户生产方式。① 在这种农情之下,我国发展农业社会化服务的根本目的,就是将先进适用的品种、技术、装备和组织形式等现代生产要素导入小农户生产过程之中,推动小农户与多元经营主体形成利益共享、风险共担的利益共同体,将小农户嵌入现代农业产业链条中。

为此,我国对建设覆盖农业生产全流程的社会化服务进行了长期探索。早在 1983 年,中央一号文件便首次提出了"社会化服务"概念,鼓励合作经济向该领域拓展。但在早期发展阶段,社会化服务呈现服务内容碎片化、市场监管缺失的局面,存在多元主体在服务领域上出现功能重叠、服务效率低下等问题。为了解决上述问题,1991 年,《国务院关于加强农业社会化服务体系建设的通知》中明确提出"要以乡村集体或合作经济组织为基础,以专业经济技术部门为依托,以农民自办服务为补充,形成多经济成分、多渠道、多形式、多层次服务体系"。②

---

① 孙新华、付莹莹:《细碎土地规模化流转的组织技术》,《南京农业大学学报(社会科学版)》2023 年第 2 期。

② 郭晓鸣、温国强:《农业社会化服务的发展逻辑、现实阻滞与优化路径》,《中国农村经济》2023 年第 7 期。

　　为了进一步实现农业社会化服务"产前"、"产中"、"产后"不同阶段的体系化,我国各级政府采取了多种措施培育多元主体,健全市场制度。自2017年开始,中央财政安排专项转移支付资金用于支持农业生产社会化服务。同时,农业支持政策逐步从"补主体、补装备、补技术"向"补服务"转变。各级农业农村部门将新型农业经营主体和服务主体纳入财政优先支持范畴,统筹整合资金,综合采用政府购买服务、以奖代补、先建后补等方式,在农机购置补贴、税收优惠政策等方面加大对新型农业经营主体和服务主体的支持力度,将上述主体作为各级财政支持的各类小型项目建设管护主体。鼓励有条件的新型农业经营主体和服务主体参与实施高标准农田建设、农技推广、现代农业产业园等涉农项目。[①]

　　上述扶持社会化服务发展的举措有效推动了粮食生产模式的现代化转型,以规模化和体系化生产推动了农民增收和粮食稳产。根据农业农村部的调查,通过服务主体集中采购生产资料、统一进行机械化作业、集成应用先进品种和技术、订单溢价收购农产品等服务,单季粮食作物生产亩均节本增效约150元。[②] 2020年,我国农业社会化服务营业收入超过1600亿元,服务面积达16.7亿亩次。截至2021年,我国农业专业服务公司等各类农业社会化服务组织已超过95万个,服务小农户7800万户。[③] 系统化的社会化服

　　① 《农业农村部关于印发〈新型农业经营主体和服务主体高质量发展规划(2020—2022年)〉的通知》,2020年3月23日,https://www.gov.cn/zhengce/zhengceku/2020/03/24/content_5494794.htm。

　　② 《以专业化社会化服务引领农业现代化发展——农业农村部就〈关于加快发展农业社会化服务的指导意见〉答记者问》,2021年7月16日,https://www.gov.cn/zhengce/2021/07/16/content_5625385.htm。

　　③ 《国务院关于加快构建新型农业经营体系推动小农户和现代农业发展有机衔接情况的报告》,2021年12月21日,http://www.npc.gov.cn/npc/c2/c30834/202112/t20211221_315449.html。

务体系需要涵盖农业产前、产中、产后的全产业链,由各类专业公司、农民合作社等新型农业经营主体提供集农资供应、技术集成、农机作业、仓储物流、农产品营销等服务于一体的农业生产经营综合解决方案,为我国小农户与现代农业的衔接贡献了力量。

总而言之,农业社会化服务在小农户"干不了、干不好、干了不划算"的领域发挥着重要作用,发展农业社会化服务是实现小农户和现代农业有机衔接的基本途径。[①] 借助农业社会化服务将粮食种植劳动拆分成不同环节外包的经营形式,可实现小农户生产经营的"虚拟整合",在无须大规模流转土地的情况下,推动农业生产装备、设施、技术、人才等资源高效利用,以规模化和标准化来提升粮食种植的效率与效益,实现现代农业的集约化生产。

第三节　农业现代化建设的重点难点

农业农村部指出,虽然我国新型农业经营主体和服务主体的培育工作取得显著成效,但基础设施落后、经营规模偏小、集约化水平不高、产业链条不完整、经营理念不够先进等问题依然存在,难以良好满足乡村振兴和农业农村现代化的要求。[②] 为了弥补农业发展的短板、实现高质量发展,需要从种粮富农的现代农业经营体系建设的重点与难点入手,逐一分析其破解途径。本节结合理

---

① 《农业农村部关于加快发展农业社会化服务的指导意见》,2021 年 7 月 7 日,https://www.gov.cn/zhengce/zhengceku/2021/07/16/content_5625383.htm。

② 《农业农村部关于印发〈新型农业经营主体和服务主体高质量发展规划(2020—2022年)〉的通知》,2020 年 3 月 3 日,https://www.gov.cn/zhengce/zhengceku/2020/03/24/content_5494794.htm。

论研究与农业生产实践,探讨我国农业适度规模经营、社会化服务供需匹配两大重点问题,以及双重经营体制下的农地经营权流转、小农户与社会化服务的有机衔接两大困难之处。

一、农业经营形成规模并保持适度

建设种粮富农的现代化农业经营体系,第一个重点是需要实现农业适度规模经营,其难点在于农村土地经营权的有序流转。农业生产的规模化不仅是重要的实践问题,也在东西方学术界长期存在争论,于 20 世纪 80 年代形成了针锋相对的两大理论范式:一方是占据我国学术界主流的马克思主义生产方式理论,强调生产关系与阶级剥削的论点,主要根据地主相对佃农、富农相对雇农两条生产关系轴线展开分析;另一方是经济学理论,聚焦于人口、市场、资本、技术和生产效率的分析,占据西方学术界主流。[①]

我国农业发展实践逐渐探索出一条超出上述两派争论的农业现代化道路。近代以来,我国农业便没有沿着西方的大农场模式发展,反而是以小农户家庭作为生产单位,尽可能将亩均劳动投入最大化。[②] 1949 年之后,为了追求农业规模经营,快速实现以"机械化、化肥化、水利化和电气化"为特征的农业现代化,我国曾经尝试通过行政主导的农民组织化和集体化方式彻底消解小农经济。但"一大二公"的集体化生产方式超越了当时的生产力水平,反而损害了农民的生产积极性。[③] 并且由于集体生产组织并未改变小农户家庭关心总产出而非劳均报酬的特点,农业内卷的程度

---

① 黄宗智:《我是如何思考中国小农的》,《文化纵横》2022 年第 5 期。
② 黄宗智:《华北的小农经济与社会变迁》,广西师范大学出版社 2023 年版。
③ 叶敬忠、豆书龙、张明皓:《小农户和现代农业发展:如何有机衔接?》,《中国农村经济》2018 年第 11 期。

不减反增,1949—1978 年,我国未能实现单位劳动力平均产出和产值的全面提高。

1978 年之后,我国建立了"统分结合"的双层经营体制,在土地归集体所有的前提下实施家庭联产承包责任制,赋予农户土地承包经营权,激发了小农户家庭经营的积极性和生产力。随着社会主义市场经济的发展,分散生产的小农经济日渐难以匹配社会化大生产,不利于农业现代化的实现。农业适度规模经营被提上议程,自 2001 年"十五"计划开始,我国政策经历了"去小农化"的阶段。2016 年中共中央办公厅、国务院办公厅印发《关于完善农村土地所有权承包权经营权分置办法的意见》,我国正式在农地所有权和承包经营权"两权分离"的双层经营体制之上,发展出了农村土地所有权、承包权、经营权"三权分置"的土地制度。该制度允许农民以转让、互换、出租或转包、入股等方式流转承包地并获得收益,农地经营权人对流转土地依法享有在一定期限内占有、耕作并取得相应收益的权利。[①] 2017 年党的十九大召开,我国的农业规模化发展思路转变为促进小农户和现代农业发展有机衔接。[②]

农地经营权流转是推动农业规模化生产的重要形式,但目前仍然在释放农村土地要素活力和保障农民权益的平衡取舍上面临困难。难点在于既需要稳定新型经营主体的经营预期,使其放心投入、培肥地力、完善农业基础设施;又需要坚持农民主体地位、维护农民合法权益、尊重农民意愿,在保障土地转入方权益的同时为

---

① 《中共中央办公厅 国务院办公厅印发关于〈完善农村土地所有权承包权经营权分置办法的意见〉》,2016 年 10 月 30 日,https://www.gov.cn/xinwen/2016/10/30/content_5126200.htm。
② 叶敬忠、豆书龙、张明皓:《小农户和现代农业发展:如何有机衔接?》,《中国农村经济》2018 年第 11 期。

转出方留有收回农地经营权的余地。如何不让农村土地集体所有权虚置,也是保障农民权益的重要议题。

一方面,农村土地经营权流转面临着交易成本和组织成本过高的问题。由于我国农村土地经营权流转的实践仍处于起步阶段,尚且存在土地流转市场发展不够成熟、市场化的产权制度不够完善、市场的服务体系不够健全等问题。加之小农户转让的农地经营权资产专用性、不确定性、交易频率均处于较高水平,仅依靠市场主体无法克服较高的交易成本。超出村庄边界的农地经营权流转往往需要村集体、地方政府等中间组织的介入,由此又产生了新的组织成本,并且市场或行政主导的土地流转再次涉及了遵循农民意愿、保障农民权益的难题。[①]

另一方面,农民的土地流转意愿不高、不稳定也是农业适度规模化经营面临的难题。农民土地流转意愿受到非农就业机会、年龄、粮食种植成本与收益等因素的影响,这些因素时刻处于变动之中,也就造成了农民土地流转意愿的不稳定。20世纪末,我国土地流转比例仅有1%左右。2016年年底,土地流转面积占家庭承包经营总面积的比例从2008年的8.9%提高到35.1%,达到4.7亿亩,但是其中30亩以上农业经营主体仅有1077万户,转入土地50亩以上的只有356.6万户。[②] 可见,放活农地经营权并不能立竿见影地实现农业规模经营。

总而言之,农业适度规模经营的配套制度建设是一个长期探索的过程。我国农村的土地承包关系要保持长期不变,但承包农

---

① 孙新华、付莹莹:《细碎土地规模化流转的组织技术》,《南京农业大学学报(社会科学版)》2023年第2期。

② 孔祥智:《健全农业社会化服务体系实现小农户和现代农业发展有机衔接》,《农村经营管理》2018年第4期。

户的家庭人口、农村的劳动力数量却时刻在发生变化,处理好这"变"与"不变"之间的关系,是培育和完善我国农村土地流转市场的关键。目前,在落实集体所有权、稳定农户承包权的基础上将农地经营权独立出来进行放活,尝试通过"三权分置"来打破村集体产权边界和小农户家庭经营边界,吸纳多元经营主体从事农业生产,解决土地细碎化的问题。① 放活农地经营权的关键在于坚持家庭经营基础性地位和稳定土地承包关系的同时,建立高效有序的经营权流转市场。

二、社会化服务的供需匹配

鉴于农村土地经营权流转尚且存在一定困难,目前,国家政策与学术研究均在探索放活农地经营权的多元化途径,例如土地股份合作、土地托管、代耕代种等多种经营方式。在无须进行土地流转的前提下,基于农业社会化服务提供的各种"代耕"和"托管"形式进行规模化经营,成为实现农业现代化的重要创新与尝试。

然而,由于向零散的小农户提供服务的交易成本较高,农业社会化服务供给方更偏向规模较大的农业经营主体,仅仅依靠市场机制难以将广大的小农户纳入社会化分工市场,还需要政府力量与社会资本发挥作用。② 由此,建设种粮富农的现代化农业经营体系,第二个重点便是建立供需匹配的社会化服务体系,其难点在于如何实现分散的小农户与社会化服务的有效对接。

建立供需匹配的社会化服务体系,首先需要支持新型农业经

---

① 郑永君、钟楚原、罗剑朝:《地权整合性、经营嵌入性与乡村产业振兴》,《中国农村观察》2023 年第 3 期。

② 郭晓鸣、温国强:《农业社会化服务的发展逻辑、现实阻滞与优化路径》,《中国农村经济》2023 年第 7 期。

营主体提供高质量、多元化、各环节的农业生产服务。2008年,党的十七届三中全会已经提出:"要加快构建以公共服务机构为依托、合作经济组织为基础、龙头企业为骨干、其他社会力量为补充,公益性服务和经营性服务相结合、专项服务和综合服务相协调的新型农业社会化服务体系。"①"十四五"时期,我国继续深入开展新型农业经营主体提升行动,着力支持家庭农场组建农民合作社、合作社根据发展需要办企业;②鼓励区域性综合服务平台建设,以期实现更大范围的服务资源整合、供需有效对接,促进资源集约、节约和高效利用。③

目前,我国农业合作社和涉农企业作为社会化服务的重要供给主体,其发展模式仍然处于探索之中,存在以下有待改进之处。首先,"空壳社"频频出现,表现为合作社没有农民成员实际参与、没有实质性生产经营活动、因经营不善停止运行、涉嫌以农民合作社名义骗取套取国家财政奖补和项目扶持资金、从事非法金融活动等形式。对此,自2019年开始,中央农办、农业农村部会同有关部门联合开展了"空壳社"专项清理整顿工作。④

其次,在"服务主体+各类新型经营主体+农户"的合作形式中,小农户的农业生产剩余面临被农业资本占取的风险,部分大型

---

①　《中共中央关于推进农村改革发展若干重大问题决定(2008年10月12日)中国共产党第十七届中央委员会第五次全体会议通过》,https://www.gov.cn/jrzg/2008/10/19/content_1125094.htm。

②　《中共中央 国务院关于做好2023年全面推进乡村振兴重点工作的意见》,2023年2月13日,https://www.gov.cn/zhengce/202302/content_6754065.htm。

③　《农业农村部关于加快发展农业社会化服务的指导意见》,2023年7月7日,https://www.gov.cn/zhengce/zhengceku/2021/07/16/content_5625383.htm。

④　《农业农村部办公厅关于建立"空壳社"治理长效机制促进农民合作社规范发展的通知》,2021年12月6日,https://www.gov.cn/zhengce/zhengceku/2021/12/13/content_5660327.htm。

农企留给小农户的只有获得劳动力工资的机会,缺少参与经营收益分配的机会。如何有效引导新型农业经营主体在实现自身发展的同时,兼顾小农户的社会化服务和共同增收需求,仍然是有待解决的问题。

再次,在提高农业社会化服务供给数量与质量的同时,还需要让小农户家庭便捷地获得社会化服务。为此,我国着力发展包含劳务介绍、土地流转、生产托管等各类内容在内的社会化服务体系,并在托管服务中发展出了单环节、多环节、全程托管等多种模式,为小农户提供耕、种、防、收等各环节"菜单式"服务。① 另外,由农资企业、农业科技公司、互联网平台等各类组织提供的综合服务,通过"农资+服务""科技+服务""互联网+服务"实现"技物结合"与"技服结合"。部分地区创新了多元主体联结的组织形式,包括"服务主体+农村集体经济组织+农户""服务主体+各类新型经营主体+农户"等形式。②

最后,鉴于小农户的经营形态使社会化服务难以产生规模效应,机械化作业只适用于集中连片的土地形态,细碎化的土地不仅不利于机械耕作,也无法满足社会化服务供给主体的盈利需求。20 世纪 80 年代,农村土地由家庭承包经营时,约计有 2.3 亿农户参与了土地承包经营权的分配,平均每户承包的耕地面积不到 8 亩,并且分散在不足 1 亩的多个地块之中。③ 这就造成了小农户

① 《国务院关于加快构建新型农业经营体系推动小农户和现代农业发展有机衔接情况的报告》,2021 年 12 月 21 日,http://www.npc.gov.cn/npc/c2/c30834/202112/t20211221_315449.html。

② 《农业农村部关于加快发展农业社会化服务的指导意见》,2021 年 7 月 7 日,https://www.gov.cn/zhengce/zhengceku/2021/07/16/content_5625383.htm。

③ 孔祥智:《健全农业社会化服务体系实现小农户和现代农业发展有机衔接》,《农村经营管理》2018 年第 4 期。

的农业生产服务需求呈现多样化和分散化的特征,大型社会化服务主体往往不愿意为小农户提供服务,即便获得服务供给,小农户在企业面前也缺乏议价权。

总而言之,社会化服务有望使我国农业生产得以在不经过大规模土地流转的情况下实现现代化生产,这种"虚拟整合"式的规模化经营,是对我国"统分结合"的农村双层经营体制内涵的丰富与完善,有助于推进农业生产过程的专业化、标准化、集约化,以服务过程的现代化实现农业现代化。社会化服务的有效供给以及小农户分散需求的有效满足,有助于破解我国建设种粮富农的现代农业经营体系所面临的重点与难点。

第四节　破解重点难点的地方经验

针对上文所述的我国现代农业经营体系建设的两大难点,本书试图从典型案例中总结地方经验。山东省齐河县是我国的产粮大县,粮食种植面积常年保持在 220 万亩以上,是全国 50 个整建制粮食高产创建示范县之一,粮食产量连续 14 年超过 22 亿斤,连年刷新全国大面积小麦、玉米的单产纪录,连续 7 年蝉联全国粮食生产先进单位。2014 年,齐河县建成了全国规模最大的粮食高产创建示范方田,2021 年粮食总产量 27.73 亿斤,其中 115.1 万亩小麦的亩产达到 605 公斤,较 2020 年增产 34.93 公斤;全县小麦总产 13.93 亿斤,较 2020 年增产 0.9 亿斤。下文将提纲挈领地总结齐河县为何能够在粮食生产中取得上述成绩,初步揭示其适度规模经营和社会化服务供需匹配的实现机制。

一、虚实结合的适度规模经营

齐河县的农业经营呈现出一种有节制的规模化状态,该县小农户经营的土地规模普遍高于全国平均水平,但种粮大户、家庭农场与合作社的经营规模又低于大农场的一般范畴。在齐河县,农业生产的这种适度规模经营有两种形成机制:第一种机制是农地经营权流转下的"实体整合",第二种机制是社会化服务供给所支撑的"虚拟整合"。

本书的第一章和第二章完整说明了"实体整合"如何发生,以及如何保持规模边界的问题;第三章和第四章详细解释了"虚拟整合"如何实现,以及如何将小农户纳入社会化服务之中的机制。此处先对齐河县农业适度规模经营整体状况进行概述,厘清和界定具有地方特色的多元经营主体形态。

齐河县以小农户作为粮食种植的主力,新型经营主体初具规模,但占比有限。根据县农业农村局 2023 年 7 月的最新统计数据,全县 50 亩以上的农业经营主体共计 1408 家,粮油作物种植面积约计 210977.33 亩,约占全县 1119621.82 亩小麦种植面积的 18.84%,仅占全县 220 万亩粮食种植面积的 9.59%。新型农业经营主体的规模处于适度水平,如表 0-1 所示。

表 0-1　2023 年齐河县农业适度规模化经营状况

种植规模(亩)	经营主体数量(户)	种植面积(亩)
(含)50—60	450	23981.82
(含)60—70	232	14705.56
(含)70—80	114	8436.2
(含)80—90	89	7373.14
(含)90—100	62	5812.61
(含)100—150	220	25591.49

种植规模（亩）	经营主体数量（户）	种植面积（亩）
（含）150—200	94	15863.79
（含）200—300	68	16085.56
（含）300—400	26	8838.58
（含）400—500	16	6912.15
（含）500—600	4	2159.89
（含）600—700	9	5752.74
（含）700—800	4	2936.14
（含）800—900	5	4127.25
（含）900—1000	2	1944.1
（含）1000 以上	13	60456.31
合计	1408	210977.33

资料来源：齐河县农业农村局。

　　"小农户"概念的界定具有历史的动态开放性和地区差异性，目前，在官方统计中被界定为"农地面积在 50 亩以下的农户"，在学术研究中被界定为"在特定资源禀赋下以家庭为单位、集生产与消费于一体的农业微观主体"。① 本书根据齐河县的土地条件、分配状况与农业生产力水平，将祖辈、父辈与子辈家庭内部流转农地经营权、由一方核心家庭进行集中耕种的经营单位界定为小农户。齐河县这类农业经营主体的耕种面积往往在 10—30 亩，自行购买农资但不会购入农机，虽然是家庭经营，其粮食生产也并非自给自足，在满足家庭自身需求之外的粮食仍然用于售卖，将粮食种植作为务工收入的补充渠道。

　　由此可见，齐河县的"小农户"实际上是已经在家庭内部进行了土地整合之后的经营主体。根据农业农村部统计，截至 2016 年

---

　　① 叶敬忠、豆书龙、张明皓：《小农户和现代农业发展：如何有机衔接?》，《中国农村经济》2018 年第 11 期。

年底,我国经营规模在 50 亩以下的农户仍占总数的 97%,约计 2.6 亿户,户均耕地面积约为 5 亩;经营规模在 50 亩以上的新型农业经营主体约有 350 万个,经营耕地总面积约 3.5 亿亩,平均经营规模 100 亩。[①] 可见,相对于我国平均水平,齐河县 10 亩以上的"小农户"的经营规模已经实现了高于平均水平的土地集中。

本书中界定的"种粮大户"与"小农户"相对应,意指将粮食种植作为主业,农地经营权流转的范围超出了家庭边界的农业经营主体,在种植粮食的同时向周边农户提供社会化服务。根据粮食种植面积,齐河县的"种粮大户"又可以分为两种类型。第一类种粮大户是种植面积在 30—150 亩的农业经营主体,在社会化服务的辅助下,仍然可以由一个核心家庭完成田间管理,并且不需要长期雇用劳动力。这一类农业经营主体往往购置单一类型的小型农机,在自用之余服务于村庄内部与极少数毗邻村庄。其中,种植面积在 50 亩以上的种粮大户可以选择注册成为家庭农场。

第二类种粮大户是超出 150 亩耕种面积的农业经营主体,往往需要雇用家庭外部的劳动力,流转了上千亩耕地的种粮大户还需要聘请经理人进行田间管理,自己则只进行人员管理。这类种粮大户会购入大型农机,符合条件者多注册成为农机合作社或种植合作社。由于粮食种植对社会化服务的需求具有季节性以及齐河县域内粮食高产稳产带来的经济效益,该县单纯经营农机或托管等其他社会化服务的合作社与企业并不多见,往往采用的是社会化服务供给叠加土地流转和粮食种植的经营形式,为"虚拟整合"的适度规模经营提供了可能。

[①] 王亚华:《什么阻碍了小农户和现代农业发展有机衔接》,《人民论坛》2018 年第 7 期。

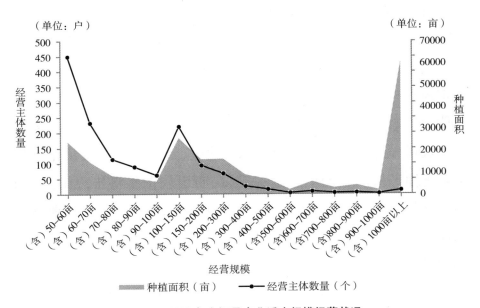

图 0-1　2023 年齐河县农业适度规模经营状况

资料来源：齐河县农业农村局。

　　上述新型农业经营主体得到了政策扶持，从自身经营规模扩大和社会化服务供给增加两条路径推动农业经营的适度规模化。齐河县截至 2023 年 7 月培育的社会化服务组织达到 586 家，粮食综合托管率达到 91%、年服务面积 900 万亩次。全县共有种粮合作社、家庭农场、种粮大户共计 2800 家，其中县级以上的示范合作社 89 家。集约化、专业化种植粮食 110 万亩，亩均增产 5%、节本增效 300 元以上。户均稳定增收 2000 元以上，1016 个村集体经济收入全部超过 20 万元。

　　在政府的推动作用之外，齐河县能够实现农地经营权在整个村庄乃至更大范围的流转，还得益于当地丰厚的社会资本。种粮大户和合作社等经营主体能够吸纳小农户零散地块，得益于当地村庄未曾间断的"调地"的习俗。由于农田分配与大户承租同时进行,使得成方连片的规模化耕种更易实现。该地农民普遍认可"十年一调"的耕地分配周期,对离乡后又折返需要重新"分地"土地流转后需要提前回收的亲邻也愿意通融。地方政府在落实中央稳定地权政策的前提下进行了放活农地经营权的尝试,给予了村集体决策空间。对此也有研究指出,这类"调地"的民间行为多存续于农村土地附加的经济价值低的地区,随着村民在城镇化进程中对土地产权问题的敏感度提升,民间地权调整将告终结。[①] 而在齐河县,乡土关系网络并未被现代化消解,反而构成了农业适度规模经营的社会基础,帮助该地区的农业生产在集中与分散之间找到了平衡,兼顾了不同规模农业经营主体的利益。

总体而言,从齐河县小农户和各类新型农业经营主体的形成过程中,可以窥见其得以破解农业现代化难点的部分原因。该县形成的是嵌入于社会结构、依托于家庭关系的现代农业经营体系。在农地经营权流转中,本地丰厚的社会资本降低了交易成本,使农地经营权得以在小农户和种粮大户之间灵活流转,形成规模的同时又保持了适度。最终,齐河县这种适度规模形成了对农业生产和农民增收的多重益处。

二、多方协作的社会化服务配给

除了上述"虚拟整合"的适度规模经营主体建构经验之外,在社会化服务供给方面,齐河县也有破解供需匹配难题的相应机制。正如本书第三章和第五章所述,该县的社会化服务体系经历了由碎片化到系统化的发展历程,且社会化服务的出现远早于适度规

---

① 赵雅倩、王芳:《"法、理、情"的融合:消极"土政策"在乡村治理中何以存在和运行——以河南省瓮厢村土地调整为例》,《中国农村观察》2023年第5期。

模经营的形成时间。又如第四章所述,该县的社会化服务体系并未将小农户排除在外,一方面得益于政府持续供给的普惠性服务,另一方面得益于本土化的市场服务主体以及其链接外部资源的作用。由此,齐河县的社会化服务体系是政府、社会、市场三方在较长时间内共同建构而成,本身便具有立体性与包容性,在长期的磨合之中形成了较为合理的分工。

已有诸多研究指出了我国小农户生产普遍存在与社会化服务的衔接困难以及经营短板。一方面,我国目前的农业技术推广应用更多是面向种粮大户的技术诉求,小农户获取先进农业技术的效率不高。另一方面,在我国快速城镇化的进程中,小农户由于土地经营规模有限,青壮年以及知识和技能水平较高的劳动力大量外流。二者共同导致了我国小农户往往只能采取传统的技术方式进行农业生产,甚至出现小农户弃耕罢种的现象。[1]

齐河县的小农户却并没有陷入上述农业粗放经营的困境,反而可以获得基本与种粮大户持平的农业技术支持,其在麦种选择、病虫害防治、深翻深松、秸秆还田等种植环节均使用了本地最新的技术。此外,该地小农户多数可以获取菜单式的社会化服务,在喷洒农药、种植收割、深翻深松等重要环节实现外包式的机械化耕作。由此,齐河县小农户的生产力得到了解放,加之临近济南市等城市,非农就业机会多,青壮年劳动力可以选择在不流转土地的前提下进行兼业,老年劳动力则可以较为轻松地在社会化服务的帮助下完成 10 亩以上土地的耕种,实现了种地简单化前提下的精耕细作和稳产高产。

---

① 王亚华:《什么阻碍了小农户和现代农业发展有机衔接》,《人民论坛》2018 年第 7 期。

　　齐河县这种行之有效的社会化服务供需模式是由政府、农民、市场三方共同建立的。首先,齐河县政府提供了大量普惠性社会化服务和农田基础设施建设。地方政府一方面切实落实国家助农政策,利用上级资源实现了农业基础设施建设的叠加效果;另一方面利用本地财政、农技人力资源和组织架构,在普惠性社会化服务的供给中长期持续投入,形成了农业绩效激励的正反馈机制。目前,在社会化服务体系基本搭建成形之后,齐河县政府又致力于研究制定符合当地实际的服务标准和服务规范,强化服务过程指导和服务效果评估。

　　其次,齐河县的农民群体并非单纯被动地接受服务,其中的种粮大户和农民合作社兼具着经营主体和服务主体的角色,还有一小部分小农户也会购置农机用于出租。本土化的社会化服务主体不仅为小农户提供着人情式服务还依托于龙头企业和大型合作社的发包"金字塔"结构,构成了政府购买服务"就近实施"的主体,并且利用自身信息优势,在抢收抢种的农忙时期链接外地社会化服务资源。本土新型农业经营主体的上述三种功能,均有助于帮助小农户便捷地获取社会化服务。

　　再次,齐河县的农业社会化服务的市场网络也呈现多层次的立体状态。在提供社会化服务的市场主体中,不仅是龙头企业发挥着重要作用,分散在各乡各镇的农资商也扮演着不可忽略的角色。已有研究指出,农资经销商是我国农业社会化服务体系中重要的市场化主体之一,凭借其贴近农户的优势在解决农业服务"最后一公里"问题上发挥了灵活、切实的作用。[①] 齐河县大部分

---

　　① 朱磊:《农资经销商的转型及其动因分析——基于豫县的实地调研》,《西北农林科技大学学报(社会科学版)》2018年第2期。

农资商都扮演着先进农业技术传播者的角色,本地农资商普遍允许小农户赊账,减轻了农民购买服务的现金压力,一部分农资商还直接在售卖农药化肥时提供喷洒服务,有效地弥补了小农户与社会化服务市场对接的不便之处。

最后,在共同建设社会化服务体系的三方主体关系之中,政府对社会主体和市场主体的激发和整合作用值得注意。齐河县丰厚的社会资本支撑了社会化服务体系的灵活运转,为小农户获取服务提供了多元渠道。但这并不意味着乡土社会转型剧烈、社会关系较为松散的地区就没有希望建立社会化服务体系。民间社会资本匮乏的地区,地方政府更应该着力发挥扶持服务供给主体发展、以信任背书和组织搭桥的方式来降低服务供需双方交易成本、规范市场主体行为等功能。在社会服务促进农业现代化发展的正向循环形成之后,青壮年劳动力的回流将有助于修复乡土社会关系,辅以村集体经济组织在合作社经营中的重要作用,村庄共同体的凝聚力也有望得到提高。

总而言之,齐河县政府与多元农业经营主体通过分工合作与外部资源引入,基本实现了农业社会化服务较为充分的供给。尤为可贵的是,多数小农户能够衔接进入这一现代化农业经营体系之中,在社会化服务获取中,小农户有机会依托于乡土关系获得经营性社会化服务,作为政府购买的普惠性社会化服务的有效补充。

基于此,本书的第一章至第四章对齐河县农业经营体系进行了解剖麻雀式的分析,回答了农业大县何以形成多元主体的适度规模经营、何以搭建供需匹配的社会化服务体系两大问题,重点解释了破解农地经营权的有序流转和小农户对接社会化服务这两大现代农业经营体系建设难点的齐河经验。在厘清齐河县本土化的现代农业经营体系发展脉络与小农户吸纳机制的基础之上,本书第五章进一步讨论了农业适度规模化经营和社会化服务供给二者之间的关系,总结齐河县"吨半粮"的产能在不同经营主体之间的分布情况,凝练现代农业高质量发展双重驱动要素。结语部分则再次将齐河经验对照国家顶层设计,归纳中央粮食安全战略在县域落地的有效模式,提炼立体式复合型现代农业经营体系有效运转的内在机理,以此阐明齐河经验对其他地区的借鉴价值和推广意义。

第一章　粮食生产主体的多元发育与经营形式

我国历史上的农业经营主体是家庭农户,随着农村社会小农户群体的分化与流动,农业经营主体的异质性不断增加,构成了现代化的农业经营生态系统。现如今,小农户和种粮大户、家庭农场、农民专业合作社、农业龙头企业为代表的新型农业主体共同构成了齐河县的农业经营体系。在这一农业经营体系中,不同的经营主体发挥着不同的功能,小农户作为农业的基本生产单位与经营主体而存续,为新型农业经营主体的发育提供了坚实的社会基础。新型农业经营主体不仅是农业经营者,同时也充当了农业社会化服务供给者、农业技术的传播者和创造者等不同角色,在为小农户解决农业生产中技术水平低、生产成本高以及对接市场难等突出的问题上发挥了重要作用。由此,齐河县域内形成的农业经营生态系统是多元化、多层级的,不同主体之间相互扶助、收益共享、风险共担。

第一节　县域粮食生产主体的多元构成

在农业现代化过程中,处理好培育新型农业经营主体和扶持小农户的关系是关键。[①] 农户家庭作为我国农业生产的基本单元需要多元经营主体构成的社会化服务体系作为配套,以此建立健全面向小农户的多元化、多层次、社会化服务体系,通过小农户之间的横向联合来获取外部规模经济,实现小农户与现代农业发展的有机衔接。[②] 本节从齐河县的基本农情出发,解构县域内小农户与新型农业经营主体的发育过程与经营方式,展现一幅多元化农业经营主体的地方图景。

一、齐河县的基本农情与发展条件

齐河县作为全国粮食生产先进县,总计拥有约 130 万亩耕地,主要粮食作物为冬小麦、夏玉米,连续 15 年粮食产量超 22 亿斤。2022 年,齐河县建设的 20 万亩"吨半粮"生产示范区粮食作物亩产达到 811.6 公斤,同年山东省粮食作物亩产为 441.44 公斤,全国粮食作物亩产 386.8 公斤。[③] 那么,齐河县为何能够实现高于平均水平的粮食产量呢?

通过调研与梳理齐河县政府数据材料,本书发现,齐河县粮食的高产不仅得益于得天独厚的"硬条件",更为关键的是一系列"软条件",包括现代化农业经营体系的建立,使其在保有稳定的粮食种植面积的同时,具备进一步"攻单产、增总产"的发展空间。

在气候条件方面,该县位于黄淮海小麦与玉米优势产业带,属

---

① 于文静、董峻:《全国 98% 以上农业经营主体仍是小农户》,2019 年 3 月 1 日,http://www.xinhuanet.com/politics/2019/03/01/c_1210071071.htm。

② 李谷成:《论农户家庭经营在乡村振兴中的基础性地位》,《华中农业大学学报(社会科学版)》2021 年第 1 期。

③ 《国家统计局关于 2022 年粮食产量数据的公告》,2022 年 12 月 12 日,https://www.stats.gov.cn/sj/zxfb/202302/t20230203_1901673.html。

暖温带半湿润大陆性季风气候,四季分明,干湿雨季明显,年均无霜期 217 天,光热资源丰富,年平均日照时长 2347.5 小时,年有效积温 10℃ 以上,雨热同季,光照充足,适宜粮食作物生长。在耕地条件方面,齐河县属黄河冲积平原,土质肥沃,土壤质地以中轻壤土为主,耕地肥力较好,一、二、三等级地面积占到总耕地面积的 66%,人均占有耕地 2.4 亩,耕地成方连片,土壤有机质含量高,测土配方施肥技术推广率达到 100%、秸秆综合利用率达到 97% 以上,非常适于小麦、玉米等作物种植,尤其宜于农业机械化和种植规模化。在这样的土地基础条件背景下,土地集约化经营成为大势所趋。在水源条件方面,齐河县境内沿黄河 62.5 千米,有 4 座引黄闸、17 条干渠,水网体系完善,每年引黄河水量达 3.5 亿立方米,引黄灌溉能力达 95% 以上,浅层地下水可开采资源 3.5 亿立方米,具备良好的农田灌溉条件。

在农技推广体系方面,齐河县的先进农业技术服务传播机制是农技人员"包片包村",技术培训"到户到田",在近 20 年的时间里,不同种植规模的农民种粮技术水平均有显著提升。社会化服务初步形成了组织化和规模化的运作模式,据县农业农村局统计,截至 2023 年全县发展农业社会化服务组织 486 家,粮食生产综合托管率达到 80% 以上。

在农田基础设施建设方面,该县划定粮食生产功能区 89.04 万亩,建成高标准农田 64.81 万亩,有潘庄、李家岸、韩刘、豆腐窝 4 处引黄灌区,灌溉便利,示范农田设施基本健全。建设为基本农田的 105.84 万亩耕地不仅基础设施建设水平得到大幅度提升,也因其必须种植粮食作物的政策有效落实而保障了粮食种植面积的稳定,进而保证了粮食产量。

在农业发展的群众基础方面,齐河县是传统农业大县,粮食收入是农民收入的主要来源,当地群众历来注重粮食生产。该地与快速城镇化地区或人口大量流失地区不同,"惜地""爱粮"是该地区农民的普遍特征,加之较为紧密的代际关系,耕种的文化氛围与意愿没有出现的断裂。此外,以种粮大户为代表的农民投入意识和科技意识较强,成为高产创建、技术扩散的关键节点。

在上述"软硬结合"的一系列有利条件之下,齐河县成为山东省 4 个粮食产量达到 22 亿斤以上的超级产粮大县之一,且具有进一步实现土地集约化经营的巨大潜力。2013—2016 年,连续四年刷新全国大面积小麦、玉米单产纪录,特别是 2014 年,20 万亩粮食增产模式攻关核心区在全国率先实现,在粮食高产稳产上具有丰富的实践经验。

二、"小农户"与"大农户"的分布结构

"小农户"指的是以家庭为经营单位的粮食生产主体,在案例地区多集中于青壮年兼业农民与老年农民群体,"大农户"则是超越家庭单位的生产组织,以粮食种植为主要收入来源。随着土地流转政策的深入推进与农业生产规模化的趋势,种粮大户、家庭农场、专业合作社已经成为占据重要地位的新型经营主体。

虽然齐河县农业也已经形成了多元经营主体,但数据显示,小农户仍然是农业生产的主力。根据县农业农村局的相关统计,2020 年齐河县经营耕地 10—30 亩的农户数为 52754 户;经营耕地 30—50 亩的农户数为 5178 户;经营耕地 50—100 亩的农户数为 898 户;经营耕地 100—200 亩的农户数为 279 户;经营耕地 200 亩以上的农户数为 104 户。2022 年齐河县经营耕地 10—30 亩的农

户数为 55001 户;经营耕地 30—50 亩的农户数为 6340 户;经营耕地 50—100 亩的农户数为 969 户;经营耕地 100—200 亩的农户数为 295 户;经营耕地 200 亩以上的农户数为 124 户。

县域内的"小农户"与"大农户"分布在不同村庄略有差异,但基本结构一致。以后拐村为例,集中由种粮大户经营的耕地面积有 400 多亩,其中纳入"吨半粮"建设的有 300 多亩。全村共有 4 个大户,耕种面积分别是 50 亩、80 亩、120 亩、150 亩,每个大户集中后的土地均成方连片。4 名大户都是自行与小户进行土地流转,由于村庄调地一般 5 年一次,土地流转多与之同时进行。目前 19 个小户中大部分也想发展成大户,但是由于村里土地有限而未能成功,同时,每亩 1400 元的土地经营权流转费也超出了多数小农户的承受能力。

再以西尹村为例,该村有 130 多户,户籍人口 430 人,800 多亩农田。2013 年年底由村庄整体搬迁至县城社区。村集体机动地有 500 多亩,2017 年承包给了 3 个种粮大户。其余农田则是由小农户承包,其中有 3 户规模超过 50 亩,20 多户规模达到 3—5 亩,10 户左右规模较小,以常住在镇上的中老年人自耕为主。少部分家庭因为外出务工无法兼顾的才会将土地流转,流转形式是村内代耕,即将自家的土地交由关系较为亲近的邻居或亲友耕种,除亲兄弟之外的一般代耕者都会支付流转费。

在农户经营主体之外,组织化的农业经营主体发挥越来越大的作用。根据齐河县农业农村局的统计,2022 年 1—9 月齐河县新增农民合作社 21 家、家庭农场 24 家、种粮大户 22 家。截至 2022 年 9 月,全县共评定农民专业合作社县级以上示范社 92 家,其中国家级 3 家、省级 22 家、市级 36 家,家庭农场县级以上示范场 55 家,其中省级 8 家、市级 28 家,农业生产社会化服务组织县级以上示范组织 22 家,其中省级 2 家、市级 15 家。

截至 2022 年,通过深入实施新型农业经营主体提升行动,齐河县共培育农民专业合作社、家庭农场、种粮大户等新型农业经营组织、农业社会化服务组织 3100 余家,全面推行"国企+乡镇联合社+党支部领办合作社+新型经营主体+农户"联农带农模式,集约化、专业化种植粮食 110 万亩,亩均增产 5%、节本增效 300 元以上。齐河县还创新构建现代农业服务体系,成立县级国企乡村振兴集团,统筹全县社会化服务组织,初步实现粮食生产全程托管服务。积极推进农业服务创新,培育社会化服务组织 586 家。初步形成了一个独具特色的现代农业经营体系,探索出一条多元共赢确保粮食生产安全的发展道路。

新型经营主体的不断壮大对农业规模化经营提出了更高的要求。《2023 年齐河县加快建设绿色优质高效农业强县实施方案》重点工作之一即是土地规模化经营,落实方式包括支持具有一定规模的农民合作社、家庭农场等新型经营主体参与土地流转,引导农村土地承包经营权向各类新型经营主体规范有序流转,加快推进土地股份合作社经营、农村承包土地整村委托流转或整村托管和土地股份合作社建设。

第二节　兼业小农户的家户经营

小农户作为家庭承包经营的基本单元,是我国农业生产的基本组织形式,对保障国家粮食安全和重要农产品有效供给具有重要作用。① 齐河县地处黄淮海平原的旱作农业区,地块集中,以大田制为主。得益于高标准农田建设、盐碱地整治、社会化服务等的功效,齐河县域范围内农业耕作都比较便利、粮食种植的利润也比较高,所以大部分农民家庭都种着自家的土地。如黄屯村耕地面积1201.5亩,其中1000亩分成两块大田,剩下的200亩为零散的小块田,由农户自己耕种。此外,齐河县的乡村社会结构比较稳定,村民之间互动合作紧密,村社共同体与村社认同长期存续,因此形成了其农业生产上的诸多特点,如村庄内部在自愿前提下采取互换并地的方式解决承包地细碎化问题的习俗长期存在。部分村庄结合高标准农田建设等由小农户自愿通过村内互换并地,促进土地小块并大块,基本实现了"一户一块田"。

一、家庭生计结构中的兼业小农户

齐河县临近济南市,随着城市化、工业化进程的急速推进,农民大规模向县城及省城的第二、三产业流动。由此产生了土地相对集约化经营的可能性,粮食种植各流程的服务外包和就近的非农务工机会,共同支撑了齐河县小农户"半工半耕"的生计模式。

以席庵村为例,全村共有500户村民,1302亩耕地,仍然在耕种的农户主要有三种类型。第一种类型是村里年龄稍微大的农民,50岁以上的农民往往被城市劳动力市场排斥,多选择不出去务工。第二种类型是根据家庭内部分工,在村里承担照顾老人责任的农民。第三种类型是通过流转农地经营权实施较大规模的农业生产活动,并以此为主要经济来源的中年农民。

---

① 《中共中央办公厅 国务院办公厅印发〈关于促进小农户和现代农业发展有机衔接的意见〉》,2019年2月21日,https://www.gov.cn/zhengce/2019/02/21/content_5367487.htm。

种粮大户在席庵村共有 5 家,耕种面积在 50—70 亩。村民老席共种了 48 亩地,其中 12 亩是自家 6 口人的承包地,剩余 36 亩来自本村内另外 3 户人家。第 1 户的户主是老席四服内的同辈,家中有 9 口人,约 20 亩承包地,户主的两个儿子都在外发展,户主夫妇进城照料孙辈。第 2 户的户主也姓席,是老席出了五服的亲戚兼邻居,共有不到 5 亩地,户主夫妇都在外工作。第 3 户的户主是老席的远房侄子,共 9 亩地,也是因为进城照料孙辈将农地经营权流转给了老席。

综上所述,将农地经营权流转给大户的农民多为亲属邻里关系作为担保,小农户依据家庭生计结构和分工,青壮年劳动力阶段性外出务工,老年人留守耕种,并随时准备将流转的农田返还务工返乡的青壮年。这种高度灵活的土地流转之下,该地农民的种植规模在不断变动。老席也准备明年就只种他自家的 12 亩地,至于是否会选择将自己家的土地全部流转出去时,则要"过几年再看,也要看看孩子的意见"。

再以张博士村为例,可以进一步确认,家庭生计形态是影响农户种植积极性的重要因素。2022 年,张博士村家庭承包土地面积超过 10 亩且选择将农地经营权流转给他人的共有 13 户,依次梳理其家庭情况可知,这些农户基本是非农就业的家庭,一旦失去第二、第三产业的就业机会,仍然会选择重新耕种。

以战庄村为例,即使是从事农业生产的农户也普遍进行着城乡之间的兼业。该村共有 108 户,373 口人,673 亩地,农民普遍是早出晚归,有 70—80 户在兼顾着非农工作和种地。从年龄上来看,从事农业生产的农民基本上都是 50 多岁的,40 多岁的村民就很少种地了,一般都在外面做生意、不愿意从事田间劳动。但村支书认为，"学个两年，也就会种地了……真要缺钱了也会种"。

小李村的大户老崔目前经营着 60 多亩耕地，总共流转了 15 户的土地，为村里种植面积最大的大户。老崔之前在汽车配件厂上班，工资是按件结算，工作时间非常灵活，每年额外收入 7 万—8 万元，如今在一个木材加工厂兼职，帮忙买树加工后卖出，兼任村内生产组的组长。这 60 亩地虽然农地经营权都是在老崔名下，但所有服务都是外包，老崔至今没有购置农机。

然而，并非所有种粮大户都不购置农具。以贾寺村为例，该村有 48 户、178 人，全村 500 多亩土地，目前还在种地的有 20 余户，基本是在 60 岁左右无法外出打工的老人。其中有 12 个小农户，一个人 7—10 亩多地。贾寺村的小农户的农田面积虽然与一般意义上的大户相差甚远，但村内会支持和默许一些小农户购置农机，这些小农户可以通过为本村村民提供服务获得额外收入。

小贾 1985 年生，种植了 30 亩地，属于村里的大户，其中 20 亩是自家所有，10 亩是流转所得，家中拥有收割机、播种机和翻地机，农闲时间去济南市打工，从事建筑行业。打工年收入可达到 5 万—6 万元，种地和农用机械带来的收入则也在 6 万元左右，一年真正农忙的时候最多 15 天。可见，小农户在村庄的多种经营是维持其农业生产活动的重要条件，社会服务提供的机械化种植降低了耕种对体力与时间投入的要求。

二、联合家庭内部分工推动的土地整合

山东农村地区家庭关系紧密，联合家庭的内部分工推动了土地的内部整合。小农户的土地以主干家庭和联合家庭为单位发生着经营权的集中，如大户家庭内部分工与补偿、兄弟之间用土地流

转补偿养老责任等,当这种集中达到了一定的规模即会暂时稳定下来。从实践来看,这种家庭内的资源配置与整合对农业生产和社会稳定都具有重要意义。

以后拐村为例,村里现有 117 户,目前 39 户在村,每户基本只有 1—2 人,19 户在村种地,村里 800 亩地,人均 2.2 亩。本村 4 个大户,各有 50 亩、80 亩、120 亩、150 亩耕地,其余小户也都有 20 亩以上耕地。在后拐村,外出务工形成了同乡同业聚居地近半数村民 20 世纪 90 年代开始前往杭州打工,约 30 户在城镇购房——济南市 10 户、济河县城 20 户。在市区定居的几乎不会回家种地,在县城定居的 20 户里回家种地的约计不足 10 户。

在男性劳动力外出打工的情况下,老年人和女性是农村种地的主力。以家庭为单位的土地流转模式中,老人种儿子的地是最为常见的形态。根据村民叙述:"一家 10 口人,虽然分户了,但地还在一起交给老人种,不需要给钱,是互利的,老人也要帮儿子带孩子。如果是父母种不动了,几个儿子当中的一个来种的话,就需要给父母 950 元的流转费,大家都会算这个账。亲兄弟最多减到 870 元,但该给还是得给。"

家庭内部农地经营权流转的第二种形态,是兄弟之间会基于养老义务的分担进行土地的整合。村民小赵 1966 年生,初中毕业,有 3 个亲兄弟,20 世纪 90 年代初纷纷外出务工并在外定居。2004 年,父亲脑出血,4 兄弟商量由长子小赵返乡照顾父母,免费耕种兄弟们的土地,合起来将近 30 亩,此外 3 兄弟每年每人给 5000 元抚养费。

至于几个核心家庭组成的联合家庭是否会将农地经营权向外部流转,本质上是收益的问题,收益又深受土地规模影响。调研发现,对小农户来说,如果地是零散的,面积超过 20 亩就不愿意承包出去;如果是一整块的地,那么面积超过 10 亩就不会承包出去。

在张庄村,小农户并不愿意流转土地的原因是:"自己种可以赚 2000 元,流转只能赚 1500 元租金。种粮食也能出去打工,每年只需要回来浇两次水、打两次药。"老年人是否继续种地的一个关键因素还在于有没有养老保险,村干部表示:"现在的中年人大部分有了养老保险,回来种地的人少了,后边土地可能越来越集中。"

总而言之,在齐河县粮食产量高、农业技术发达、种地较为轻松的背景下,如果农户家里的土地规模整合之后可以达到 10 亩。对有条件获得就近务工机会的农民而言,选择在不放弃耕种的同时打零工、开展副业可以实现经济收益的最大化,同时还能兼顾照料老人和抚育子女的家庭责任。

三、核心家庭生命周期之下的粮食种植

我国农地经营的传统方式便是以农户家庭为单位,与西方农民的决策模式不同,农户决策行为深受家庭资源禀赋特征的影响,土地流转及规模经营决策以家庭而非个体为决策主体。已有研究指出,农户规模经营意愿是农户结合家庭资源禀赋与实现家庭功能相结合的产物。①

正是由于农业生产的决策单位是家庭,家庭生命周期对土地流转行为产生影响。家庭生命周期是指从一对夫妇通过婚姻方式形成家庭,经历扩充、收缩、消亡的动态发展过程。家庭生命周期

---

① 刘可、齐振宏、黄炜虹、杨彩艳:《家庭生命周期对农户规模经营意愿的影响分析——基于长江中游三省稻农的调查与分析》,《中国农业大学学报》2019 年第 3 期。

理论是理解家庭决策和行为的重要视角,对农户经济状况和家庭决策模式等均产生影响。所谓生命周期是家庭人力资源特征的综合体现,伴随着家庭人口和劳动力数量、质量的变化而演进,影响着家庭的生产生活决策。

在影响农户规模经营意愿的因素中,不同生命周期阶段家庭土地规模经营意愿强度不同。在家庭生命周期的各个阶段,家庭发展任务、家庭构成、家庭功能不同,农户的规模经营意愿也会有所差异。家庭在生命周期的不同阶段具有不同的社会功能,各个生命周期阶段家庭人力资源存在质量差异,本书结合中国农村家庭现状,借鉴彭继权[①]和刘可[②]的划分,将家庭生命周期划分为起步期、抚养期、稳定期、负担期、赡养期、空巢共计六个阶段。

表 1-1　家庭生命周期与规模经营关系

家庭生命周期	家庭结构特征	经营意愿
起步期	年轻夫妇无子女	较低
抚养期	子女或孙辈出生且最小年龄未满 16 岁,无 60 岁以上老人	较高
稳定期	子女或孙辈都已满 16 岁,无 60 岁以上老人	较高
负担期	子女或孙辈出生且最小年龄未满 16 岁,有 60 岁以上老人	较高
赡养期	子女或孙辈都已 16 岁,有 60 岁以上老人	较高
空巢期	家中仅有一个或两个老人常住,户主大于 60 岁	较低

在起步期,一般年轻夫妻并不从事农业生产,土地多由原生家庭耕种,夫妻双方同时在外务工,实现规模经营意愿的可能性较

---

① 彭继权、吴海涛、孟权:《家庭生命周期、社会资本与农户生计策略研究》,《中国农业大学学报》2018 年第 9 期。

② 刘可、齐振宏、黄炜虹、杨彩艳:《家庭生命周期对农户规模经营意愿的影响分析——基于长江中游三省稻农的调查与分析》,《中国农业大学学报》2019 年第 3 期。

低。在抚养期与赡养期,由于劳动力回流乡村,个体长期外出的非农就业机会受限,土地转入率更高。[①] 而在空巢期农户则更愿意转出耕地或维持现状,土地规模经营也更愿意选择较为容易进行机械化生产的粮食作物。一般而言,处于抚养期和稳定期阶段的农户家庭具备较强的人力资源禀赋与意愿成为适度规模经营主体。在抚养期,由于外出务工生活成本较高且子女或孙辈异地就学障碍较多,倾向于实行纵向代际分工或横向夫妻分工,一部分家庭成员在家从事农业生产,获得稳定农业收入的同时照顾家庭,另一部分家庭成员外出务工以获得更多收入。在稳定期,成年子女或孙辈倾向于外出务工,父母身体条件较好但却受城市劳动力市场排挤,或由于非农就业的不稳定,倾向于在家务农。在起步期和空巢期则实现规模经营的意愿较低,在负担期和赡养期则有较强的规模经营意愿,但缺乏人力资源禀赋。在负担期,存在两种较为常见的情况:第一是以代际分工为基础的半工半耕模式,年老父母在家务农,夫妻双方外出务工;第二是在现实条件允许的情况下,尽可能多地转入土地进行规模经营,在实现家庭抚养与赡养功能的同时获得更多的农业收入,因此可能具有较强的规模经营意愿。

　　家庭生命周期的各个阶段对农户规模经营意愿的影响,在不同地区具有异质性。一般而言,农地禀赋条件越好,农户所需要投入的时间和精力就越少,并且所获得的经济效益也就越好。高度的农业机械化水平、良好的农业基础设施水平、便利的水利设施、完善的农村道路基础设施等有助于节约生产成本与家庭劳动力,显著提高了农户的规模经营意愿。

---

　　① 陈烁文、黄雅、钟涨宝:《家庭生命周期对土地转入行为的影响研究》,《调研世界》2021年第9期。

　　以张庄村为例,该村 116 户 369 人,980 多亩地,现在只有 27 户仍然在耕种粮食作物,包括 8 户种粮大户和 19 户小农户。由于 60 岁以上的老人缺乏正规就业机会,所以该年龄阶段的老人都是一边打零工一边种地,或者接送孩子的,十几户还在种地的小农户都是这种情况,即便其中有两家儿子家产上千万元。以王村为例,村民人均 3 亩地,50 岁的大户老王一共有 50 亩地,其中承包的"集体机动地"有 13 亩,兄弟三人的耕地共计 20 多亩,承包价现在为每亩 650 元。农闲时夫妻出去打零工,老王从事建筑行业工资为每天 300 元,妻子在种植基地帮忙摘菜报酬为每天 100 元,在从事这些兼职的情况下,夫妻二人仍然能够完成粮食种植。

　　总而言之,家庭生命周期是一个动态机制,因此农户规模经营意愿会随着不同阶段的发展而变迁,适度推进规模经营需要考虑处于不同生命周期阶段农户家庭资源禀赋以及家庭功能的差异,采取精准的农户规模经营激励措施。村庄内部的经营权的灵活流转在一定程度上能够适应农民家庭生命周期的动态调整。小农户对保障国家粮食安全和重要农产品有效供给具有重要作用。精耕细作的小农户生产和稳定有序的乡村社会,构成了我国农村独特的生产生活方式。扶持小农户,更好发挥其在稳定农村就业、传承农耕文化、塑造乡村社会结构、保护农村生态环境等方面的重要作用,有利于发挥农业的多种功能,体现乡村的多重价值,为实施乡村振兴战略汇聚起雄厚的群众力量。①

---

　　① 《中共中央办公厅 国务院办公厅印发〈关于促进小农户和现代农业发展有机衔接的意见〉》,2019 年 2 月 21 日,https://www.gov.cn/zhengce/2019/02/21/content_5367487.htm。

第三节　种粮大户的专业经营

种粮大户和家庭农场是小农户扩大经营规模后的产物,农户耕地经营规模越大,对家庭的资本、技术、劳动力等要素的需求量就越多,农户的投入就越大,家庭生计策略就越倾向于专门种植粮食。①《关于实施家庭农场培育计划的指导意见》强调:"家庭农场以家庭成员为主要劳动力,以家庭为基本经营单元,从事农业规模化、标准化、集约化生产经营,是现代农业的主要经营方式。"②下文将详细描述齐河县种粮大户和家庭农场的发育全过程。

一、种粮大户向小农户获取农地经营权

在齐河县,大户可以注册家庭农场,要求耕地经营规模在100亩以上,但在实践中,家庭农场和大户无法严格区分。由于村社共同体的维系,农民的农地经营权流转的范围多以村为限,租金不是特别悬殊的情况下一定优先给本村亲邻,不仅租金有保障,而且可以轻松收回土地自种。小农户对外来的经营主体不信任,现实中也确实发生了农民与外来经营主体起冲突的事件。

村里的土地流转分为两种形式。一种是农户之间的私下流转,通过农户之间的协商而确定,灵活度较高;另一种则是将土地流转给本村的合作社,需要签订合同,规定年限等。但无论何种形

---

①　赵微、张宁宁:《耕地经营规模、家庭生命周期与农户生计策略》,《中国人口·资源与环境》2019 年第 5 期。

②　《关于实施家庭农场培育计划的指导意见》,2019 年 9 月 9 日,http://www.moa.gov.cn/govpublic/zcggs/201909/t20190909_6327521.htm。

式,村民都更倾向于把土地流转给情感亲近的人。以黄屯村为例,老黄有 50 亩土地,其中 24 亩土地为自家分配所得,其余的由堂兄弟和亲兄弟转给自己。

高屯村的老张是大户适度规模经营的又一个经典个案。老张一个人便兼任了农机手、合作社、村支书、信贷员、家庭农场、社会化供给者等各种身份。老张 1968 年生,高屯村二组人,从 1981 年开始一直卖农用机械,20 世纪 90 年代种自家和堂兄弟家的 10 余亩地。2005 年回村做信贷员兼做组长。2013 年开始办农机合作社,2016 年开始种粮食,经营规模慢慢扩大,2019 年做文书时已经流转了耕地 100 多亩,2021 年做村支书时逐渐扩大到现在的 307 亩,托管服务也从无到有,目前经营耕地 1000 余亩。

老张总结自己经营规模的扩大主要有两个原因:第一,是因为客观上地块非常细碎,所以耕种难度大、时间成本高,村里只有 10 多家是 65 岁以上且家庭条件困难的老人,自己种自家的 7—8 亩地。第二,是因为自己"比较会做人",如老弱病残免费帮人家拉一下粮食、好的种子批发价转给人家、打农药的大户福利捎带小农户、社会化服务费用秋收后再结算等,且自己出的流转价也是偏高,一亩地的流转价格在 600—700 元自己就会给 700 元。

综上,大户从小农户处流入农地经营权主要有两种方式:一种是自己去寻找有意愿把土地流转出去的人,双方自行商量;另一种方式是找村委会,以村委会为中介,村委会要看人"靠不靠谱",种地之前先交押金,押金和租金都通过村委会转交。调查发现,大部分种粮大户是通过村委会流转土地而形成的,光凭私人关系来形成大户的是少数,没有超过 50 亩的规模。还有一些特殊情况是私人关系与组织关系挂钩,如大户和村干部一起来推动土地流转,又如党支部领办合作社等。

以席堰村为例,该村农民愿意把土地流转给本村大户而不是公司,每亩土地流转费用是按照1000斤小麦的当年市价折算,因为一旦村民想回来种地的话收回土地经营权更方便。村民之间流转不签合同,打个招呼年底秋后结账,习惯是一年一算,出现赖账的情况的可能性较小。有村民表示:"同等价格更倾向于给邻居,若公司加价100元,会流转给公司,但只愿意和公司签2—3年的合同,不能签长期的合同。即使要签3年的合同,也不放心,需要公司先支付2年的钱。"

至于流转费的给付方式,农民普遍采取"先给钱再种地"。故而小麦价格成为影响流转意愿的关键因素,在地租只有六七百元的情况下,一旦村民自种的收益略高于600元便会选择自种而非流转。在600元左右地租水平的条件下,能够成功流转的都是自己不愿意继续种而主动进行流转的。

此外,在村庄内部,小户向大户流转的格局还会进一步细分。如在曹虎村,一组的人很少会去二组承包土地,习惯上、人情上都不会去其他组流转土地,都是组内消化。大户之间会进行价格竞争,但是竞争土地和挖墙脚的事情基本上没有。小户可以灵活收回农地经营权。

综上所述,在流转意愿方面,因为地租水平低于完成基础耕种步骤的收益,所以从经济理性的角度而言,流转获得的地租收入与自己兼业种植的收入相差较大,小农户普遍倾向于不流转。即便流转,村民也不愿意流转给公司和外地人,会优先村内代耕或者流转给本镇的大户。小农户之所以选择将土地流转给大户,第一,是因为有人情在;第二,是因为租金有保障,大户先付租金再种地;第三,是因为经营权的流转在乡土关系中高度灵活。

二、种粮大户承包集体"机动地"

由于小农户和大户之间的规模差距极其有限,集体"机动地"的发包成为大户形成的重要原因。农村集体"机动地"属于村集体,由村组织统一管理和向外承包。集体"机动地"的形成主要有三个方面的原因:第一,分田到户时留有部分集体承包地作为调剂;第二,"农民上楼"后的村址土地复垦;第三,无人愿意耕种的小田和肥力最低的耕地。这些集体"机动地"通过招标、拍卖、公开协商等方式承包。在齐河县,因为合村并居及"农民上楼",集体"机动地"形成了相当的规模,该类耕地的承包成为大户形成的重要原因。

战庄村老刘一家有 4 口人,共 5.2 亩承包地,实际经营面积有 70 多亩,其中,流转自叔兄弟、堂侄子的田地共 20 多亩,流转价格是每亩每年 600 元。此外有 40 多亩是流转的村集体地,价格只有不到每亩每年 700 元,跟村集体流转的田地老刘是签了合同的,连续承包了 30 年。东李楼村各小组都有"孬地",即肥力较差的盐碱地。盐碱地"养地"的周期为 4—5 年,通过各种施肥和翻耕使地力慢慢提升,往往 7—8 年之后才能接近本地的平均水平。拆迁空出来的地便多是盐碱地,这种地小农户不希望分到,村委会觉得分下去也不好,就留着当集体"机动地"。每组按块打包招标,每块分别竞标,价高者得。底价是村委会和村民代表讨论共同制定的,"公田"的承包费作为集体收入。

后拐村的村集体有三四十亩"机动地",用来在新生儿增加数量超过人口减少数量时进行调剂,平时承包出去用以补贴村里日常开支。这些都是村里最差的地,承包出去每亩每年只有700元。据村民表述,前些年为了打井,把其中20亩左右"卖了",但实质是承包出去10年,作为打井经费。

集体"机动地"向外流转需要村里社员都同意,即便在外务工的也会被征求意见。这部分人选择同意是因为有耕地经营权需要往外流转,不打井就难以流转。目前村内仍剩余12亩"机动地",村内为每块田修建了水井用于浇地,打井当年的粮食增收便已覆盖了水井修建支出。然而,大规模的村庄难以形成水井修建的集体行动,只能四五家联合打一口井,村集体仅负责维修费用,水井所有者还需贡献劳动力参与维修。

集体"机动地"的承包则采用竞标形式,召开村民大会说明竞标原则。在会上,意向竞标人员在纸条上写明单亩竞标价格和期望亩数,单价高者获得优先选择亩数的权利,签订3年期限的承包合同。以曹虎村为例,该村有大概60亩"机动地",村民赵长东将地全部承包,合同期从2020年到2023年共3年时间。当时有十多户投标,最终赵长东以每亩1000元的价格中标,但是,当时村中的流转价主要在每亩500—600元。虽然中标价格高于时价,但在村干部看来,其他土地是比较分散细碎的地,集体的这块地是整地,更容易耕种,所以租金更高也能被接受。

再以范庄村为例,2017年村民集体搬迁"上楼",其中老村址距离现在居住的社区10千米,对老年人来说,种地变得很不方便,所以,大部分老年人将土地都包给了大户。其中,一位种粮大户流转了160亩的旧村址开垦为耕地,且合同签了30年,流转费为580斤小麦的价格,具体则根据每年7月1日的粮食价格来确定。老村址的复垦是由村集体出钱,从承包费里扣,但需要大户垫资。复垦费为一亩 2200 元,政府每亩补贴 500 元,剩下的复垦费用每年的承包费抵,所以,目前村集体还没从这次土地流转中获得收入。2023 年,村集体刚把复垦费还完,但因为老村址地下有很多石灰,土壤很难改善,复垦后地力很差,所以大户目前也还没盈利。

西尹村同样是在搬迁后在老村址上复垦多出来 100 多亩土地,目前村集体拥有的 500 多亩土地,均是肥力较差的土地,产量大概一亩 700 斤,平均每亩都要比"好田"少 300 斤收成。从 2013 年农民"上楼"后,村集体土地一直在流转。2015 年,经中间人介绍全部流转给了一个外村人,他当时承包了将近 600 亩地,不过都是离社区最远、最差的地,后来,外村人处理不好人际关系,引发一系列矛盾后只能离开了村庄。

张博士村则在老村址上复垦耕地 561 亩,老村址复垦时分成两个标竞标,290 亩是一个标。竞标的时候就认竞标的人,但实际上每个标都是几个大户合作。老村址上复垦出来的 560 多亩耕地的发包费用按照当年价钱算 510 斤麦子的 30% 给到村集体,此外 70% 是抵作复垦费,直到扣完为止。复垦后的耕地均由本村两名四十多岁的村民承包,目前 30 年的合同期限已经履行了 5 年,大部分土地的地力大幅提升,只有三四十亩左右的地力有待恢复,每年每亩平均可以达到八九百斤小麦的产量,两名承包者 10 年左右可以收回复垦成本。

综上所述,村集体"机动地"流转一般优先考虑本村人,要求集中连片,发育形成了种粮大户。种粮大户构成了齐河县新型农业经营主体的核心组成部分,一方面,种粮大户源自小农户在农业经营中的分化,即家庭经营的小农户通过资金、技术、土地的不断积累而发育为种粮大户,在村社共同体及村社认同的加持下,种粮大户与小农户之间形成相互扶持的紧密关系;另一方面,种粮大户的资金、技术、土地等生产要素的相对集中,使其能够有效承接政府和企业的政策、资金、技术等向农业经营领域的下渗,同时发挥有效协调不同类型的经营主体之间关系的作用。

三、种粮大户的政策支持与组织化趋势

齐河县委、县政府在专业种粮大户的发展中起到了推动作用,首先是引导农地经营权的适度集中,其次是培育新型职业农民。在经营权流转方面,齐河县先后出台了多项政策措施,引导农地经营权向种粮大户、家庭农场、种粮合作社流转。2012 年制定的《齐河县农业发展奖扶政策》,对百亩以上种粮大户,每亩给予 20—100 元的补贴,共帮助 30 个种粮大户享受省补贴资金 122 万元。以万亩大户老王为例,享受到 36 万元补贴,并在农机具补贴、免费供种等方面享受到政策的倾斜;对被评为县、市、省级示范社的,分别给予 5000—20000 元的奖励。为培植种粮大户向组织化、规模化、标准化发展,2014 年齐河县出台了《齐河县新型农民专业合作组织(粮食、植保、农机)的奖励扶持办法》,县财政拿出 500 万元专项资金,对新型农业经营、服务组织进行扶持奖励。

此外,齐河县创新实施家庭联营股份合作制,打造出家庭承包制的"升级版"。以祝阿镇建忠粮食种植合作社为例,该组织在坚持土地集体所有权和农民承包权基础上分离农地经营权,按照"联户经营、土地入股、按股分红、核算透明、利益联结,科技支撑"原则,将 4700 亩土地承包权转化为股权,由"家家有地"变为"户户有股",经营权则全部交由合作社。

合作社的组织化经营有助于农资统供、农机统配、病虫统防、

品牌统建和产品统销,兼顾集体、承包者和经营者三方利润分配保障,实现农业增产增效和农民增收。合作社的小麦种植每亩地比农户个人经营节省 60 元左右,销售价格比市场价每千克高 0.02元,加上年底按股分红,参与合作社的农民每亩地总增收 100 多元,并且还可获得在合作社劳动或在外务工的工资。合作社将每年收益的 10% 留作集体积累、风险基金、公共事务和福利事业等开支。

鉴于合作社的上述优势,在种粮大户的发展路径中,注册成为家庭农场以及升级成为合作社是政策所鼓励的发展方向。以贾寺村大户领办型合作社为例,从 2021 年起,该村 420 多亩耕地流转给了合作社,其余是小户在种,村庄的土地流转费用是每亩每年1100 元左右,期限是 20 年。牵头成立合作社的主要成员包括:53岁的现任村支书、61 岁的老支书、文书董大爷以及村民韩大叔。种粮大户合作成立合作社的重要事项是资金整合、设备购买与场地准备。贾寺村的案例中,创办合作社的四个人每人出资 50 万元,另贷款 70 万元,合作社前期投资共计 270 万元。合作社前期购买的设备包括:2 辆东方红 100,成本为每辆 8 万元;播种机 5台,成本为每台七八千元;收割机 3 台,配有履带的收割机成本为15 万元,此外两台的成本为每台 5 万元;喷灌设备 2 台,成本为每台 4 万元;打药机 1 台,成本约为每台 6 万元。另需仓库 800 多平方米,晾晒场 20 多亩地。此外还需要修建地坪、围墙、办公室等。

种粮大户之所以存在组织化倾向,一方面是因为组织化之后更具有市场竞争力,另一方面是因为政策推动。贾寺村除大户联合创办的合作社之外还留有 4 个大户独立种植,经营耕地规模都是 20 亩地左右,因为种粮大户运行成本比合作社更低,仅夫妻二人即可直接完成田间管理,省去了雇佣代理人的支出。但由于合作社比大户更有竞争力和影响力,可以分摊经营压力和风险,因此,也不乏大户选择加入合作社。

关于贾寺村大户领办合作社的动力,创办者之一董大爷称:"如果不搞合作社,本村的活儿就让别人干了,有合作社,活儿就是合作社干。合作社比大户有竞争力,因为国家扶持,有号召力,老百姓信国家。同时,加入合作社之后,农民种地省时省力,播种、收割形成规模之后更省事。"在土地流转上,老百姓不信任村外的公司,因此不会把土地流转给他们。农民与合作社之间的土地流转有相当的灵活性,如果有人之前把地包给合作社,然后去外面打工,现在失业了,可以随时回来收回土地经营权。本村人会将心比心,从自身考量,觉得"这是特殊情况,你得让人吃饭"。合作社将土地按照平整度和远近两个标准分为三类,如果有村民想要退出,合作社会把二类地退给对方,但各类地的产量差别不大。

除自下而上的整合动力之外,地方政府也对加速种粮大户的组织化进程发挥了自上而下的推动作用。大规模的土地流转往往需要县政府引导,针对"一家一户办不了、办不好,效率低、效益低"的粮食种植环节,齐河县借助"百村示范"工程,成立了县级农村土地股份制合作社建设领导小组,推行"供销社+国企+乡镇联合社+党支部领办合作社+新型经营主体+农户"的联农带农模式。在政策推动下,齐河县新建土地股份制合作社103家,20万亩"吨半粮"示范区粮食综合托管率达93%。

齐河县对种粮大户的扶助还体现在技术培训上。齐河县作为山东省新型职业农民试点县,结合县域特色,创新培训模式,形成了"一点两线"的培训模式,即以产业为立足点,强抓生产技能和经营管理两条培训线,依据农业生产技术环节和农时季节从种到收开展全程培训,依据时间节点和产业需求从生产决策、成本核算、过程控制、产品营销以及资金回笼等方面开展全程培训,促进农业规模化生产。2014 年,齐河县重点围绕种粮大户、合作社带头人等开展了培育试点工作,累计举办集中培训班 4 期共计 20 多场次,培育新型职业农民 300 人,努力实现种粮农民由"留守军"向"职业军"的转变。2015 年,齐河县完成培育新型职业农民 1000 人以上、认定农村实用人才 2 万人以上,并建立健全农村实用人才库。

最终,通过新型农业经营主体提升行动,齐河县发展了种粮合作社、家庭农场、种粮大户合计 2800 家,集约化、专业化种植粮食 110 万亩,亩均增产 5%、节本增效 300 元以上,设立 200 万元基金重奖"粮王",拿出真金白银保障粮食增产增效,激发了全县农民种粮积极性。2014 年,齐河县实现新增农民专业合作社 102 家、家庭农场 58 家、种粮大户 108 个。2015 年,全县百亩以上大户达到 157 个,各类农民专业合作社达到 1090 家,家庭农场达到 78 家。2023 年,全县土地适度规模经营化率达到 60% 以上。基于此,下文将继续讨论合作社与企业组织化的现代农业经营模式。

第四节　合作社与企业的组织化经营

组织化的农业生产更加接近现代大生产模式,比种粮大户的抗风险能力更强,获得农资和社会化服务的单价成本更低,在土地经营权流转过程中,也具有更高的去人格化水平,进而保障了耕地流转后规模的稳定性,合作社与大中型农企是两种不同类型的组织化形式。

一、合作社主导的村庄内部土地流转

目前,齐河县的合作社根据其领导主体及形式主要分为 5 种类型,是第一种是大户领办型:由农民经纪人和种植、养殖大户利用自身生产、经营、购销的优势领办的合作社共计有 124 个,占农村经济合作组织总数的 23.6%。第二种是农技部门领办型,是依托乡镇农技服务部门建立,向成员提供信息咨询、技术培训、生产资料供应和产品销售等系列服务的合作社共计有 18 个,占 3.4%。第三种是企业带动型,是由企业牵头发起,组织农户共同参与的一种经济利益联合体,共计有 125 个,占 23.8%。第四种是专业协会型,是依托当地主导产业和优势农产品,经政府部门审批或农民自发组织而成立,对内提供技术指导,对外推销产品、开拓市场的合作社,共计有 146 个,占总数的 27.7%。第五种是党支部领办型,由有能力、有意愿的村党支部领办合作社或成立村集体经济组织。

乡土丰利农机服务专业合作社是比较有代表性的大户领办合作社,于 2015 年 10 月在齐河县原工商行政管理局注册成立,包括种植服务中心、培训中心、粮食烘储中心、粮食加工中心及营销中心。2016 年,被评为全县优秀农机合作社,指定为齐河县"两全两高"农业机械化培训基地。2017 年,成立了齐河县乡土丰利农机化培训中心。2017 年、2018 年连续两年被指定为全省玉米生产全程机械化协作单位;2018 年,被指定为齐河县农作物病虫害检测网点;据 52 岁的负责人回忆,2015 年,合作社只提供机械,雇用农机手提供社会化服务,进行深耕深松、播种等,服务比较单一,问题

明显,农机手不仅工作效率低,且不珍惜机械。2016年更改管理模式,将机械买了之后通过合同转给农机手,农机手利用机器赚的工资抵钱,可以出去干活,也可以在合作社干活,农忙完了之后,车需要停在合作社。合作社实行工资现结,如果购买农机可以先付30%,剩余每年干活之后扣除,一般三年能还完,农机手个人负责维修。2017年,合作社开始提供托管服务,托管耕地500亩左右,成立学校培训拖拉机手与收割机手,承担政府项目如"一喷三防"的植保打药任务。2019年,托管面积达到1200亩,同时在政府推动下,大量引入的新机械如引入烘干机及喷灌服务等。

党支部领办合作社发挥其统一组织小农户集中连片接受社会化服务的作用,重点整合本村小农户土地,组织引领小农户接受农业社会化服务;组织本村农机手、农资店、经纪人等加入合作社,购置新型农机装备,成为农业社会化服务提供者。齐河县适时把党支部领办合作社、村集体经济组织纳入农业生产托管服务组织名录库。结合发展壮大集体经济,把开展农业社会化服务作为党支部领办合作社的优先发展方向。

大明村的合作社是作为总发包方。合作社有股东5人,分别是村支书和4个委员。村民自愿以土地入社,村里老弱病残户的地大部分会流转给该合作社,共计150多亩,合作社又把其中的110亩流转给外村大户,余下的40亩流转给本村大户。合作社流转农户土地的费用是每亩每年600元,流转给外村大户的费用是每亩每年800元,流转给本村大户的流转费根据土地质量不同价格不等,但也在每亩600—800元。小部分土地会出于人情原因在农户之间自行流转。流转费差价即是合作社利润,合作社扣除利润的10%作为管理费,剩下的钱会拿来分红,但五年之后才分红,因为会担心农户反悔或因分红不等引起纠纷。

华店镇邢家村 270 多户、140 多人常住村庄,2018 年"调地"的同时,农民搬迁"上楼",党支部领建合作社,流转了 167 亩地。转出土地的农民多是耕地经营规模在 10 亩地以下的人家,并且也有距离工业区和县城近、务工机会多的原因。2018 年时大户给的地租是每亩每年 600 元,合作社则给到每亩每年 600 斤麦子,平均每亩地高出 100 多元,政府每亩地 200 元的补贴仍由村民领取,且农业保险由合作社支付。当时邢家村的耕地集中格局为:200 多亩地在大户手里,平均每名大户手里 20 余亩地,167 亩地在合作社里,小农户共计拥有 10 亩地左右。大户五服内的亲戚都会把地包给合作社,社员表示:"因为跟合作社说话更容易,减产也会付钱,如果包给亲戚还不好意思开口。"华店镇合作社给社员的分红是每亩每年 600 元地租叠加每年过年前每人 100 元红包。合作社每年盈利十几万到 20 万元,且每年拿出两三万元放到村集体账上。合作社和大户的关系是合作关系,大户的农机出现损坏,合作社第一时间就会到达现场进行维修。

2021 年,德州市给种粮大户配备了收割机、旋地机以及播种机等大型农机,改变了之前只有小型农机的状况。基于此,小农户也可以较为便捷地获得服务,邢家村 20 多个小农户,其中 15 户是固定在合作社获得服务。而合作社大型订单的完成是依靠临时找本村机手,雇用价格为每天 300 元,每天需要 3—4 位机手。最大的订单是由外镇大合作社中标华店镇项目后转包而来,一共打药600—700 亩地,3—4 个村的地,服务费每亩 68.8 元,大合作社获得十几块钱的服务费。

可见,组织化的农业生产对大户而言的优势在于,合作社有村集体背书值得信赖,抗风险能力更强,去情感化的交易也更有保障。县政府对党支部领办合作社的期待是能够充分发挥农村集体经济组织的抱团作用,实现整村的资源整合,方便群众获取社会化服务。具体而言,通过"党支部+企业+合作社+农户"服务模式或村集体经济组织直接提供服务,把小农户、零散土地集中起来,整合机械装备、劳动力,统一采购生产资料、统一种植管理、统一销售农产品,在农业提质增效的同时,实现村集体增收。

二、村集体为中介的村庄外部土地流转

在齐河县,以村集体经济组织作为中介,通过诸多形式实现了土地的集约化经营,有效整合了村庄土地资源,改善了农业种植结构,为农村农业规模化、集约化、高效化经营提供了广阔空间,在激发农村内生动力的同时,也为壮大集体经济发展助力乡村振兴增添了新动力。

土地经营权流转高度依赖地方政府与村委的组织协调,推动土地经营权有序流转的策略有以下三种。第一是立榜样:先找一两个村主要是给村民树立模板,同时对村干部起到示范作用。了解民风民情,通过表彰大会、村委大会等载体宣传;先选便于树标杆的小村,再选利益关系更加复杂的大村。第二是通过党支部领办合作社,主动找新鲜事物接受度高、高意愿的村合作。第三是用实质收益吸引村民,通过大多数说服少数。第四是依托于适应性,村民在3—5年就会形成一个惯性,不愿再种地了。齐河县政府采取的整体策略是逐步推进,从小村到大村,找积极性高、创新性强的村干部,尽可能将交易价格设置在合理的区间。

村集体在农业生产中发挥了重要的作用,这是村集体经济组织能够完成土地经营权集中流转的前提。以王老村为例,村集体在农业生产中的作用一是协调价格,维持社会化服务的内部市场秩序。二是统计协调上级政府农业相关工作。三是领办合作社统一农资购买能降低成本,例如,化肥一袋 260 元,去厂里订购至少一袋优惠二三十块钱,农民能真正得到实惠。

在此基础上,村集体负责对内"调地"和对外承包土地,在土地规模化过程中起到协调与信任背书的作用。在邢庄村,大部分农户优先将土地流转给村集体。私人间土地流转则使用村里提供的统一合同模板。2010 年,大量农民因粮食价格过低而出让土地经营权,且流转价格约合每亩 800 斤粮食的折现钱。2017 年之后没有更多的人往外让地了,因为只有四五里地远,有三四户嫌麻烦不种了。目前土地流转意愿降低的两个原因:一是出去打零工的机会少了,工资每天 300 多元降低到每天 200 多元,所以大家都想要重新种田。二是机械化使种地难度降低。

在战庄村,大量来自禹城的外地农民来本村包地种芹菜。芹菜不能在同一地块连续种植,一般来说,同一地块种过 1 年之后 10 年内不能再种芹菜。芹菜的产值远远超过粮食,且种植时间短。一般开春先种芹菜,芹菜收完种上麦子,麦子和芹菜都属于承包户,麦子收完后土地使用权回收,种本村的玉米,自此包地合同终止。一般来说,包地要先签合同先付钱,一次结清。

禹城农民一直有种芹菜的传统,2020 年,第一批承包者共有 4 个人,以每亩 1400—1500 元的价格合伙承包 1 年时间。4 人看中了村里 3 块地共计 60 亩后,前往村委会进行谈判,然后由村委会再跟村民谈。土地承包必须由村委会出面协调,否则一来人们不相信外地人,需要村委会进行担保;二来出现纠纷后,村委会需要出面协调。2023 年,第 2 批禹城人来包地种芹菜,开价每亩 1800 元,村委会要价每亩 2400 元,最终以每亩 2000 元的价格成交,共计 180 亩的承包面积,收成好的情况下盈利可达上百万元。

另一种流转方式是由村庄整合土地,整村流转给公司。周庄村全村 96 户、400 人,约有 1/3 的村民住在村内,一共 800 亩地,人均约为 1.93 亩。由于周庄村土地集中、肥力比较强、水利设施和道路条件比较好,2013—2014 年相继有济南市、泰安市等地的公司来找周庄村集体流转土地,村支书向镇党委反映情况,镇党委表示:"与其流转给外地公司,不如流转给本地公司。"2014 年,该村耕地整建制全部流转给齐河县的一家龙头农企。其具体过程则是村委会引导,召开村民大会,由村民大会投票决定。

2014 年,周庄村内部大户和小农户之间流转土地的价格在每亩每年五六百元,由于村里小农户多,土地细碎,并没有大规模流转。当时,县政府征用建设用地的补贴是每亩 1200 元,齐河县一家大型农企将价格提高到了每亩每年 1000 斤小麦的价格,且以现金的形式交付。合同上标明每 5 年一浮动,根据双方意见,若管理不善,5 年之内可协商一次退回经营权。2014 年 11 月整村流转,签订 14 年合同,预计 2028 年到期。

周庄村是该龙头农企在齐河县第一个全村耕地流转的村庄,隔壁村基本上都是部分流转。该企业直接将租金打入村集体在乡镇经管站的账户,村内以每户分了多少亩地的情况将资金分开,打入村民户主的账户。以 2022 年为例,小麦价格为每斤 1.49 元,大约打了 90 万元。当时村内流转有顾虑,要求种地之前先交钱,且最开始规定的是一年两次,一次在种玉米之前,一次在种小麦之前。但后来该龙头农企周转困难,通过与村民协商就变为了一年一次。现在,约有 80% 的村民愿意续租,大约 20% 的村民还是想收回土地重新自行耕种。

2014—2017 年,周庄村有 4 户人家不愿意流转农地经营权,该龙头农企单独开了一块地给他们耕种。当时种地收入大概比流转多上两三百元,很多老人不愿意进行土地流转,但年轻人觉得,1 亩地仅少收入三四百元,若自己在农忙时节赶回来帮父母干活则会导致收入减少得更多。

大部分都是子代劝父代流转土地,同时,村里党员以亲戚为单位一对一地劝。由于惯性,村民以后都会愿意流转,因为农机具大多都已经卖掉了,愿意种地的老年人越来越老,自己种精力完全达不到,子代也不再愿意回来给父辈帮忙了。此外,龙头农企的水利设施仅有 50 亩以上的大户能用,小户基本上用不上,而重新启动耕种,每户需要 2 万多的启动资金。上述因素叠加之下,龙头农企才能顺利推动整村的土地流转。

三、"大农户"联合"小农户"的生产托管

农业生产托管是指农户等经营主体在不流转农地经营权的前提下,将农业生产中的耕、种、防、收、储等全部或部分作业环节委托给农业生产性服务组织完成的农业经营方式。齐河县的社会化服务模式按照托管的环节可以分为两种。第一种是"全程化"托管服务模式,俗称"全托"。农业生产中的耕、种、管、防、收等全部作业环节,全部委托给农业生产托管服务组织完成。农业生产托管服务开始前,托管服务组织与服务对象依据当地市场价格,经双方协商确定全部作业费用,签订托管服务合同,托管服务组织依合同给服务对象提供及时、有效的作业服务,据实开展费用结算,并

接受服务对象监督。生产的所有环节都由同一社会化服务组织负责，包括粮食的销售，农户的收益包括土地租金加分红。一般而言，"全托管"比自己种每亩能省200元成本。

第二种是"个性化"订单服务模式，俗称"半托"。亦可由农户或新型生产经营主体列出若干需求选项，服务组织按单提供服务，客户需要什么服务，服务主体就以订单方式提供什么服务。"半托"按照服务内容又可分为两类：第一类是单环节托管服务，即仅选择耕、种、管、防、收中的某一环节作为农业生产托管服务的环节。第二类是多环节托管服务，即根据生产需要，选取多个生产环节作为农业生产托管服务的环节。如早春机械除草、春季小麦病虫害防治及苗期壮苗管理、小麦春季供肥、小麦机械收获、小麦籽粒运输、小麦秸秆机械灭茬、玉米供种、玉米单粒播种、玉米控释肥供肥、大豆基肥、大豆玉米复合种植播种等。

在实践中，农民是否选择托管，选择何种托管，关键在于投入和收益的比较优势，一般来说，农民更倾向于选择"半托"，一般是体力不行的才选择"全托"。目前农民种地主要是自种、流转、托管种，收益的差别在每亩每年200元左右。托管和流转的关键区别是粮食最后归谁，托管像管家一样，收益归自己。但农民一般不会选择"全托管"，都是季节性的，类似于家政工。以前产量不好的时候，农民比较愿意流转，且流转费也不低。如果是没那么大能力的农民可能会选择"全托管"，"全托管"一年1200元多一些，比例可能占1/3。一般产量接近的情况下，大家都不愿意托管。"全托管"比自种能多节省每亩每年200元成本，全托管对小户来说划算，但对在家种地的大户就没必要。

农业生产托管为小农户提供了应对风险的机会。在战庄村，

2022 年,村民老吴因为上海市疫情无法返乡,便让刘书记帮忙联系社会化服务。老吴共种有 14.4 亩耕地,包括自己家以及弟弟家的耕地,弟弟一家已经到了德州市。老吴的儿子和儿媳在上海打工,买了房子安家,老吴夫妻平时会在上海帮忙照顾孙辈。他和自己的兄弟、妹妹三人轮流给母亲养老,每人照顾 4 个月。因此,他每年至少会有 4 个月得在村里照顾母亲顺便种地,其余时间基本在上海照顾孙辈,有时间或有事时会回村,顺便照顾一下自己的地。

事实上,上海市到济南市的高铁需要 4 个多小时,票价 400 多元,经济成本与时间成本较高。对此,刘书记认为这个人虽在上海市但坚持种地的行为"不是算经济账",因为不可能只为了浇地这样的事情特意从上海回村,所以类似的事情他会找村干部。像收麦子会特意回来,但去年收麦子也没有回来,是叔伯兄弟帮忙收的。

虽然齐河县的农业生产托管服务已经高度体系化,但在实践中,依然存在无法托管的服务。例如灌溉,太难计量而且难以机械化,所以社会化服务不好介入。齐河县的灌溉全部转为机井水,灌溉机井的出水量有大有小,大约每 40 亩地有一口井。现在灌溉用的是布质水管大水漫灌,灌溉环节目前没办法外包给社会化服务,都是 60 多岁的人在干,究其原因,一是因为人工浇地的效率低,一天一人最多浇五六亩地,且价格低找不到人,成本过高;二是大规模灌溉导致水量总体紧张,水速就慢了;三是因为滴灌带涉及长期投入,由于农地经营权流转频繁,农户投入意愿不高。

此外,村集体发挥的资源整合作用在农业托管服务中扮演了重要角色。虽然齐河县小农户的经营规模已经远高于全国水平,但 20 亩左右的家户经营面积仍然不是农机手优先服务的对象。如果由农民自行联合几家小农户去对接规模化的市场化服务会比较困难，主要难点在于"人心不齐"。而"全托管"恰好可以解决这一难题，齐河县"全托管"要求以村为单位进行托管，耕地必须集中连片，所以通常会选择能够大规模调整耕地的村庄开展试点。

以华店镇为例，目前有 1/3 的土地是因为兼业等家庭安排没有人种地，原来都是给亲戚朋友，现在以村集体为单位流转给联合社"全托管"。农户之所以接受这种安排，是因为合作社可以给社员提供便宜的农药化肥等农资。整村托管如黄屯村从 2020 年开始，农户以村庄为统一单位，向村内农机手和村外购买服务，进行统一播种、统一深耕深翻、农药的一喷三防、统一收割等。灌溉、施肥、个人喷洒农药等则由农户自己操作。

党支部领办合作社成为农业托管服务的整合平台。如马坊村村里常住人口 170 户，现在居住的大约在 110—120 户。村里大户有 3—4 个，他们的土地经营规模在 50 亩以上。2021 年开始，党支部领办合作社。相较而言，私人流转费只有每亩每年 600 元，但合作社是每亩每年 800 元加分红。喜欢种地的村民做大户，不喜欢种地的则加入合作社。合作社一开始不太受认可，后来兑现了分红，慢慢得到认可，尤其是合作社在耕种前便给户家发钱。

合作社常驻工作人员有 3 个，一个负责看管田苗，一个负责管理化肥和农药，一个负责接待政府操作无人机实施"飞防"的作业。这些人员都是合作社的社员，有分红但是无工资。合作社负责联系农机和农资，一般与附近的农机合作社合作。灌溉服务2021 年时通过竞标的方式以每亩 50 元的价格起步，报价低者中标。田间管理方面，种子数量一般比通常的农户用量高一倍，用的肥料也更多。技术主要从齐河县和焦庙镇的农业服务中心获得，中心技术人员也会在微信群实时更新农业气象信息。麦子和玉米主要卖给粮贩，粮贩上门收的价格会比粮站的每斤低2分钱，但是村民更愿意卖给粮贩，因为粮贩会开车带机器上门收，使农民节省更多的时间和人力成本。农业保险则是入社的由合作社交农业保险，没入社的农户自己交费入保。

超越村庄的大合作社则在更大的范围内提供农业托管服务，因此也面临着更多的不可预期的风险。华源合作社于2013年11月成立，共有5个发起人，注册资金200万元，负责的服务包括耕种、收割、植保以及托管服务。该合作社2023年大型机械有50多个，服务面积达到两季合计3万亩，辐射96个村庄，满足了整个镇的粮食种植服务外包需求。2023年合作社托管了6000亩耕地，其中包括大户和家庭农场，托管是以村为单位进行整村托管，每年和村集体签订一次合同。

合作社目前托管土地很灵活，想托管的农户自己找到村党支部书记，村党支部书记跟合作社交流之后就可以作业了，原来还需要投标。托管土地需要先获得托管服务资质，托管的意思是种子和化肥农户自己买，其余的都是合作社负责，最后收割好的麦子也是农户自己的，托管服务保障产量在每亩1200斤左右。托管土地可以降低获取合作社提供的农业服务的成本，收割费是每亩60元，其中合作社出42元，18元由农业农村局支付。玉米收割每亩80元，合作社出56元，剩余24元也是由农业农村局支付。

合作社"全托管"存在一定的风险，特别是采用新技术带来的不确定性。以播种为例，入社前农民种地常规种植需要种子七八斤每亩，合作社用宽幅单粒种植后，减少了种子需求量，但村民不放心。第一年,很多村民会剔苗、补苗。合作社会解释、宣传,但不会阻止农民剔苗、补苗,慢慢第二年这种情况就少了,第三年这种情况就没有了。此外,因自行扩大田垄或者在树下种植,村民实际耕种的地比分地面积要大,打药时多出来的土地使用的农药钱只能由合作社出或者和村集体经济平分,并且也曾经出现过因天气影响药效引发的矛盾。

再以病虫害防治为例,2023 年 3 月,合作社给刘桥头村提供农药喷洒服务,该村的土地分布在某条大路的东西两侧,东边地好、麦子长得快,西边地差一点,麦子长得慢一点。合作社根据小麦生长速度,先给东边的地打药。打完时就到了该浇水的时节了,村民没有等合作社喷药就先浇地了,使四脚打药机进不到地里。合作社为了不误农时,使用无人机打药,但无人机打药药效没有四脚打药机好。因此,西边地的村民有意见,合作社为保证药效,只能给西边的地打了两遍药。而意外在于,合作社打完药 3 天后降温了,之后又出现连续高温天气,导致该村的 40—50 亩小麦出现了虫害,村委调解不了,村里四五十人去"要说法"。虽然一再解释有天气等客观因素的影响,是正常现象,但迫于压力,合作社与农民当场拟协议签协议。协议主要内容是按照 1200 斤每亩的产量进行赔偿,但小麦归合作社,最终此季的实际产量是 1170 斤每亩。

为了保证服务质量,齐河县还通过各种方式加强托管服务流程监督。每个项目村成立由村"两委"成员、党员和群众代表参加的监督小组,对项目实施情况进行随时监督。服务组织完成单个或多个托管服务环节后,要组织服务对象在服务记录上签字确认,本人不在场的由其委托人签字确认。对涉及农资供应服务的,村监督小组和服务组织共同对所供农资进行现场抽样封存。对发生质量方面纠纷的,通过第三方进行检测,县农业综合执法大队负责监督。县农业农村局专家组适时抽查作业质量,对服务质量不符合要求、群众不满意的服务组织,及时督促改正,拒不改正的,列入名录库黑名单。

合作社和农业企业是农业集约化、规模化经营的主体,在规模、资金、技术等方面存在显著的优势,是现代化大农业的主要代表。一般而言,合作社和农业企业发挥其优势,在一定程度上可能形成经营规模过大,挤压小农户经营空间。

但在齐河县的农业经营生态系统中,合作社和农业企业却充当了农业社会化服务供给者、农业技术的传播者和创造者、农资的集采方等重要角色,协助小农户和种粮大户有效地解决了技术水平低、生产成本高以及对接市场难等突出的问题,从而发挥了涵养农业经营生态的重要作用。之所以能够如此,一方面是由于在村社共同体和村社认同基础上,村庄内部形成了种粮大户和小农户之间紧密合作的关系,这对合作社和农业企业的过快扩张形成了有效的制衡;另一方面则是齐河县各级政府在公共政策上的审慎,如在推动农地经营权集中方面坚持适度原则,为维护这一良性有序的农业经营生态系统创造了重要的政策基础。

齐河县委、县政府努力构建的是政府引导、农户主体、双向选择、协商定价、长期合作的市场化农业生产托管服务模式,以整村推进、集中连片、全程托管为目标,以服务小农户为主要扶持对象,积极为小农户开展生产托管服务。社会化服务组织出资按统一作物种植布局、统一采购生产资料、统一开展作业服务、统一销售农产品等模式组织生产,实现规模化生产,从而降低生产成本、增加农户收入。整体而言,齐河县的农业生产托管服务已经形成了体系。以小麦、玉米为例,在整个县域内已形成了"从种到收"的社会化服务体系:统一秸秆还田、统一配方施肥、统一深耕作业、统一良种供应、统一宽幅精播、统一技术服务、统一植保服务、统一收售服务,这种链条式的服务被当地政府称为"八统一"。

综上所述,引领小规模分散经营农户进入现代农业发展轨道是实施农业生产托管服务的重点,需要聚焦农业生产薄弱环节和农户迫切需求,破解"谁来种地、怎样种地、怎样种好地"的难题。粮食生产主体的多元发育与社会化服务经营为小农户与现代农业发展有机衔接提供了组织载体,有力促进全县粮食标准化生产和粮食种植机械化、规模化、集约化经营,实现农业增效、农民增收。

第二章　适度规模经营的动力与边界

如今,齐河县为自身设定的粮食生产目标是推广 20 万亩核心区"吨半粮"的产能标准,在田间基础设施占地率不高于 5% 的情况下,实现年生产能力稳定在 1000 千克每亩以上,[①]高于 2023 年中央一号文件中设定的"实施新一轮千亿斤粮食产能提升行动,开展吨粮田创建"的平均目标。这一目标实现的重要途径,便是齐河县充分发挥了农业适度规模经营的优势。该县在中央和省、市各级党委、政府的坚强领导下,在上级有关部门的关心支持下,依托双层经营体制发展农业,立足于本县的基本农情,引导农地经营权有序流转,培育新型农业经营主体,推动土地适度集中,在保护了国家粮袋子的同时充实了农民的钱袋子。本章意在基于齐河县案例,总结出一条在农民自愿的前提下,结合农田建设、土地整治逐步解决土地细碎化问题的农业发展路径。

---

① 孟令兴主编:《"齐河模式"打造华夏第一麦》,中国农业出版社 2015 年版。

第一节　适度规模经营的优势及必要性

随着城镇化进程加快,农民开始大规模向非农产业转移、向城市转移,土地的规模化经营成为大势所趋。当前,我国各地开展农业适度规模经营的形式较为多样,主要受地区经济发展水平、劳动力转移程度、农业生产条件等因素影响。齐河县曾经一度本地劳动力转移比例较高,但农地经营权流转比例不高,农民大多兼顾农业生产和外出务工,政府重点需要解决"地怎么样种得更好"的问题。[①] 齐河经验在于从基本农情出发合理确定耕地经营规模,既基于实际推动农地经营权流转、实现土地集约化经营,又不贪大求全,从经济、社会、农民利益等多重角度出发,不片面追求土地集中,破除"土地规模越大经济效益越高"的观点,发展适度规模经营。

一、规模经营在粮食生产中的优势

齐河县的适度规模化经营不仅包括农地经营权的适度集中,更包括在粮食产业的生产端与服务端进行集约化经营,为农业的生产经营提供低成本、便利化、全方位的服务。发展农业适度规模经营是强化农业产业韧性的关键。在农民家庭大多半工半耕的情况下,农地经营权在一定程度上的流转可以提高粮食产能,兼顾了国家粮食安全和农民收益。一方面,农地经营权流转带来的土地

---

① 谭智心:《发展多种形式适度规模经营》,《农民日报》2023 年 4 月 15 日。

集约化可以最大规模地盘活土地资源,提升土地的资源使用率。另一方面,随着社会分工日益发达,专业水平更高的新型农业经营主体在农业生产经营效率上较普通小农户高得多,在应对极端天气等农业生产的不稳定性上可以更加从容。以面对高温的干热风为例,此时耕地需要提前浇水并施加两遍叶面肥,合作社和种粮大户等新型农业经营主体往往能及时作出反应,而小农户由于规模比较小,主要从事非农就业,无法及时作出反应或由于时间成本等原因放弃作出反应。

发展农业适度规模经营是促进农民增加收入的重要举措。一方面,发展农业适度规模经营有利于有效地盘活闲置土地,合理调配农村资源。城镇化进程中,越来越多的农村劳动力转移到非农业部门就业,大量农民积极参与土地流转,这不仅使农村家庭财产性收入增加,还能为发展适度规模经营提供稳定的土地要素。另一方面,发展农业适度规模经营有利于提高农业生产的规模化和组织化程度。大量机械、技术等的引入能够提高农业劳动生产率,增强农产品市场竞争力,切实降低生产经营成本,推动农业发展实现质量变革、效率变革和动力变革,新型农业经营主体带动着小农户共同增收致富。[①]

在农业社会化服务的加持下,土地规模化经营可增加农民从事农业的收入,齐河县鼓励以家庭为单位的家庭农场、家户联结为单位的种粮大户等新型农业经营主体,扶持家庭农场和种粮大户提档升级。2023年全县家庭农场448家,省级示范场达到10家;新增种粮大户80家。通过整建制高产创建,齐河县粮食综合生产

---

① 司伟:《如何理解发展农业适度规模经营》,《经济日报》2023年2月16日。

能力大幅提升,土地产出效益不断提高,亩均增效 100 元以上。

总之,土地规模化经营是激活乡村社会的重要环节。农业生产一直以来都是乡村社会最主要的生产活动,乡村社会围绕农业生产形成了特有的组织方式和生活模式。农民的大规模外出务工导致了村庄的空心化、老龄化等趋势。但新型农业经营主体的出现,在一定程度上重新焕发了空心化、老龄化的村庄社会的活力。党支部领办合作社提高了农民的组织化程度,农业经营主体之间的合作经营增强了村庄社会的公共性,有利于撬动村社力量,培育乡村社会发展的自主性和能动性,充分发挥行政力量的引导和激励作用,促进行政力量激活自治体系,从而实现基层社会的共建共治共享。

二、经营规模保持适度的必要性

农业的规模化经营需要基于客观现实,把握好适度原则是关键。根据《农村土地经营权流转管理办法》相关规定,农地经营权流转应当因地制宜、循序渐进,把握好流转、集中、规模经营的度,流转规模应当与城镇化进程和农村劳动力转移规模相适应,与农业科技进步和生产手段改进程度相适应,与农业社会化服务水平相适应,鼓励各地建立多种形式的农地经营权流转风险防范和保障机制,不能通过人为定任务、下指标或将流转面积纳入政绩考核等方式来推动土地流转,土地流转要稳妥化。基于此,齐河县委、县政府准确把握适度原则,因地制宜推广农地经营权流转。

土地规模化经营并不等同于农业现代化。政府不应将土地经营的规模化简单等同于农业现代化,农业现代化应该包含农业规模化与农村人口就业的非农化两个重要方面。2020 年,农业占国内生产总值（GDP）的比重为 7.7%，吸纳了近 25% 的就业人口。在这种情况下，农业现代化就不能只考虑规模经营问题，还必须考虑农村劳动力的就业问题。当前学术界等关于规模经营存在一定程度上的盲目跟从，其都预设了一个前提，即农业规模化可以解放农村剩余劳动力，农村大量劳动力也可以顺利转移到城市或实现非农就业。在这一预设下，农业现代化被等同于农业规模化，农村劳动力问题被悬置了。但真正问题在于，这一预设目前还未能完全实现。[①]

调研显示，在齐河县，村民普遍认为"按地入股"继而以村为单位集中经营等土地经营规模化的方案比较困难，要实现这一方案，首先要提供充分的非农就业机会，否则土地便集中不起来。这说明充裕的非农就业机会是土地集中流转经营的首要条件。

我国人均耕地占有面积是"人多地少"的格局，农村土地对农民而言，还承担了生存之外的保障和抗风险功能。因此，进城农民还需要土地作为退路。而对依然主要以农业作为主要收入来源地区的农民而言，大规模的土地流转之后，他们的生活问题、工作问题似乎目前并没有在本地找到好的安置和出路。政府不能因为迷信规模化，把企业规模化的负外部性全部转化为治理的负外部性，增加基层政府的治理成本。

后拐村的村党支部书记赵书记从长期担任村党支部书记的工作经验中，形象地总结了土地在经济效益之外的作用："规模化要50亩起步，但是太多也不好，50—300亩的大小是最合适的。300亩就不少了，面积大了以后需要考虑三个问题。第一，玉米仓储问

---

① 陈义媛：《农业现代化的区域差异：农业规模化不等于农业现代化》，《理论月刊》2023年第4期。

题;第二,管理问题;第三,社会稳定的问题,不能让村里其他人没法种地,容易引起村里混乱。"据村干部叙述:"如果村里有 10 户人家想种地,10 户人种地社会稳定,如果只给 2 户种地就不行了,其余没地种的人就可能会给村里找麻烦,村内的土地流转应该把村里劳动力都给消化了才行。"

土地规模化经营并不等同于土地产能的提升。实践表明,农业的土地经营规模与农业经营绩效间并不存在必然的线性关系,而是"先降—后升—再降"的变化趋势。土地经营规模扩张到一定程度,必然是资本密集型与技术密集型,其必然需要以工业的方式对农业的生产活动进行重新组织,而农业的特殊性决定了这种以工业方式组织农业有很大的困难。

具体来说,农业的特性以及无法完全工业化表现在以下三个方面。第一是非标准化。农业生产是一种"生命生产活动",缺少标准化的资源和程序,很难像工厂一样进行统一生产,同时还要面对生态环境的不确定性,这意味着很难对劳动者的工作效率作出评定。第二是季节性。农业生产周期通常需要数月,其中存在劳动时间和生产时间不一致的情况,导致对劳动者的评价具有滞后性。第三是空间属性。相对于工业生产可以将工人共聚于一个空间之内便于管理,在广袤的农田或者果园工作的劳动者,其劳动速度和质量都无法有效监控。

农业的特殊性导致了农业生产特殊的激励和监督问题,即劳动者易于偷懒,监督相对困难。加之土地租金和雇工成本的升高,降低了工商资本的利润率,导致企业农业风险较大,容易亏损。本质上,以工业的方式粗放运营农业必然意味着比精耕细作的小农户单位土地收益更低,大部分农业的规模化运营需要通过降低成本来实现自己的高利润。

　　土地规模化经营并不必然有利于村庄社会的发展。其最显著的特征是工商资本运营土地的基础设施建设会对小农户的运营生态造成不可逆的破坏。工商资本运营土地的基础设施与小农户运营土地的基础设施差距极大。如焦庙镇周庄村将土地整村流转给齐河县的一家大型农企，该农企流转土地后将农田的水利设施、道路设施等基础设施全部更新，造成农田的基础设施只有50亩以上的大户能用，一旦小农户各自耕种，就会有重新建立水利设施、道路设施等问题。并且，村民的农机具早已全部卖掉，重新启动耕种的小农户需要2万多元的启动资金。

　　此外，工商资本利用土地经营向农业产业链上的农药、化肥等产业延伸，会挤占当地农资经销商的市场，给本地市场造成巨大冲击。由此，大型农企的大规模土地流转可能破坏本地的农业生态系统，挤压农户家庭以及农资经销商的利益空间。

　　而利益分配得当的情况下，农企与种粮大户也可以形成合作关系。例如，齐河县一家国有粮油食品公司每年可加工小麦1亿千克，采用"企业+基地+农户""种粮大户+基地+农户"等多种经营模式，大力发展订单生产，扩大订单面积。公司与流转耕地1.32万亩的种粮大户老王合作，采用标准化农业生产技术，种植优质小麦，单产高出全县平均水平15%，销售价格高出市场平均水平10%，被农业农村部评为"全国种粮大户"。

　　由此可见，在发展农业规模化的过程中，值得注意的是工商资本无论是运营土地还是直接经营粮食种植，均应处理好与广大小农户之间的利益关系，尽量避免损害农民利益。工商资本主要进入农户家庭和农民合作社"干不了"或"干不好"的生产环节和薄弱领域,注意和农户结成紧密的利益共同体,带动农民发展,而不是代替农民发展;对农民要形成带动效应,而不是挤出效应。

第二节　农地经营权流转的路径与动力

引导农地经营权有序流转,发展农业适度规模经营是促进农业经营增效的重要步骤。我国高度重视土地管理,严格规定农地经营权流转应当坚持农村土地农民集体所有、农户家庭承包经营的基本制度,保持农村土地承包关系稳定并长久不变,遵循依法、自愿、有偿原则,任何组织和个人不得强迫或者阻碍承包方流转农地经营权。齐河县委、县政府在"重农抓粮"工作机制保障下,通过整建制、大方田引领,抓好高标准农田建设和水利基础设施建设等基础设施建设保障,放活农地经营权,推动农地经营权流转,"小田并大田"。2022年齐河县累计流转土地48万亩,占家庭承包总面积的44.67%,有效推动了农业适度规模经营的发展进程。

一、稳定地权的前提下放活农地经营权

根据《农村土地经营权流转管理办法》的规定,农地经营权流转不得损害农村集体经济组织和利害关系人的合法权益,不得破坏农业综合生产能力和农业生态环境,不得改变所承包土地的所有权性质及其农业用途,确保农地农用,优先用于粮食生产,制止耕地"非农化"、防止耕地"非粮化"。下文将展示,地方政府如何能够以保障农民利益最大化为原则,保证农民在农地经营权流转中主体地位的前提下,实现适度规模经营。

　　调研发现,齐河县之所以能够实现农地经营权的自愿、有序流转,是基于一套放活农地经营权的方法,通过村集体统筹农地经营权的调配,方便土地流转,实现成方连片,同时也通过法律、村集体等保障了村民们的土地权益,使农民无后顾之忧地流转土地。赵官镇后拐村的案例说明了以村集体为单位统筹农地经营权的过程与结果。后拐村原有 109 户,现有 117 户,目前 39 户在村居住,其余大部分在浙江杭州务工,但这 39 户中也大部分只有一两人在家,且以老人居多,大部分都是 60 岁以上,其中 19 户仍在村种地。该村于 1982 年开始分田,实行家庭联产承包责任制。分田的主体是所有在村居住且未婚的村民,人均 2 亩。当时该村土地未全部分完,村集体留了 120 亩的承包田。之后以村集体为单位重新调整村庄农地经营权,采用“三年一小调,五年一大调”。该村习惯在秋后收获玉米之后“增人增地、减人减地”。增减的标准实际上是户口的调整。外嫁女和新媳妇都是看户口在不在本村。考出去的大学生也会有地,除了有编制的教师、医生或者公务员,其余村民都会分配耕地。嫁出去和去世的农民土地会被收回,但出去“闯关东”的农民返乡之后仍可获得耕地。2001 年之后,10 年内未进行调整,人口变化大了之后,村党支部书记甚至可以做到将耕地全部“收上来”,再重新分配给各家各户。

　　2001 年,后拐村将地全收回调整重新分配,招标田先不动,承包田留了不到 40 亩,村里人口增加之后就分到各家。前五年是补差价,因为承包田有的还收不回来,有的是 2—3 年才收回来,过世者的耕地直系亲属可以接着种,但是土地就收归集体,续耕的直系亲属需要向村集体交钱。当时以田块的方式,将 2 亩划分为一块,按照土地等级对应价格多退少补,如差一点的地一块就有 2 亩 2

分,然后大家在一起抓阄,因此每个人的地都是整块的,村民之间可以互相调换,一家人的田基本可以实现集中连片。

再以刘桥镇战庄村为例,该村分地时村里先把地全部收上来,以编号抓阄的形式分地。其中,每人要给村共有地出2分地,或者交400块钱。以第一生产队为例,如果村民不交地,他就会分到1.63亩地,如果他交地,他就分到1.43亩地。村里的地现在基本上不再分等级,因为10年前都由抽水井改成了刷卡浇水灌溉,非常方便,地块之间的质量已经没有太大区别。

可见,"调地"在齐河县并不是特例,"农民协商、整村调地"的做法较为普遍。调研发现,赵官镇的9个村里有6个都采取这种方法。但"调地"能否成功也取决于乡镇政府与村委会的积极作为,赵官镇锦川社区西尹村并不是每一届村委任期内都能够调田。分田到户以来,最短的调田间隙是5年。工作开展的便利之处在于每一年因为人口减少和外嫁而退出来的耕地数量,与人口新增和嫁进来的人所需田地数量基本持平。

此外,村集体保留一部分的集体"机动地",这部分土地成为集中流转的主要来源,推动了适度规模经营的实现。一般而言,集体"机动地"会优先流转给本村的大户。尤其是"农民上楼"的村庄,将原有的宅基地等建设用地还田之后,以集体为产权单位将这些"孬田"进行合并流转,并以集体招标的形式流转给村内大户,极大程度上推动了土地的集约化经营。

西尹村从2013年"农民上楼"后,村集体"机动地"一直在流转。2015年,经中间人介绍,村集体将"机动地"全部流转给了一个外村人,当时这名外村人承包了将近600亩地。2017年,村集体将"机动地"分别承包给了3个种粮大户,每个分别承包180亩,

1 个接近 50 岁,此外 2 个 30 多岁。"机动地"的每季产量大概一亩 700 斤,优等地块可达到一亩 1000 斤。

邱庄村村集体目前有 200 亩可耕地,其中 67 亩交给集体种,由村集体出钱,一亩地要花到 1000 元,这 67 亩耕地被租。2020 年以每亩 400 元的价格租给外村人,3 年后由村两委耕种。剩余的 140 亩流转给了 2 个大户。村集体的 60 亩地年产只有 700 多斤,土地肥力不好,现在是承包给外村人,承包期是 3 年,2023 年到期,到期后会承包给合作社。土地外包所赚的钱是村集体的公有财产,用来给村庄 75 个 70 岁以上的老人发福利和村庄的农业用水用电费用,福利包括 1 桶食用油,共需要 4 万元。村集体流转一般优先考虑本村人,要求集中连片由村干部进行监督。村集体的维系很好地保障了土地流转过程之中的农民的权益,村集体在对内调整经营权和对外承包的过程中起到协调作用与信任背书。

总之,农村土地经营权流转的主体是农民。土地是否流转、价格如何确定、形式如何选择,决策权都在农户,流转收益应归承包农户所有。因此,如何维护农民的根本权益,使农民没有后顾之忧地进行农地经营权的流转,是推动土地集约经营的关键举措。深化农村体制改革,积极推进农村承包地确权颁证工作,在现有土地政策不变的前提下,努力推动农地经营权向种粮大户、家庭农场、农民专业合作社流转,推进粮食生产规模化、集约化。

总而言之,在农民普遍外出务工、进城落户的背景下,政府应积极保障农民合法土地权益,为农民流转土地消除后顾之忧。积极开展农村"三块地"改革,落实农村承包地、农村宅基地"三权分置",建设农村综合产权交易平台,规范农村集体"三资"管理。保障进城落户农民合法土地权益,鼓励依法自愿有偿转让。持续开展农村承包地确权登记颁证工作"回头看",切实保障农村转移人口的土地承包权益,规范农地经营权流转管理;通过以土地入股或者由合作社托管服务等模式将农村转移人口的土地集中统一经营,确保农民进城不丢地、年年有收益,既解决了转移人口土地经营问题,又得以发展壮大集体经济。

二、新型农业经营主体的培育与规模化

虽然种粮大户、合作社等新型农业经营主体在市场规律下能够自然形成,但其有序发展壮大的过程仍然离不开政府培育。村民的人均耕地多寡直接影响村里种粮大户的数量与运营规模,对此,村干部和农业农村局工作人员均表示:"总体来说,人均耕地越少,越方便流转,一旦超过4亩,家庭就很容易达到十几亩,就很难流转了。如果地是零散的,那么面积超过20亩就不愿意流转出去;如果是一整块的地,那么面积超过10亩就不会流转出去。一家的地少于10亩就愿意流转,高于10亩就舍不得流转,意味着一年1.5万元的收入,且种地不太辛苦。"

齐河县人均耕地面积比全国平均水平要高,以家庭为单位的农地经营权的集中很容易达到20亩左右的规模,其所获取的经济效益在很大程度上让村民不会将农地经营权向家庭外流转,因而不容易形成大户,不利于适度规模经营。但是,由于是以家庭为单位的小农户经营,农业的产能也不低下,因为有社会化服务,提供社会化服务的主体也是有利可图的。在人均耕地较少的情况下,以家庭为单位的农地经营权的集中并不能支撑起农民家庭生计,很多农民会选择将农地经营权流转之后外出务工。这种程度的流转容易形成大户,并形成规模化经营。

焦庙镇小李村的案例生动地展现了农地经营权流转如何影响着农民生计，以及各类粮食经营主体的分布。1999年，某煤矿公司经过政府引进、村委配合，租用了该村煤矿山470亩，一次性支付了每位村民3000元，租用期限80年。与之类似，某燃气集团租用该村219亩土地，租用期30年，租金为每亩每年1200元，此外每年给村集体一定金额作为村集体收入。该村土地流转前人均2亩耕地，流转后降为人均1亩，共计40多户小农户人均分配1亩多耕地，土地人均面积减少推动了村民外出务工的步伐。

除了人均土地的减少，非农就业收入的增加也会推动土地流转。有地农民平均工资达到每月5000元时，大多会放弃耕种。在统一流转前，小李村已经有20多户没有种地，这部分农地经营权流转出去的规模为最少10亩、最多30亩。因此，小李村最大的大户规模仅有60多亩地，这60多亩地包括在第三生产组的30多亩，该组一共22户，七八户上岁数的、年纪大了活找不着的地都给了大户，其余的地都在自己种。第四生产组的20多亩是以每亩每年800元的价格总共流转了十五六户村民的土地所得。

再以焦庙镇的双庙屯村为例，全村耕地2000多亩，由于人均耕地有3亩半，规模最大的种粮大户也就60亩，人均耕地越多小户越舍不得流转出去，大家都在自己种地，没有跨组流转耕地的情况。在人均一亩半地的村庄，1200元的土地流转费和自己种地收益之间的差价只有几百元，差距较小的情况下村民流转意愿较高。但是，当村庄人均耕地达到3亩半，意味着土地经营权流转出去的收入损失翻倍，农民流转意愿降低。总之，人均耕地越多、大户规模越小的规律之下会形成一个均衡的稳定局面，除非发生"农民上楼"等事件，否则平衡不容易被打破。

　　基于上述规律,在顺应农民意愿的前提下,齐河县积极培育新型农业经营主体,支持新型农业经营主体参与土地流转。支持有能力、有意愿的村党支部领办合作社,探索组建镇级联合社,抓好农民专业合作社示范社四级联创和家庭农场示范场三级联创,指导规范运营,实现新型经营主体由增量向提质转变。

　　华店镇宋庄村党支部书记联合了 14 个农机手推动农业经营组织化,由农机手自带机械、流转土地 2000 亩入股,成立了德金农机股份合作社。股权设置资产股和现金股,其中资产股包括土地承包经营权和农机设备,现金股是启动合作社运作向股东筹集的现金。盈利后按合作社章程提取公积金 5%、公益金 4%、风险基金 5%,剩余部分按股分红。对托管土地社员实行"收入保底"政策,并随着粮食销售价格上涨逐年提高。

　　齐河县以乡镇为单位组建镇级联合社,发挥其在行业内统筹协调、优势互补,各服务主体集中抱团发展的作用。重点依托供销社现有资源,整合辖区内粮食种植、农机服务合作社和家庭农场,吸纳村党支部领办合作社组建成立镇级联合社,购置新型成套农机装备,成为农业社会化服务供给主体。各乡镇均成立 2—3 家联合社,镇级联合社的数量达到 32 家。

　　联合社主要有流转土地和托管服务两种业务形式,目前已经流转了 6000 多亩土地,承担了 3 万亩土地的托管服务。农民如果选择加入联合社,托管服务可以享受降价 5 元的优惠政策。建立联合社的目的是希望由村党支部书记统一将村里土地统计和托管。联合社委托农企集团统一育种,粮食以每亩地多于市场价 1毛的价格交付。农企确认了土地土壤之后提供种子和农技人员并测报土地、监管以及反馈。村集体负责修机井、修路、清淤排沟等公共设施建设,由井长收电费和管理费。再以某联合社为例,目前有"全托管"和"半托管"两种模式。主推"托管+分红"的模式,分红包括"532"和"433"两种,如果当年一亩地收入3000元,服务费1200元,流转费1200元,还剩下600元的盈余,分红就按照532,农户5成,村集体3成,联合社2成;但如果一亩地收入3600元,盈余多一点,就按照334,农户3成,村集体3成,联合社4成。

总体而言,齐河县新型经营主体培育取得一定成效。2022年,新增县级示范社19家、示范场17家、示范组织4家,新增市级示范社18家、示范场16家、示范组织3家,新增省级示范社15家。2023年,全县共评定农民专业合作社县级以上示范社92家,包括国家级3家、省级37家、市级21家,家庭农场县级以上示范场55家,包括省级8家、市级28家,农业生产社会化服务组织县级以上示范组织22家,包括省级2家、市级15家。该县农民合作社、家庭农场、服务组织各10家纳入德州市"三百"提升工程。

三、高标准农田建设的推动作用

齐河县委、县政府在中央政策引领下实施的高标准农田建设整县推进项目,也是推动土地适度规模经营的重要动力。根据"藏粮于地"战略,该县集中资金、项目、工程,集成良种、良法、良田,高标准农田建设达到102.96万亩、占耕地面积的80%,永久基本农田90%建成高标准农田。

截至2023年,该县有30万亩粮食绿色高质高效示范区,即"吨半粮"创建核心区。核心区广泛应用深耕深松、测土配方施肥、秸秆精细化还田等技术,首创"秸秆全量粉碎还田""种养结合化+生物多样化"技术模式。2023年"吨半粮"核心区土壤有机质含量较 2020 年提升 0.5 个百分点。

按照中央关于"保障谷物基本自给，口粮绝对安全"和"抓好粮食安全保障能力建设"的总体要求，齐河县履行了农田建设管理职责，为构建集约化、专业化、组织化、社会化相结合的新型农业经营体系奠定了基础，为加快发展现代农业搭建良好平台。齐河县以示范区为引领，全力攻坚"吨半粮"生产能力建设，创建全国首个大面积"吨半粮"示范县，持续擦亮"黄河粮仓、生态齐河"品牌。示范区内每 50 亩一眼机井，每 200 亩一网格，每 5000 亩一支专家队伍，每 50000 亩一处气象、墒情、虫情综合服务站，实现"田成方、林成网、路相通、渠相连、旱能浇、涝能排、地力足、灾能减、功能全"的高标准农田九大配套体系，是全国集中连片面积最大的粮食绿色高质高效示范区。

该县坚持整建制推进、大方田引领高标准建设，规范化推进。县财政每年拿出 1 亿元支持和引导粮食生产，按照"稳高、提中、促低"工作方针，实现了低产变中产、中产变高产、高产变超高产的过渡。通过集中整合项目、县财政直接投入等方式，先后实施了农业综合开发、中低产田改造、千亿斤粮食产能工程、农田林网工程等农田基建工程，产生了项目叠加效应，大大提高农田基础设施水平。各乡镇（街道）均建成 3 万—5 万亩"大方田"，设立了千亩乡镇长指挥田、百亩高产示范片和十亩高产攻关田，分别成了示范区、核心区和乡镇示范方。

齐河县上述农田基础设施的建设经历了漫长的历程。2008年，德州市在全国率先提出开展粮食高产创建活动，并在齐河县先行试点。齐河县通过整合农业基础设施项目，集中打造集成配套增产技术，在焦庙镇、赵官镇、刘桥乡建立了 3 个万亩示范方。当年 3 个万亩方小麦、玉米夏秋两季单产达到 1230 千克,高于全县平均 111 千克,试点效果显著。在此基础上,县委、县政府决定扩大示范面积,正式拉开了高产创建核心区建设工程序幕。

2009—2010 年,县财政筹资 5000 多万元,集中打造了 5 万亩高产创建核心区。2010 年,经山东省农业农村厅(原农业厅)组织测产,5 万亩核心区全年平均单产 1344 千克,首次创造了全国大面积高产纪录。2012 年,在 5 万亩核心区的基础上,齐河县又投资 1.3 亿元,实施了"西延"工程,打破乡镇地域界限,建成 10 万亩高产创建核心区。2013 年,投资 2.2 亿元,实施了核心区"东扩、北跨"工程,将核心区面积扩大到 20 万亩。在焦庙、祝阿等乡镇选取 5 个点,每个点规划 1000 亩高标准粮田,采取高产栽培技术,示范推广粮食增产模式,在全国率先实现"千亩吨半粮"目标。

2014 年,县财政筹资 6.2 亿元,规划实施"8521"工程,即全县百万亩粮田,规划 80 万亩高产创建示范区,建设 50 万亩高产创建中心区,提升 20 万亩粮食增产模式攻关核心区,以及打造 1 万亩"玉米单季吨粮"高产攻关展示区,整建制打造粮食高产稳产的"黄河大粮仓"。当年 20 万亩粮食增产模式攻关核心区两季平均亩产 1502.3 千克,在全国率先实现 20 万亩"吨半粮",再次刷新全国大面积粮食高产新纪录。

2015 年,齐河县在 20 万亩粮食增产模式攻关核心区成功经验的基础上,在全国率先启动农业农村部绿色增产模式攻关 80 万亩"吨半粮"高产高效示范区建设工程整合千亿斤粮食、农业综合开发、土地治理等项目资金集中投入,健全完善农田基础生产条件。在整建制"吨半粮"乡镇创建活动之下,焦庙、刘桥、祝阿、仁里、华店、潘店 6 个乡镇为整建制"吨半粮"创建乡镇,其他乡镇分别设立 2 万—5 万亩"吨半粮"创建示范区,集中连片开展全年"吨半粮"绿色增产模式攻关。

2016 年,齐河县通过加大农田基础设施建设、提升农田地力水平、关键技术措施落实,三个粮食高产创建示范方顺利通过省市组织的检查验收。同年,该县被确定为国家粮食生产功能区划定试点县。5 月,农业农村部从东北、华北、长江流域、华南四个地区共选出 4 个市县进行全国粮食生产功能区划定试点,齐河县成为华北地区唯一入选县。试点实施方案、建设规划已编制完毕并报农业农村部,待批准后开展划定工作,力争将该县建成粮食生产面积稳定、高产稳产、生态良好的功能区。2019 年,齐河县开展了高标准农田建设,德州市分配齐河县高标准农田建设任务 5 万亩,包括国家发改委已立项的千亿斤粮食项目 3 万亩,新建高标准农田 2 万亩,项目计划投资总额 6521.3 万元。

2021 年,齐河县建设 2.3 万亩高效节水高标准农田,项目建设完成运行后,项目区农田灌溉条件大幅提高,农田质量、农业生产管理水平也将随之提高,种植结构更加优化,灌溉周期缩短,肥料的利用率提高,促进作物增产,同时节水、节能、节地、省工的效果明显。项目的实施,大大提高了灌溉水的利用率,灌水及时,灌溉质量提高。传统灌溉区域灌溉水利用系数仅为 0.63,低压管道灌溉区域灌溉水利用系数达到 0.85,项目区高效节水灌溉工程年节水 132.2 万立方米,年节水效益 79.3 万元。

在历经多年建立完成高标准农田之后,农田质量的维护成为新的重要问题。齐河县通过各单项工程管护制度来加以保障:第一是耕地管护制度,按照耕地肥力来规定种植作物,保证耕地的充分合理利用,禁止任何未经批准而改变耕地用途的行为。实施耕地质量评价制度,国土资源管理部门采取定期或不定期地抽查耕地质量进行评价。

第二是农田水利工程管护制度,机井灌溉采用轮灌工作制度,各用水户按照轮灌组轮流灌溉,每眼机井一次灌溉只能开一个出水口,禁止故意损坏农田水利设施设备的行为。根据不同设施设备的特点开展定期的维护,如沟渠的清淤等,建立各设施设备的档案管理制度,记录其技术参数、基本信息、使用情况和检修情况等。

第三是道路工程管护制度,禁止恶意破坏田间道路和桥梁的行为;禁止对桥梁、道路的不合理利用行为,如超载、超速等;对田间道路工程进行不定时的检修,采取预防措施减小建设工程被损害的可能性,如在道路两旁和桥头等地竖立混凝土标示牌表明其允许荷载等级、限制速度、高度等。第四是农田防护工程的管护制度,定期对防护林进行浇水、施肥、喷药、修剪和补栽等;禁止农户毁坏防护林的行为。

总之,齐河县委、县政府始终坚持"农田就是农田,而且必须是良田"的思想,抓牢"耕地"要害,着力实施"藏粮于地"战略,加快高标准农田建设,提升农田基础设施水平。大力实施农田建设与土地整治,解决土地细碎化问题。创新性提出了要人给人、要钱给钱、要政策给政策的"三要三给"要求,按照既定规划蓝图,整合资源,地毯式推进,阶段式提升。由此,基本农田建设不仅使项目区农业基本生产条件得到明显改善,还改善了农民生活水平和精神面貌。在农业生产中,通过项目的建设耕地抗御自然灾害的能力明显增强,土壤肥力明显提高。在本地区的经济发展中,农民收入渠道扩宽,耕种劳累程度减轻。

从案例中可以看到,推动农地经营权流转需要以高标准农田建设为平台,推动农地经营权的流转以及土地的集约化经营,提高农田的规模化效率。齐河县下一步的工作重点是示范区高标准农田建设和"引黄"工程建设,增强区域水资源调控和防汛抗旱排涝能力,核心区粮田实现旱能浇、涝能排。按照新形势下国家粮食安全和农业可持续发展的总体要求,贯彻落实"藏粮于地、藏粮于技"战略,充分发挥高标准农田建设的各种优势,带动各类生产专业合作社快速发展,使农产品实现产、供、销一体化,使农业生产实现规模化生产、集约化经营、品牌化效应的良性循环。

四、工业化与城镇化的推动作用

调研发现,非农就业机会的增多、外出务工人数的增加,都会使农民流转农地经营权的动力明显增加。以华店镇后拐村为例,由于大部分村民均在浙江省杭州市务工,且在浙江省杭州市购房,在家务农与务工不可兼得,因此,大部分村民愿意将农地经营权进行流转。同时,由于大部分村民脱嵌于村庄,村庄常住人口仅余68人,因此,很多村民愿意将土地经营权流转给外人。

具体而言,后拐村约有30户村民在杭州买房,10户村民在济南市买房,20户村民在县城买房。因此,本村70%—80%的村民并不务农,且随着代际的更迭,50%—60%的村民可能不会再务农。尤其是在杭州市和济南市已经购房,实现了城镇化的村民几乎不会回家种地。该村在县城完成城镇化的村民则有50%的概率会回来务农,此外50%则也不会再务农。在县城进行城镇化的村民大部分是为了孙辈的教育居住在县城,平时在县城照顾孩子,农忙的时候回家种地,忙里抽闲回去照看一下土地。在这样的情况下,后拐村村民进行农地经营权流转的意愿大幅提升,盘活了因外出务工而闲置的土地资源。

村民务工地点的距离很大程度上决定了村民流转土地的意愿。齐河县地处山东省会济南市西侧,隶属山东省德州市,东北与济南市济阳区毗连,县城距济阳城区 45.5 千米;东及东南邻济南市天桥区、隔黄河与济南市槐荫区、长清区相望,县城距济南市中心 28 千米,距长清区驻地 26.5 千米。交通的便利带来了农民往返城区的便捷,再加之农业生产利润的逐年增高,大部分农民均以半工半耕为主要生计模式。

"农民上楼"助推了土地流转的可能性以及意愿。以赵官镇锦川社区张庄村为例,全村合并前 116 户、369 人,共有 980 多亩地。2017 年,第 3 期"农民上楼"工作正式完成,此前常住人口占全村村民的 2/3,有 30% 的村民早出晚归去济南市的零工市场打零工,剩下的村民基本从事建筑行业,根据工作机会灵活变换地点,但也是每天都回家,现在只剩下村民的 1/3 仍居住在村庄。

在"上楼"之前,大部分农民都会种地,全村最多只有一两户常年不种地,外出务工也只以短工为主,集中居住后生产活动不再方便,每年需要多几千元的生活费。2017 年,在济南市打工的村民有 20 多户,其中有 3—5 个已婚女性在快餐店打工,小姑娘毕业之后两三个月就去超市打工。父母跟子女分开住,有条件的给父母盖房,住得也不近,没有条件的才一起住,占村民的 50%。2017 年之前还有少数人放羊、但不养猪。2017 年搬迁、2018 年调地之后,很多人就放弃种地了,目前全村一共 27 户种地的,包括八九户大户和十八九户小农户。

务农开始逐渐淡出村民的生活,主要原因有以下几点:第一,农民集中居住后居住地点与土地的距离较远,打药、除草等照看土地的生产活动不再方便,需要付出时间成本和经济成本;第二,农民从打短工兼业逐渐转化为出去打长工;第三,楼房的居住模式使村民们不再需要看护家庭和房屋,可以放心出远门,之前是因为晚上要看家,所以每天要回家,搬迁后把单元门一锁,就可以出远门打工了。第四,楼房没有空间晒粮食和储存粮食以及农机具等,农民务农成本日益提高。

可见,"农民上楼"后土地加速流转,种粮大户加小农户的双层经营模式初现雏形,大户对不种地的小农户的农地经营权进行流转后,土地集约化经营,粮食产量提高。但也由于大户经营土地的管理成本高,一家一户打药难以很及时,县里提供的社会化服务,如"一喷三防"等打药服务,很大程度解决了大户田间管理困难的问题。

工业化与城镇化对农业适度规模经营的作用也体现在县域内的乡镇发展差异上。根据产业结构的不同,齐河县的乡镇主要分为第二、三产业主导型和第一产业主导型两种,在农业经营主体上,不同类型的乡镇虽然都是以小农户为主导,但农业经营主体的结构表现出了比较显著的差异。

晏北街道是第二、三产业主导型乡镇的代表,新型农业经营主体发挥更大的作用,经营规模更大。晏北街道共 105 个村,其中没有"上楼"的村有 14 个,有 8.7 万亩土地,户籍人口 13.2 万人共计9000 户,其中农业人口 6 万人,主要集中在 72 个村里,"吨半粮"创区 3.2 万亩,集中在 23 个村。全镇耕地面积有 50—100 亩的大户有 50—60 个,基本是小农户出去打工后将土地流转给本村人而出现的大户。亲戚邻居之间的流转价格最少每亩每年 600—700元,最多每亩每年 1200 元。集中连片土地价格大于零散的价格,最便宜的地是每亩每年 400 元,零散的地便宜而且内部差异极大。由于"农民上楼",农业经营规模更加集中,如小安村 1100 多亩耕地,2023 年集中流转给一个外地人 800 亩,流转费是每亩每年 1200 元,签订了 5 年的合同,另有 300 多亩集中在 3 个种粮大户手里,小农户基本退出农业生产领域。

晏北街道的家庭农场以云馨家庭农场为代表,该农场属于省级家庭农场,2023 年经营着 230 亩地,以粮食作物为主共有种植合作社 8 个,另有农机合作社、蔬菜合作社、奶牛合作社等。其中乡土丰利农机服务专业合作社承包了 1200 多亩土地,代管了 1 万多亩土地。姜屯禾鑫农机专业合作社成立于 2021 年,有 3 架无人机,大拖拉机若干,2023 年准备将全村 3300 亩土地统一流转。企业也是农业经营的重要主体,如澳亚牧场是 2016 年进入齐河县的外资企业,兼并了原先的"新西兰小牧场",流转了 2.3 万亩土地。牧场要养奶牛,承包土地种玉米做奶牛饲料以每亩每年 1200 元的价格承包了 20 年。

赵官镇锦川社区西尹村与晏北街道形成鲜明对比,由于村民皆就近在济南市务工,大部分村民仍内嵌于村庄之中,村民并不愿意将农地经营权流转,大部分村民都务农,且村民不愿意流转给外人,外人在村内也无法经营下去。再如宣张屯镇,耕地面积 6 万亩,粮食的种植面积是 5 万亩,常住人口 2.4 万人,有 37 个村。现在完成了"合村并居"及"农民上楼"的有 4 个村,美东农业科技公司流转了 3000 亩土地,集合了 4 个村的土地,其中 2 个村是整村流转。从 2012 年开始流转,流转费每亩每年 1200 元。该公司的经营项目主要是大棚育苗和种菜,也往外出租大棚。美盛源农场成立于 2014 年,2023 年百亩左右土地。该公司流转了小黄村土地,刚开始是做养鸡,目前主要在做大棚果蔬。

党支部领办合作社如宣章和宋庄的农业服务专业合作社成立于2021年,流转费是每亩每年800元,再加上农户七成、合作社三成的分红。又如安头乡有耕地6万亩左右,其中5万多亩种粮食,36个村,常住人口2.2万人。60%的耕地由小户种植,规模以上大户有40—50家。此外,规模比较大的主体还有昌润有机农场,占地2000亩;一个花生种植的合作社,占地1000亩左右;一个奶牛农场,有200—300头牛,占地百亩。

比较不同类型的乡镇在农业经营主体上的差异可以发现,"农民上楼"在促进土地的规模化经营、促进多元农业经营主体等方面发育发挥了重要的作用。总体而言,当街道位于开发区内,本地非农就业机会更多时,55岁以下农民的土地流转意愿较为强烈。农业主导的乡镇虽然零星有一些合作社或能够实现土地企业大规模流转,但是普遍经营规模小于工业化乡镇。

第三节　实现适度规模经营的关键原则

从土地适度规模经营的现实情况看,齐河县的小农户规模经营仍然占据主导地位,其中以自发的出租和转包形式为主,合作社等专业化组织参与土地流转的主动性不足。由于城市过高的房价、物价,以及不完善的教育、医疗保障,部分进城的农村人口依然将农地作为家庭的保障,年纪大后考虑回乡承包土地,这些因素也在一定程度上制约了土地的规模化经营①。政府在推动农地经营

---

① 李海淘、傅琳琳、黄祖辉、朋文欢等:《农业适度规模经营的多种形式与展望》,《浙江农业学报》2021年第1期。

权集中的同时,更应该把控规模,坚持适度原则,不可操之过急,造成不良的社会影响。总体而言,齐河县的农业规模化拥有坚持适度原则、保留弹性空间、促进组织协作等三个核心特征,助推了齐河县农业经营体系的稳定发展。

一、坚持适度原则:政府把控农地流转规模

规模经营是通过改善家庭经营的资源配置及其外部环境,实现生产环节专业化、社会化。但在实践中,由于从业者素质不高、融资能力有限、技术应用水平不高、兼业率较高等问题,农地的规模化、集约化生产在一定程度上受到了影响。近年来,一些地方的土地租金逐年攀升,而农业生产的相对利润又较低,经营主体的土地集中意愿下降,在一定程度上影响了土地的规模经营。

对齐河县农民而言,最佳运营规模在 200 亩左右,仅依靠家庭和社会化服务能够管得过来,管理水平也比较高。土地流转其实有利于科技推广,但土地流转需要改变农民生计模式,无法强推,需要自然等待。因此,齐河县政府在适度原则的指引下,对农田建设规模与合并规模加以一定程度的节制。如农田建设规模原则上"百亩方"不跨自然村、"千亩方"不跨行政村、"万亩方"不跨乡镇,统一编号、建档立牌等。

地方政府需要在农业发展和社会稳定之间取得平衡,特别是大规模的土地流转使农民失去了在城乡之间流动的机会,尤其在经济增长乏力的时期会出现大规模的农民工返乡种地。政府也需要在农业建设与工业建设之间取得平衡。以晏北街道为例,只要进行了高标准农田建设,就是基本农田了,绝对转不成建设用地,只能种粮食,不建设高标准农田就是一般耕地。所以政府在规划时需要考虑发展用地的平衡。晏北街道服务于开发区,农业和企业并行发展,所以在土地规划上,会在开发区附近预留空间给企业发展,不会在那里建设高标准农田。

从 2008 年国家大力推行大方田改造以配合规模化技术帮扶和农业机械化开始,现在齐河县通过服务规模化、田块统一。耕地规模达到 100—200 亩的齐河县也只有 208 家,200 亩以上的 70 多家。齐河县小农户多的原因是这边条件好,社会化服务好。"吨半粮"核心区计划从 20 万亩扩展到 30 万亩,核心区 100—200 亩大户 208 户、超过 200 亩 75 户,低于 100 亩的有 300 户。

齐河县五六十亩到 100 亩以内的种粮大户基本是亲戚朋友之间的经营权流转。很多是夫妻两个的家庭农场,置办一点小机械。少部分 500—1000 亩的大规模农场面临农用机械跟不上、基础设施不完善的问题,且大规模经营相对应承担的风险比较大,例如某些年份比较旱,规模大的农场浇地跟不上,管理跟不上,且灌溉在技术上目前没办法解决。对种粮大户来说,"种地少了管地,种地多了管人"。经营规模在 50—150 亩,还有某些环节需要自己来;经营规模达到 200 亩以上,自己几乎不干活,而是作为管理者、协同者、融资者,但继续扩张对绝大多数大户来说是不可及的。

在种粮大户之外,合作社也有了一定发展但没有取代小农户的主体地位。虽然县政府已经寻找了整合能力强的村做示范,计划下半年再拓展 45 个村的合作社,但党支部领办合作社的土地流转仍处于尝试阶段。目前,合作社的流转土地的多是先联系镇政府,再联系村集体中上岁数的人,组织自愿报名,签约每亩每年 1200 元,形成固定的契约关系,然后等待村民因年迈无力耕种导致的退出,依靠村委去整合地块。

　　以马坊村为例,2021 年,村支书带领党支部领办合作社,成立合作社主要是因为以个人的名义进行流转的流转费只有每亩每年 600 元,合作社是每亩每年 800 元+分红。2023 年共 326.48 亩入社,全村共有土地 1001.62 亩,合作社占地 1/3。本村分成三个生产组,其中两个生产组按照分配应该加入合作社,现在两个生产组加入合作社的意愿尚未统一。因为每 6 年“调地”一次,其中一组现在还不到年限。现在通过合作社把价格提上来了,大户租金也随之上涨。合作社一开始不太受认可,后来兑现了分红,慢慢得到认可。

　　马坊村合作社经营模式包括入股分红、承包土地、生产托管,目前三种模式各占 1/3,即各有 100 多亩的土地分别采取了三种经营模式。2021 年,合作社共吸纳了 322 股,还有农民以资金入股,价格为 100 元/股。2022 年,合作社总资金增加到 340 股,不再有资金入股的情况。2023 年,总体规模达到 483 股。合作社的股份分红从 2021 年的 7∶3,调整为 2023 年的 9∶1,其中 9 成给股民,1 成给合作社。比如某人 2021 年签了入社合同,他有 17.5 亩土地,不仅以每亩每年 800 元的价格收取费用,土地还折合形成了 140 股。在合作社分红时,除了给 800 元保底,分红按照合同签的比例还获得 14000 元收益。

　　部分入股的协议内容包括:第一,一年一次按股分红,从小麦种植开始算到玉米收割为一周期。第二,合作社不得更改土地用途,不得弃种,不得破坏公共设施。第三,股民如想退地要服从合作社的调地安排。第四,小麦直补归农户。第五,收益分红 90% 归股民,10% 纳入公益金。第六,若遇上天灾,由合作社与保险公司协商,且当年保底和分红由合作社和股民协商。

总之,粮食种植的家庭经营蕴藏着巨大的潜力避免了生产力水平提高以后改变家庭经营基础性地位的问题。中央提倡的农业规模经营,其实质不是对家庭经营的否定,而是通过改善家庭经营的资源配置及其外部环境,实现生产环节的专业化、社会化。

二、保留弹性空间:为农民返乡留有余地

农村土地对农民而言,还承担了生存之外的保障和抗风险功能,由于非农收入的不稳定性,进城农民还需要土地作为退路。农民第二、第三产业就业机会少的时候,大概率最终会回来种地。政府需要顺应农民的收地需求。

齐河县委、县政府与乡镇政府在工商资本与农户之间具有居中调停作用,且其更加偏向于保障农民权益,为其建立了分层级保护机制。该县的大型农企公司已经整建制流转了焦庙镇7个村的土地,给农户1000斤小麦的钱和"334"分红,所以老百姓的收益并没有变少,会获得500元的种粮补贴和1000斤小麦的折现。

根据村里的实际情况,该大型农企会和流转土地的农户签5—10年的合同,设立了两种流转模式,一种是托管,有保底租金加分红;另一种是流转,只有保底租金。按合同规定,农民不能在到期之前索回土地,如果农户极力想要索回,政府会在其中帮助老百姓与该大型农企做工作。镇政府也会对农户做工作和引导,大部分农户能够积极配合,最后村集体会拿出最好的土地让不愿意流转的农户集中耕种。

村内大户虽然无法在租金价格上与资本抗衡,但在乡土关系中具有交易成本方面的优势。农民会根据自己的生计情况与村庄的社会关系网络选择流转土地的对象。我国的农地流转并非纯粹市场逻辑运行的结果,普遍呈现缔约对象的"亲属化"和流转合约的非正式性,农地流转"差序格局"内含了两种不同的交易逻辑,即以人情关系为主要机制的内幕交易和以市场价格为主要机制的外围交易①。一般来说,农民会按照亲疏远近、内外有别的方式来决定将土地流转给谁,因此农民会更愿意流转给本村大户,既有利于关系的维系,也可以有灵活的土地出让与回收的契约。

农民之所以更愿意将农地经营权流转给本村村民而非外来企业,第一是因为先给钱再种地的原则,农民先拿到钱,"心里更踏实,以保险为主"。以小李村大户崔叔为例,他流转本村和外村的土地时先给钱再种地,农民都很信任他。企业的分红模式是先种地后给钱,所以农民为了保险起见,更愿意将土地流转给崔叔。他流转土地的价格是每亩每年 800 元,远低于齐河县的龙头农企每亩每年 1200 元的价格,但崔叔在本村的农地经营权流转中却比企业有更强的竞争力。

第二是因为崔叔经营土地时负责细致,大家看在眼里,所以对崔叔更加放心。这些惜地的农民更愿意把土地流转给本地认真负责的大户,他们觉得交给他更能够保证自己土地的肥力,等他们想回来种田的时候,土地仍然被保护得很好。相比之下,龙头农企的田间管理更为粗放,产量不高,经营不细致,所以农民不愿意把自己的土地交给这个公司来经营。

近年来,农民普遍回流收回土地,同时也会收回其相近社会关系网络中的土地。通过后拐村的老赵的经营过程可以窥见一斑,老赵于 2021—2023 年流转村内十几户左右人家的土地,拓展种植

---

① 仇童伟、罗必良:《流转"差序格局"撕裂与农地"非粮化":基于中国 29 省调查的证据》,《管理世界》2022 年第 9 期。

面积到 200 亩,2023 年缩减至 150 亩;流转租金每亩每年 850 元,预计 2023 年租金涨到每亩每年 1400 元。据老赵分析,主要原因是现在种粮盈利,所以农民返乡种地的意愿有所上升。

再以西尹村为例,该村务工的主要流向是建筑行业,建筑行业的下滑直接导致大量中青年村民找不到非农务工的机会,回到村庄生活。据村民估计,如果就业机会长期不景气的话,会有 1/3 的村民收回自己给别人代种的土地自行耕种,即便暂时不回村庄生活,也会想着先把田地要回来作为退路。由此,平衡返乡农民收回农地经营权与维护新型农业经营主体的权益,成为粮食适度规模经营的关键。

三、促进组织协作:多元主体联合发展

如第一章第一节所述,不论是以家庭为单位的小农户、种粮大户、合作社还是工商资本,新型农业经营主体总是面临各种各样的限制,在资本、政府资质、农地经营权等限制下,各个主体之间在齐河县的农业经营市场上达到了一定程度的平衡。认识到各个主体的局限性及其平衡机制,才能更好地维系各个农业经营主体,对多层农业经营体系的维护至关重要。

在土地流转方面,各个经营主体的都具有一定的局限性。对种粮大户来说,其农地经营权的流入面临着较高的不确定性。对合作社来说,农民入社的积极性不高,即便注册之后真正运营的合作社也有限,其经营方式和大户差不多。合作社单纯种植小麦和玉米,组织成本比较高但没有高收益。如果是发展设施农业、种植经济作物,有集中资源进行市场调研的需求,但这只有规模较大的合作社才有必要。合作社种小麦的价格、成本都比较固定,没有太

多发展的空间。因此,合作社在与工商资本的竞争过程之中没有太多优势。目前,合作社经营者普遍表示面临地价抬升导致的土地流转难的问题。

齐河县的龙头农企等工商资本在流转土地与盈利的过程中也备受掣肘。之前该大型农企公司在周庄村示范、破冰的时候,租金是每亩每年1000斤小麦,都按时支付了。但是到了双庙屯村,该大型农企认为自己已经在修路网、修基建上已经投资了,地租可以不按原价支付,并且希望村合作社去贷款来加入运转。对此,村党支部书记表示:"你该花的钱,不仅是基础设施,还得有地租。按齐河县的龙头农企设想的模式,村里完全没必要把土地流转给该大型农企。因为,如果今年收成不好的话,又会引出谁来支付利息的问题。在这个逻辑下,老百姓怎么去面对风险?"

依照之前的土地流转交易模式是每亩每年1200元加"334"分红,30%给集体、30%给公司、40%给农户。但是现在村党支部书记提出两个要求:第一,价格变成每亩每年1500元,再加上粮食"直补"的每亩每年200元,即每亩每年1700元。分红比例从3:3:4变成3:7,70%的分红直接给农户。第二,重新丈量土地。因为以前每个农户的耕地统计面积是小于他们实际的耕作面积的,实际耕作面积可能还包括一些沟边、道边、渠边、荒地没有被计算进来。如果该大型农企公司要包整村土地的话,他只想算种地面积,不想算公摊面积的话,就会有10%的差价。村党支部书记提出,公摊面积收益要做集体的资产。

而在小李村,龙头农企只能实现托管。2023年秋后,小李村合作社预计全部流转村内土地交给齐河县一家大型农企托管,除了地租之外,合作社会额外给村集体一笔服务费,按照每亩每年

1200元补贴给小农户,保证每亩每年200元左右的分红;预计5年一个周期签订合同,约定先交钱再种地。而该农企则想让村委承担50%的前期土地流转资金,分散风险,目前村委还未与企业达成一致。如果价格合适,农民愿意流转土地经营权,虽然小农户会担心企业中途离场,但有村党支部做担保即便如此也会要回租金,以村委信任关系为背书,以村集体经济兜底。

齐河县另有一家国有农企集团,在流转土地时也面临与齐河县私营龙头农企同样的困境。东李楼村正在跟该国有农企谈合作,有70%村民不愿意流转,因为觉得自己种收益多;有30%的农民愿意流转,第一是因为身体不好或家里实在没人种,第二是因为流转给本村村民价格仅为每亩每年700—800元,但转给农企的价格却为每亩每年1200元。但目前协议有一些内容双方未达成一致,如协议要求村委负责看管粮食,如有损失按市场价赔偿;企业要保证村委给他最低价的电费,村委要负责机井维修等。对此,国有农企通过镇政府、管区等渠道展开了协商动员。

合作社会比大户多花费一笔人工费。扣除托管费用这一成本,剩下的利润将所剩无几。例如同样的土地,假设大户可以赚500元,合作社扣除已开的工资以外仅能赚200元,给别人托管只会更少。虽然合作社赚得不多,但多少还是能挣一点。目前,村里有五六十亩地可能可以转给合作社,但还在观摩阶段。

工商资本以外部人的身份进入村庄,需要的资金周转周期更长,管理成本较其他经营主体更高。例如,外地人需要给每亩每年1200—1300元,且要先给钱,并付出一定的沟通成本,但村里人则仅需每亩每年600元,且可以先种后给钱。外地人如果只包100—120亩地,就要看承包者的社会关系网络和种植经验,连片承包则需要跟村里的党支部打交道,由村委从中协调。农户需要中断交易时差异则更加明显,对本村人农户倾向于慢慢收回,但是对外地资本则倾向于突然直接中断。而更大的成本在于管理成本,会降低工作时效性和执行力并提高成本。外村人面临的偷盗及恶意毁坏对大农户而言是致命的影响,一夜之间便可损失几十万元。

在资质方面,政府给予各个主体不同的门槛,客观上造成了各个主体之间的分层。其中尤以合作社最为突出。合作社的成立现在需要极高的门槛。由于现代农业本身是需要资金、技术的,因此合作社是有资本门槛的,同时合作社是需要占建筑用地的空间的,如仓储、晒场等,前期投资和基建成本非常高。而这个门槛许多小农户是无法跨越的。

多元立体联合发展有助于克服不同经营主体各自的短板。如华店镇 2023 年由乡镇提出成立的华耀联合社。由党支部领办合作社,将各村的股份社联合起来,实现统一管理。管理方式有两种,第一种是土地经营权流转,华店镇有 10 万亩耕地,其中 3 万亩流转。涉及 73 个村,2 万多口人。大户一般不托管,仅有 10 亩左右的小农户更倾向于托管。几乎每村都有 2—3 台小麦收割机,2—3 台玉米收割机,3—4 台大型拖拉机、旋地机等。第二种是托管服务,目前承担 3 万亩土地的托管服务。如果农民选择加入联合社,托管服务能够享受每亩减少 5 元的优惠服务。根据联合社负责人表述,建立联合社的目的是希望由村党支部书记统一将村里土地统计和托管,下一步计划将农地交给某集团企业作为统一育种的基地。该集团企业承诺以每亩地高于市场价 1 毛的价格收入所种粮食,在联合社耕种期间提供种子和农技人员,企业负责测报土地、监管与反馈,村集体负责修机井、修路、清淤排沟等公共设施建设,由"井长"收电费和管理费。

值得注意的是,土地规模经营与服务规模经营是并行不悖的。齐河县在促进土地规模经营的同时注重服务规模与土地规模之间的协调,形成土地规模经营与服务规模经营的良性互动。我们通过上文可以了解到,一方面,单向度地去推动农地经营权流转培育新型农业经营主体,不仅不利于农业经济的发展,更不利于社会稳定和现代农业的长期发展;另一方面,新型农业经营主体的各种局限性,决定了其将长期以小农户作为最重要的核心经营主体。因此在多种经营体系下,需要探索一条全新的农业现代化道路——服务的规模化经营。

齐河县通过新型农业经营主体的社会化服务,有效地将小农户合并入现代农业经营体系。随着农业生产环节外包等逐步发展,规模经济已经从农户层面的"内在经济"向超越农户的"外在经济"转变①。推动新型农业经营主体发展社会化服务有利于提高农业机械与耕地之间的匹配程度,以服务规模化代替土地规模化。齐河县通过同时推进土地规模化经营与服务规模化经营,实现了土地和服务的有机整合、相互促进。下面几章将会对齐河县的社会化服务体系进行全面解读,揭示服务的规模化经营与土地规模化经营之间的关系。

总而言之,齐河县在农业生产实践中破除对规模化的迷信,对不同类型的经营主体的适度规模形成了科学的认识,在保障农民权益的前提下建构了多元农业经营主体之间良性的互动关系,以

---

① 刘成、李颖、冯中朝:《以"土地规模化"与"服务规模化"推进我国农业适度规模经营》,《学习月刊》2023 年第 3 期。

土地规模化促进了生产环节服务的规模化,再以生产环节服务的规模化推动土地的集约经营,既满足了不同类型的经营主体对土地这一生产资料的需求,同时也促进了粮食集约化经营,探索出一条多元共赢确保粮食生产安全之道,从而促进了农业增效、农民增收和社会稳定等多元目标的实现。

第三章 社会化服务体系的形成与运转

上文分析了农地经营权向种粮大户、合作社和企业的流转方式。经营权有序流转之下,新型农业经营主体发育成形,构成了实体化的农业适度规模经营。但正如绪论所述,"统分结合"的农村基本经营制度决定了家庭经营仍然会在我国农业中占据基础性地位。基于此,有必要讨论在农地经营权流转的实体整合之外,是否存在保留小农户形态的农业现代化途径。社会化服务体系作为实现虚拟规模化经营的重要途径,契合了家户经营的模式,构成了对农地经营权流转的有效补充。下文将梳理我国以及齐河县社会化服务体系发展历程,解析服务体系发展中面临的普遍困难与地方破解经验。

第一节 粮食生产服务市场的转型路径

健全农业社会化服务体系是完善我国农村基本经营制度、实现小农户与现代农业有机衔接的重要路径。所谓农业社会化服务,是指服务组织按照服务对象的需求,为其农业"产前、产中、产后"所提供的一系列服务活动。研究显示,小农户在现代化农业生产中具有重要的地位,但处于对接困难的处境。[①]社会化服务体系的发展过程中,有三大困难需要克服,第一是服务供给内容的碎片化与单一化,第二是市场主体服务质量参差不齐且缺乏信任、交易成本较高,第三是小农户对社会化服务的获取困难较大。

调研显示,齐河县农业社会化服务主体得到了较高水平的发展。在政府、企业、村级组织、新型农业经营主体等多主体的良性协调配合下,以多种服务形式满足广大农户的需求,实现了功能的互补,缓解了农业社会化服务碎片化、单一化的问题,使农业社会化服务市场整体化、有序化,初步形成了"种粮富农"的现代农业生产体系。下文将对比全国普遍存在的社会化服务体系建设困难与齐河经验,从齐河县社会化服务体系的发展历程、服务模式以及政府作用三个维度,阐释解决困难的可能路径。其中第三点困难——小农户与现代农业的有机衔接问题留待第四章讨论。

一、社会化服务体系建设的普遍性难题

我国农业社会化服务体系经历了长时间的建设过程。1983年,中央一号文件首次提出"社会化服务"概念,强调广大农业生产者迫切需要各项生产的"产前"和"产后"服务,并鼓励合作经济向该领域拓展。但是,彼时服务组织之间缺少紧密合作,也没能和农民形成利益共同体。农业社会化服务存在专业化欠缺、体系化程度不足的问题,服务供给内容碎片化与单一化,部分服务"到乡

---

① 郭晓鸣、温国强:《农业社会化服务的发展逻辑、现实阻滞与优化路径》,《中国农村经济》2023年第7期。

镇未到村,到村组未到农户,到干部未到群众"。

进入 21 世纪后,党中央和政府的支持使农业公共服务能力持续提高,农业生产性服务业不断增强,普惠性和经营性服务结合发展。2008 年 10 月,党的十七届三中全会通过的《中共中央关于推进农村改革发展若干重大问题的决定》强调要建设"覆盖全程、综合配套、便捷高效的社会化服务体系",全国农业社会化服务体系建设进入了新阶段。2013 年中央一号文件进一步明确,"要坚持主体多元化、服务专业化、运行市场化的方向,充分发挥公共服务机构作用,加快构建公益性服务与经营性服务相结合、专项服务与综合服务相协调的新型农业社会化服务体系"。

农业社会化服务体系建设是随着国家战略的发展不断转型升级的。脱贫攻坚和全面建成小康社会目标如期实现之后,全面推进乡村振兴对农业社会化服务体系建设提出了"专业化"的新要求。[1] 2020 年,党的十九届五中全会通过的《中共中央关于制定国民经济和社会发展第十四个五年规划和二〇三五年远景目标的建议》,就深化农村改革首次明确提出"健全农业专业化社会化服务体系"。2021 年中央一号文件提出"发展壮大农业专业化社会化服务组织"的更高目标。

如今全国各地的社会化服务体系建设已经取得了一定成效,但发展水平参差不齐,诸多地区仍然面临着服务碎片化、市场无序的问题。本节将解析案例地区克服上述问题的方式,呈现一条实现农业社会化服务的发展路径,描述服务内容从碎片化到整体化、服务市场运行从无序到有序的转变过程,以此揭示完成社会化服

---

① 芦千文、崔红志:《农业专业化社会化服务体系建设的历程、问题和对策》,《山西农业大学学报(社会科学版)》2021 年第 4 期。

务系统化转型所需要的支撑条件。

如今,就全国范围内的农业社会化服务供给内容而言,各地的社会化服务仍存在碎片化与单一化的问题。一方面,各类主体提供的农业社会化服务还不能充分满足广大农民的需求,农业技术推广、农产品质量监管水平还有待进一步提高,农民专业合作服务组织的凝聚力和服务能力也需要提升,农业产业化龙头企业与农民的利益联结机制还不完善,服务也不够规范。另一方面,各服务主体之间缺乏有效的协调,导致服务供给存在碎片化、单一化的问题,无法互补整合,导致农业社会化服务难成体系。①

首先,在农民专业合作组织方面,新型农民专业合作组织起步晚、总量少、层次还较低,其带动能力还远远不能满足广大农民和农业发展的要求。由于尚处于发展的初级阶段,农民专业合作组织从组织机制、决策机制、利益分配机制、运行机制等各个方面都不规范。农民专业合作服务组织和农户之间多为松散连接,在不同程度上存在管理水平不高、服务不到位等问题,无论从数量还是质量上都不能满足农民的需求和新形势发展的要求。

其次,在农业产业化龙头企业方面,农业产业化龙头企业进行的社会化服务供给不足、全盘意识不够、定位水平较低;针对企业进行农业社会化服务的政策缺位,表现为政府的相关优惠政策如政策扶持、资金补助或贴息贷款等并没有落到实处。

最后,个体形式的民间服务主体难以承受多方面的风险。比如农产品经纪人,这一群体往往单兵作战,合作化进程较为缓慢,缺乏相应的技术和信息,难以控制收购农产品的数量和质量,更缺

---

① 钟丽娜、陈健、吴惠芳:《集体农业生产性服务体系构建的路径与困境——兼论集体经济实现形式》,《农村经济》2022 年第 7 期。

乏帮助农民引进技术支持的资金。

由此可见,如果将社会化服务的提供完全交由市场,市场失灵的情况难以避免。农民在对接社会化服务、寻找高质量的社会化服务的过程中都会遇到诸多难题,各类市场主体零散无序、服务良莠不齐,农民难以找到合适的社会化服务,或无法保证服务的质量,监督成本和交易成本过高,阻碍其农业生产的开展。

对此,本书提供了一个成功案例。面对全国性的农业社会化服务体系建设困境,齐河县已经基本形成了一个系统化的农业社会化服务体系,并成为实现"吨半粮"产能的关键支撑。在服务内容上,齐河县从 20 世纪 80 年代只能由个体机手、大户以小型农用机械为村庄局域提供粮食种植个别环节的碎片化服务,发展到由专业组织的大型农业机械提供涵盖"产前、产中、产后"全产业链的菜单式服务或托管服务。在市场秩序上,由零散无序、良莠不齐的市场主体,发展到受到政府监管的组织化服务主体。本节着重分析齐河县农业社会化服务体系发展的历程与动力,总体而言,系统化的体系是生长于齐河县农业生产中的乡土经验,并且在政府的审慎推进下循序渐进地发展而成。那么,齐河县究竟是在什么样的时空因素下、由哪些主体进行了何种机制的构建、经历了如何的过程,使其在农业社会化服务领域取得了成绩呢?这一体系的构建并非一蹴而就,而是在服务内容与市场秩序方面经历了日益完善的过程。

二、服务内容从碎片化到整体化的转型过程

为了更好地理解齐河县农业社会化服务体系的特点与运作机制,我们需要深入回顾其发展历程,观察这种体系是如何被逐步建

构起来的,方能为其他地区推进类似模式提供有益的借鉴和参考。本节便详细梳理了齐河县农业社会化服务体系从碎片化到整体化的四个阶段。

第一阶段是 1949—1978 年,齐河县初步建立了农业社会化服务体系。从中华人民共和国成立到改革开放之前,政府采用了互助组、农业生产合作社等合作组织来实现农业现代化,但由于脱离了当时的农业生产水平,这些尝试均以失败告终。尽管如此,中国政府在这一时期仍旧建立起了从种子、植保、农机到林业、水利、畜牧兽医等较齐全的农业服务组织。

同时,齐河县的农业服务组织也在 20 世纪 50—80 年代得到初步发展,特别是在农村经济体制改革后,一方面随着农业生产的发展,农产品商品率和农民收入迅速提高,为进一步扩大再生产提供"产前""产中"及"产后"社会化服务已成为广大农民的迫切要求;另一方面在推行家庭联产承包责任制初期,由于缺乏经验,较普遍只重视"分",忽视了集体经济"统"的积极作用,以致集体经济缺乏为农户服务的实力与手段,基层又缺乏为农户服务的组织,原有农技推广部门出现了"线断、网破、人散"的局面。

在此新形势下,为适应农民生产需要,农村自发形成了一批个体服务专业户和联户服务组织,为农民进行耕播、灌溉、供种、灭虫、贩运等"产前、产中、产后"服务,对解决一家一户办不了或办不好的生产困难起到一定作用。但是由于组织松散、势单力薄、手段落后、服务项目少,远远无法满足农民需要。

以焦庙镇东李楼村灌溉设施的逐步配套为例,1964 年之前,当地的农业纯粹是靠天吃饭,但凡遇上旱灾和涝灾,庄稼就颗粒无收。当时全村只有一口井,而且只有四五米深,水量极少,尚不够日常饮用所需,没有富余再给庄稼浇水。因此,当时的亩产非常低,每年整个村小麦和玉米的产量约800斤,全村全年粮食产量还不及现在一户的年产量。

1964年之后,村里出现了明显的变化。1964年,工作组来到本村,在当地打了第一口机井,深度达50多米,配备柴油机抽水。工作组也同时传播了机井技术,在他们的帮助下,村民了解了机井的作用。几乎同时,机井的功能在县里日益传播。各村小组分别管理机井,把土地全部均分为有机井的和无机井的,然后再按比例分配给各户。伴随着机井的逐渐普及,村民们越来越认识到适当利用农业机械设施的好处。

总体而言,这一时期全国和齐河县农业社会化服务具体实践存在共性,都是由政府通过集体化的方式来推动农业现代化。但由于与农业生产力水平脱节,这一尝试未能成功。在家庭联产承包责任制初期,齐河县也面临着一些问题,例如只重视"分"而忽视了集体经济的"统",导致集体经济缺乏为农户提供足量优质服务的实力与渠道。

第二阶段是1978—1989年的农业服务体系市场化改革探索阶段。随着家庭联产承包责任制的普及,农业服务需求从集中化、规模化转变为分散化、零碎化需求。国家逐步放开对农业服务供给的限制,允许农民自办农业服务实体,并将承包制改革引入农业服务领域,鼓励涉农服务部门和农村集体经济组织成立服务实体,以市场手段增加农业服务供给,调动多元社会力量的积极性。[①]

此后,大量的农业服务户、农民技术协会等自办合作组织,以

---

① 芦千文、崔红志:《农业专业化社会化服务体系建设的历程、问题和对策》,《山西农业大学学报(社会科学版)》2021年第4期。

及政府涉农服务部门、村集体、供销社等自办或联办的农业服务公司发展起来。各地还涌现了贸工农一体化、产供销一条龙的综合服务组织,很受农民欢迎。这些初步形成的社会化服务供给,有效弥补了农户迅速增长的农业服务缺口。

从 1983 年开始,齐河县在稳定家庭联产承包责任制的同时,普遍开展了完善双层经营机制工作,强化统一经营层次的功能。1987 年 4 月,齐河县委印发了《关于完善双层经营,稳定家庭联产承包制的意见》,要求以家庭经营为基础,完善合作组织,充分发挥农村合作组织"统"的职能,为农户生产搞好服务。同年 5 月,县政府要求,各乡镇、村都要建立统一服务的合作组织。耕翻、播种等主要机械作业统一安排,水利设施统一组织管理,良种繁育、植保防疫、先进科技统一组织推广等。

总体而言,在市场化改革探索的背景下,政府开始放开对农业服务供给的限制,鼓励社会化服务的发展。这一政策导向与齐河县的实践吻合,都着眼于调动多元社会力量,满足农民多样化的农业服务需求。虽然,全国与齐河县在市场化探索的共性发展历程方面存在重合,但齐河县胜在将这些政策切实落实到了农业生产之中。县委和县政府积极推动了双层经营机制的完善,鼓励建立统一服务的合作组织,这一做法强化了集体经济的服务职能,将社会化服务融入了农民的生产过程。

1990—2007 年,齐河县农业社会化服务体系建设进入第三阶段。20 世纪 90 年代以来,农业社会化服务体系的建设注重多层次、多形式、多渠道的服务供给。这种体系基于乡村集体或合作经济组织、专业经济技术部门、农民自办服务的多元化的服务形式,有利于满足不同农户的需求。齐河县农业社会化服务的流程日益规范。1992 年 1 月,县委、县政府印发了《关于在全县推广贾市乡农业社会化服务经验的通知》,提出按照贾市乡模式发展农业社会化服务。同年年底,全县建立乡镇服务组织 173 个,村级服务组织 2200 个,60% 的村实行了耕翻、播种、排灌、收获等生产环节的统一。

这一时期农业社会化服务体系建设在全国范围内的发展方向都是多元化、市场化。齐河县农机合作社的发展经验生动地展示了这一进程。农机站孙主任提供的信息显示,该县拥有大约 150—160 台大型农机和 400—500 台小型农机,能够为本乡镇提供充足的服务。然而,这一时期农地面积逐渐减少,农民减少了对农地的耕种,主要是因为农业收入相对较低,令他们更愿意去城市打工,这也间接导致了农机数量的减少。

农机服务体系的建设在这一时期也经历了显著变化。2003—2005 年,大型农机的推广使农民由对机械化抱有疑虑转变为支持。县政府采取了多种措施,鼓励合作社的建立,规范机械设备的使用和管理,以及培训农机知识。同时,组织农民参观学习,通过试验田的对比,让他们亲眼见证了收割机的高效性。此外,机械化还使施肥等农事工作更加高效,节省了人工成本。

为促进农机合作社的发展,2006—2007 年,齐河县要求每个村都注册农机合作社,鼓励合作社获得贷款和补贴,以降低设备购置的经济压力。部分农机合作社还得到了扶贫资金的支持。在发展过程中,虽然最初合作社的标准较低,但如今的合作社已经发展成为资金充足、拥有多台机器的实力派,他们能够提供多样化的服务,包括农机托管等服务,从而创造了更大的收益。20 世纪 90 年代至 2007 年,齐河县农业社会化服务范围逐渐扩大,服务措施也日益规范,为粮食生产提供了更高效的支持。

第四阶段是 2008 年至今的新型农业社会化服务体系建设阶段。齐河县不断扩大服务范围,其中包括村级集体经济组织提供的统一机耕、排灌、植保、收割等服务,乡(镇)级农技站、农机站、水利站等提供的技术推广和气象信息等服务,供销合作社和商业部门提供的生产生活资料供应、农产品收购等服务,农技、教育等部门提供的技术咨询指导、人员培训等服务,以及农民专业技术协会、专业合作社和专业户提供的专项服务。

由此可见,齐河县的农业社会化服务日益覆盖了从粮食生产的“产前、产中、产后”全流程,且不断提高了每个过程的精细化程度。与之形成对比的是部分地区的农业社会化服务存在服务项目的政策措施不配套、服务项目及方式创新滞后等问题。齐河县的经验在于顺应农业社会化服务体系建设逐渐向市场化方向转变的潮流,将市场供给与政府供给相结合,一方面,集中力量支持公益性服务,推动农技推广机构的职能完善、能力提升;另一方面,将一般性和经营性服务交由市场,激活市场主体活力,调动多元主体积极性。下节将对案例地区这种政府、市场与社会形成合力的社会化服务发展模式进行机制层面的解析。

三、财政投入对市场与集体力量的激发机制

如前所述,齐河县农业社会化服务体系经历了从碎片化到整体化的演变过程。农业社会化服务在范围上从村庄内部逐渐扩展至县域内,在内容上也从“产中”服务发展到“产前、产中、产后”的全流程服务。本节将跳出时间线,从推动农业社会化服务体系的不同要素中总结其实现机制。

　　齐河县的农业社会化服务延伸范围之所以能够越来越广，离不开财政的大量投入。在齐河县 2015 年工作总结及 2016 年工作计划中，可窥出政府为推进农业社会化服务所作出的努力包括"在关键生产环节投入上，购进腐熟羊粪 6000 吨，统一购置 1600 吨控释肥，以补贴的形式发放到绿色增产模式攻关核心区；集中开展深耕深松，对核心区 5 万亩实施深耕深松补贴作业；补贴购置玉米单粒精播机械 1000 台，提高 80 万亩示范区夏玉米播种质量。"

　　基于大量的财政投入，齐河县在全国率先完成了 30 万亩核心区玉米统一供种和整建制粮食高产创建示范区小麦统一供种。2016 年，齐河县利用财政补贴 1000 万元实施了全县 110 万亩小麦统一供种、补贴 700 万元实施 30 万亩玉米统一供种；2017 年，齐河全县良种补贴面积共 83 万亩；2018 年，全县良种补贴面积达到 94.6405 万亩，每亩补贴 20 斤，补贴品种为"济麦 22、良星 77、太麦 198、鲁原 502、济南 17"等；2019 年，小麦统一供种面积达到 97.39 万亩。齐河县政府多年的良种统一供应极大地降低了农户在选择粮食品种上的风险，帮助农户在起跑线增产增收。此外，齐河县实施耕地保护与质量提升工程，发放玉米秸秆腐熟剂 856.57 吨，施用面积 21.41 万亩。

　　值得注意的是，覆盖了粮食种植的"产前、产中、产后"全流程的整体化社会服务能够形成正向循环，发挥"1+1>2"的作用。"秸秆还田"的例子生动地说明社会化服务体系整体化的正向循环机制。对比"秸秆还田"政策在全国其他地方推行时遇到的重重困难，齐河县则由于社会化服务的整体化，推动了这项政策顺利落地。不同于其他地区"秸秆还田"之后无法腐烂，进而导致农民不愿配合的困境，齐河县将"秸秆还田"与深翻深耕服务相结合，由社会化服务配给秸秆腐蚀剂。在全流程、配套性的社会化服务的支持下,农户能够轻松完成秸秆还田的工作,且地力因此提升,农民切切实实感受到了秸秆还田的好处。

实际上,齐河县部分村庄早在 1997 年就开始了"秸秆还田"的尝试。为了增加土地的有机质,农民主动购买粉碎秸秆的机器,还田后 1—2 年产量明显提高,产生了示范效应,其他村民也纷纷开始学习"秸秆还田"。但仅靠部分农民的主动学习是不够的。"秸秆还田"的推广,还有赖于农机设备的更新、腐熟剂的供给以及深翻服务这一系列配套社会化服务的提供。在社会化服务与农机设备更新的配套措施下,如今齐河县的"秸秆还田"是直接还田,即收割的时候同步粉碎还田,程序十分便利。绝大多数社会化服务所提供的收割服务也包含了"秸秆还田"。农民认为这种处理方式比直接拉走秸秆更便宜也更方便。此外,政府免费提供的深翻服务以及发放腐熟剂也让秸秆还田的效果能够更充分地发挥。

在推广政策的同时,政府的农技人员也会积极地关注政策实施的效果,在技术培训时也在了解其他地方面临的问题,虚心向大户学习种植经验,并思考解决方案。如某农技站站长在省里培训的时候了解到鲁南地区"秸秆还田"因为微生物消化秸秆时"争氮",使作物产生"白害","秸秆还田"不顺。而他在与齐河县的"粮王"交流时,了解到多施氮肥能够有效解决这个问题。故而,齐河县将合理施肥也作为一项重要技术进行推广。

在部分地区,"秸秆还田"要求的深翻条件很难满足。没有深翻等社会化服务配套,"秸秆还田"还会让草害和虫害越来越严重,反而增加了除草除虫等农资投入。在不敢焚烧秸秆的情况下,部分农户会将秸秆推到附近的沟渠塘坝,进一步造成水污染。而齐河县在 2007 年就已经在全县范围内实现"秸秆还田",且土壤有机质也因"秸秆还田"而提高。

财政力量对集体力量与市场力量的撬动作用,还表现在政府购买各村合作社提供的优质社会化服务。以耕地机的社会化服务为例,受访农民认为,在整个粮食生产过程中,耕田的劳动量最大。大集体时就有统一耕田的传统,那时是人拉牛耕,效率极低。1964年,拖拉机"进村",每年集体都会深耕。2020 年,受访村组织集体深耕,由集体出钱一年一次雇个体户来深耕,同时国家每年免费深翻两次。齐河县的实践还包括种植良种的统一供应、农产品的统一收购等措施。

以统一供应良种为例,齐河县规定每亩用种小麦 10 千克—15千克、玉米 5000 粒—5500 粒,由农民合作组织、专业服务公司统一从有资质的种子生产经营企业采购,农民合作组织、专业服务公司与供种企业和种植者签订供种合同,良种普及率达到 100%[1]。可见,齐河县通过培育创新农业社会化服务多元主体,构建了适应现代农业发展要求的覆盖全程、综合配套、便捷高效的新型社会化服务体系,使农业生产简单化、标准化、社会化,为政府购买普惠性服务奠定基础。

政府购买的社会化服务不仅帮助农民减轻生产负担,还推动了农业科技的推广,有效提高了粮食产量。以乡土丰利农机合作专业社为例,该合作社承包了以下 5 项农业生产任务。第一,流转土地,固定每亩每年 1200 元封顶分红。第二,面向小农户提供收

---

① 孟令兴主编:《"齐河模式"打造华夏第一麦》,中国农业出版社 2015 年版。

割、打药等服务。第三,托管服务项目。联合晏城、华店、刘桥3个乡镇的36个村,根据政府的补贴,整合村内机械,开展社会化服务;政府会有一定的补贴,合作社通常会让利于民。第四,统一收购粮食,卖给粮食所。当前,齐河县域内形成了较为统一和谐的粮食收购区域,合作社收购区域内的粮食中有1000吨—2000吨粮食直接卖给了国家粮库。第五,2023—2025年预计拓展产业化服务,增加盈利点和抗风险能力,聚焦小型加工业发展,打造品牌"谷亿利";同时招商引资,扩展吃住一体的大型培训基地。

社会化服务体系的整体化也与齐河县农民的生计模式密切配套。如今农民实践着"工农兼业"的就业模式,一年中大部分时间在外打工,只有农忙时才回村务农。留在村中全职种地的人以无法外出务工的老人与残疾人为主。近年来,"种不动地"的人越来越多,这部分群体倾向于向村内种植大户流转土地。农民对农业社会化服务的需求增加,而每个单独的部门都不能全面满足他们的需求,建立更系统化的社会化服务体系已经成为必然趋势。

总体而言,齐河县正是准确遵循了全国范围内的农业社会化服务体系发展要求,再结合齐河县本土经验平稳落地,才造就了齐河县的"吨半粮"产能。农业的全流程社会化服务是不断适应农民需求和时代发展的结果,也推动了农业现代化进程。如今,齐河县基于小麦、玉米种植社会化服务的综合标准化,为农民提供了全方位的现代农业服务,使农业产业链实现了闭环,提高了农田综合生产能力,粮食产量与村民收入齐增长。齐河县将国家政策强调财政经费对普惠性服务的聚焦和支持落到了实处,并且调动了集体的力量。这种基于实际需求的本地化服务模式可以为其他地区提供有益的经验和启示。

四、服务市场从无序到有序的转型过程

齐河县的农业社会化服务体系在从碎片化到整体化发展的背后，是市场经历了从无序到有序的发展过程。该县花费了近20年的时间，采取了有力的措施来整顿市场秩序，设立起了较为严格的社会化服务市场准入门槛。目前，凡在齐河县市场销售的农业投入品，其生产企业、配送商应到县农业农村局的农业行政执法大队提交纸质版和电子版准入申请书登记备案，同时出具生产厂家委托配送书，申请配送准入单位均以齐河县农资配送中心的名义准入[①]。

在市场准入制度之外，齐河县政府还积极介入到具体的农资流通过程中，切实整治市场秩序。一项典型的案例便是邮政介入化肥销售，这一事件持续了约5年的时间。根据焦庙镇农资商老谢的描述，大约在15—20年前，由于彼时齐河县农资市场上的农资质量参差不齐，货品本身的质量不易保证，农资商为了规避风险，甚至需要将种子、化肥、农药"分业经营"。以化肥这一主要农资为例，2009年，为加快完善农业生产资料流通体系，国家要求推进农资流通网络的市场化建设，尽快放开农资流通渠道，允许具备条件的各类投资主体从事农资经营。[②] 此后，农资行业进入了急速扩张期。以复合肥为例，2014年，我国复合肥生产企业有5000多家，产量在200万吨以上的企业2家，产量在100万吨左右的企业约6家，大部分企业产量在30万吨以下且以生产低技术水平的复合肥为主，截至2018年中低浓度复合肥的企业至少

---

① 孟令兴主编：《"齐河模式"打造华夏第一麦》，中国农业出版社2015年版。

② 《商务部 发展改革委 工业和信息化部 财政部 农业部 工商总局 质检总局 供销总社关于完善农业生产资料流通体系的意见》），2009年3月9日，https://www.gov.cn/gongbao/content/2009/content_1425412.htm。

有 2600 家[①]。

由于产业系统的急速扩张,农资经销行业为了将产品深入渗透到乡土社会中的每一个角落,其行业内部的准入门槛也十分之低。同时,农业部门的管理力度也相对宽松,依照《农药经营许可管理办法》《国务院关于进一步深化化肥流通体制改革的决定》的规定,除农药经营需要具备"农学、植保、农药等相关专业中专以上学历或者专业教育培训机构五十六学时以上的学习经历"外,化肥、农膜等生产资料的经营皆未设定明确的技术要求,只需经过工商部门许可即可获得经营资质。

焦庙镇农技服务站工作人员也表示:"门槛并不高,化肥一类的也就是需要具有自主行为能力,无不良行为记录,自己到相关部门备案办证就能开始经营。农药需要一点学历和知识门槛,达到中专,然后相关专业就行,不是相关专业自己也可以去学习,学够学识也可以获取农药经营许可证来开店。"整体上看,农资商行业所要求的技术资质起到的门槛作用很低,哪怕是农药经营,申请人通过简单的备案手续即可获得农药经营许可证。

由于行业的扩张,大量中小厂家甚至无生产资质的"私人作坊"参与到农资市场竞争之中,市场上出现了大量品质难以保证的肥料。截至目前,焦庙镇约有二三十家农资店。受访农资商表示:"20 年前生意还可以,当时从业者少只要能联系到厂家,往自家院子里进上 10 来吨"贴牌"化肥就能开始卖,村民为节省成本不在意品牌,就从这种小农户资商手上买化肥,但是化肥好的坏的

---

① 李玲玲:《2018 年中国复合肥产量、需求量及价格走势(图)》,2018 年 5 月 29 日,https://www.chyxx.com/industry/201805/645128.html。

区别很明显,烂化肥效果不持久,还可能有烧苗的问题。种子的情况统一供应之前也是这样。"混乱的市场环境迫使长期经营的农资商规避风险,开展不完全类目经营。

齐河县政府自 2010 年起持续在全县开展农资质量监管活动。2013 年左右,县政府开始与村级组织合作,设定销售指标,要求卖出邮政指定的化肥。最初,邮政销售的是品质良好的金大地化肥,尽管质量优越,但价格相对较高,因此销售不甚理想。随后,邮政开始销售普通化肥,包括贴牌的一般质量化肥,降低农民成本。齐河县政府经由邮政体系进行化肥的官方渠道统销,优质化肥直达村部,通过这样的方式在一定程度压制了市场上泛滥的劣质小厂化肥。

2016 年,齐河县开展农资打假专项整治、小麦繁育基地监管和农药登记备案工作,出动执法人员 500 人次,检查整顿农药企业 3 家,检查农资经营门店 236 家,开展小麦繁育基地纯度、检疫检查 4 万亩次,确保了农业投入品安全。2017 年,监管执法力度加大,开展了农产品安全生产大检查、农药大检查、放心农资下乡等监管执法活动,加强农业投入品监管力度。2018 年,开展农产品质量安全专项整治和农资打假工作,开展了农资打假治理和放心农资下乡活动,检查农资经营门店 200 余家,农药生产企业 3 家,查处 1 起经营假农药案件。

2020 年,全县扎实开展春季农资打假行动、动物卫生监督执法检查等活动,出动执法人员 694 人次,出动执法车辆 198 车次,检查农药经营门店 341 家,兽药经营门店 18 家,种子经营门店 198 家,化肥经营门店 153 家,饲料经营门店 53 家,兽药生产企业 8 家,农药生产企业 3 家,抽检化肥 300 批次,查处涉农违法案件 7

起,罚款 67200 元,没收违法所得 770 元。上述举措在有效保障了齐河县农民农资质量的同时,也帮助改善了那些进行正常经营农资商的营商环境。在政府的努力下,供需双方所承担的风险都有效下降,农资商得以有可能开展多类目的经营。

在借助邮政系统售卖农资整顿市场秩序之外,齐河县通过政府购买服务和配套监管,进一步提升了社会化服务的市场秩序水平。齐河县政府针对市场上仍然流通的劣质化肥加大监管力度,加强与农村集体经济组织和农民合作社的合作,提供质量可靠的化肥,同时,对涉嫌销售劣质化肥的行为进行打击,以保障农业生产的安全和农民的权益。这一举措进一步体现了齐河县政府在农业领域的积极作为,致力于建设更加健康、安全、有序的农产品市场。

以上工作使市场秩序得到了持续的整顿,齐河县的社会化服务体系日益完善,为农业现代化提供了有力支持,推动了农业生产的可持续发展。如今,齐河县的社会化服务体系已经从各主体的单打独斗转化为多主体的协调配合,建立起了日益有序的市场秩序,并且涵盖了多模式、多主体、全流程的服务内容。多主体合作和全流程服务的措施之下,农业社会化服务体系能够较好地满足小农户和新型经营主体的需求,实现农业社会化精准匹配服务。

五、服务主体组织化程度提升下的监管机制

由上文可知,社会化服务市场秩序的建立,离不开地方政府的深度参与和监管力度的加大。如果社会化服务主体组织化程度低、规模较小,能提供的服务内容和范围较为局限,在空间上也常分布不均,农户在对接社会化服务的时候就会存在一定困难,不利

于农业生产效率的提高。在新型农业经营主体兴起但组织化不足的同时,跨区社会化服务与本地农机手的生存空间也同时被挤压。社会化服务的跨区市场也因为本地农机购置增多而被大幅压缩,新的外地农机手难以进入并提供服务①。过去零散的农机手经营也被种粮大户挤压市场,而种粮大户为细碎化的小农户提供农业社会化服务的意愿较低,小农户获得服务更为困难。

同时,在缺乏监督的情况下,社会化服务提供者出于其盈利的动机,也常出现偷工减料的情况,提供的服务质量良莠不齐。如农机手效率低下、收割质量差,甚至还有盗窃行为,监管成本高昂②。在部分地区,农户因为本地社会化服务供给不足、组织化程度不足、无法对接等情况,只能选择雇用外村甚至外地农机手。相较于本地农机手受到社区性道德规范的制约,雇用外地农机手更加需要考虑信誉问题,外地农机手存在“敷衍、偷懒、顺走粮食”等风险。③ 农户只能耗费大量时间精力用于监督,增加了农业经营成本。而难以解决的协调问题也使社会化服务的交易成本较高。

在齐河县农业社会化服务市场从无序到有序的转型过程中,服务主体的组织化程度的提高,不仅降低了政府的监管成本,而且提升了服务质量。换言之,农业社会化服务从各主体单打独斗,转变为多主体优势互补的组合服务体系,农业生产向着专业化、社会化、市场化的方向发展。同时,为了满足不同农户和新型经营主体

---

① 陈义媛:《中国农业机械化服务市场的兴起:内在机制及影响》,《开放时代》2019 年第3 期。

② 徐宗阳:《机手与麦客——一个公司型农场机械化的社会学研究》,《社会学研究》2021 年第 2 期。

③ 熊春文、柯雪龙:《小农农业何以存续?——基于华北一个村庄的个案研究》,《中国农业大学学报(社会科学版)》2021 年第 6 期。

的需求,多模式服务应运而生,如全程托管服务、个性化订单服务等,推动了现代化粮食生产。

　　齐河县的家庭农场、合作社等服务主体组织化程度提高的过程中,也逐渐被整合进齐河县的社会化服务体系,被规范化监管。以齐河县一个农机合作社的发展为例,我们可以窥见单一个体逐渐成长的过程。自1985年开始,农机经营由国家、集体逐渐向个体私营转移,多数农民以单户或联户形式购置小型简易农业机械,主要用于满足自己生产需要。到了1990年,动力在14.7千瓦以下的小型拖拉机和农用三轮车开始进入农村。灌溉、耕耙、播种、运输等生产环节以自需自用方式采用机械作业,铡草、农副产品加工开始以营利为目的提供对外加工服务。

　　自2000年起,大中型农业机械增加较快,自购自用的分散经营方式和中小型机械逐步被市场化、规模化和产业化的经营方式以及大型、专用、联合型机械设备所代替。农机协会、农机合作社等经济合作组织悄然兴起,农机大户、农机专业户不断涌现。到了2008年,农田水利基本建设、耕整、联合收获、播种、"秸秆还田"五个田间作业市场基本形成。同年,齐河县涌现机械原值超10万元的农机大户1973个,其中农机作业经营专业户863个,此外还有农机协会17个,农机合作社19个。截至2010年年底,全县工商部门注册登记农村合作经济组织525个,社员2.63万人,涉及种植业、畜牧业、水产业及农产品加工和农机服务等行业。

　　在这一基础上,齐河县的农村合作经济组织日益壮大。齐河县政府也认识到农村合作经济组织在增强抗御市场风险的能力,以及提高农民的组织化程度方面的积极作用。县乡两级把发展合作经济组织作为推进农业产业化经营,调整优化农业结构的重要环节来抓,在政策上也支持合作社的发展。

此外,合作社也起到了便利农民的生产种植、降低成本的作用,对提高粮食产量也有积极作用。以齐河县规模位于前列的一家粮食种植合作社为例,该合作社的前身是农资店,店主发现农民们种地不讲技术,也没有机械,还会造成用药失误与用水浪费。比如,有村民因为高温时喷农药中毒;还有村民不知道一亩地使用3斤药足矣,会打五六斤药造成用药浪费;还有村民在收割时无机械可用,抓不住收割的最佳时间节点造成早收减产等问题。

出于"专业的人做专业的事"的想法,店主和本村及外村的几个合得来的朋友共5人于2009年成立合作社。成立初期,为了取得村民的信任,合作社先在各村动员有号召力的村庄精英入社,请学习能力强的人当服务站站长,给站长培训,提供技术服务,站长再带领村民干。同时,在各村建设20—50亩示范田,在村内直接展示成果,吸引更多的农民入社。

合作社给农民种地带来了很多便利。以农资服务为例,农资店的商品会流经全国、各省、各市、各县、各镇这5层代理商,若农民直接去农资店买农资则价格较高。合作社能够直接对接县级代理商,省去一个环节,因而降低了价格。随着服务范围扩大,从前的"合作社找代理商"模式渐渐演化成了"代理商或厂家找合作社"模式,变被动为主动,不仅减轻了农民的经济负担,还能够筛选出更高质量的农资产品。

合作社繁荣发展的背后是其独到的发展策略。在访谈华耀合作社时,相关工作人员介绍道,如今越来越多资本进入农业行业,但是基于农业行业周期慢、技术成本高的特点,2011—2018年,诸多企业因管理问题发展受挫。与此同时,当地的企业也存在将重心放在报表数据上的倾向,不会选择通过精耕细作来提高亩产,经营更加粗放。小合作社相比而言在流转土地的过程中高度依赖政府帮助,因为农民会倾向于把地交给真正擅长耕种的本村乡邻。

所以,该合作社的发展策略为先经营好自己的"一亩三分地",积累有效经验和模式,获得群众信任,并乘上大合作社的东风。可见,农业生产与经营是个具有整体性的系统,各主体的单打独斗无法覆盖生产中的全部需求。在农业生产环节中,每个单独的部门都各具优势与不足。只有让各社会化服务主体编织成网,才能更好地服务农户、增加粮食产量。

目前,齐河县农业社会化服务体系还在不断探索和完善中。这些服务主体在组织化发展的同时,也受到政府的监督管理。为了保证服务的质量符合政府的规范要求,服务主体自身也对提供服务的农机手进行培训、监督,以确保提供的服务不偷工减料。如今,多主体联合使社会化服务主体日益编织成网,为农民提供更完善的服务,也促进技术更好地落地。

以祝阿镇农机的发展为例。2003—2005年,大型收割机的出现改变了人们对农机化的态度。在此过程中,县政府率先推动农机合作社的建立,每个村都成立了农机合作社,并对社长进行培训,推广农机知识。县政府组织种植能手和致富能手参观农机展销会,进一步传播农机化知识。此外,乡镇还设置了试验田,对比了机器收割和人力收割的效率,让村民亲眼见证了收割机的省时省力效果。同时,通过农机化的升级,实现了种肥同播,从而节省了人工成本。可见,县政府、合作社、专业技术人员、种植能手等多主体的协调配合,使农机在村内得以平稳推广。

总之,在农业社会化服务系统化的进程中,齐河县的服务市场经历了从无序到有序的转型过程,度过了早期零散的市场主体提供良莠不齐的社会化服务阶段进入到组织化的有序供给阶段。该县农业社会化服务体系成长为了多主体优势互补的综合服务体系,对农业生产的全面发展起到了积极的推动作用,将小农户吸纳进了现代化农业生产体系。

第二节　系统化的粮食生产服务内容

在上一节中,我们系统地回顾了齐河县的社会化服务发展历程。在本节中,我们将逐一介绍这些覆盖了粮食生产全流程的社会化服务是如何在齐河县发挥作用。根据农业农村部(原农业部)、国家发展改革委、财政部等部门关于《加快发展农业生产性服务业的指导意见》,可以按照农业生产过程将社会化服务分为"产前、产中、产后"三个阶段。"产前",包括农资供应和育种等服务;"产中",包括指导测土配方施肥等生产技术培训与指导服务、机播机种机收等农机作业及维修服务;"产后",包括农产品加工服务、农产品运输及储藏服务、农产品营销服务。同时,金融、保险等服务则是贯穿农业生产全程①。

在粮食生产的各个环节上,齐河县均投入了大量人力、物力进行了详细规划。在统一供种方面,齐河县整合现有种业资源,对县内现有种植品种进行筛选,确定契合本县气候、土壤特点的优质、高产品种,增加良种适合度,提升粮食产量;采取集中大量购买、组

① 《农业部 国家发展改革委 财政部关于加快发展农业生产性服务业的指导意见》,2017年8月16日,https://www.gov.cn/gongbao/content/2018/content_5271797.htm。

织分发的方式,降低种子成本,通过品种区域化种植、规模化管理,提升品种抗性,实现粮食优质高效增产。

在农资统一供应方面,齐河县整合县内现有农资品牌资源,对耕地进行统一测土配方施肥,科学分析现有农资品牌,确定适合本县气候环境、耕地土壤、作物品种的化肥、农药等农资和防治病虫害等技术,提升耕地质量,提升粮食产量;通过完善农业全产业链体系,实现生产有组织、有标准,统一采购农资、组织服务等方式,提升议价话语权,有效降低农资成本。

在实施耕种收服务方面,齐河县统筹调配合作社、农机大户、农机手等多元服务主体,构建覆盖全县的农机服务大数据网络,通过合理化作业增加农机具的有效工作时间,降低生产成本;大力推广新型农机具,提升组织服务实力,协调各服务机构开展农机服务,增强农业生产抵御风险能力。

在实施"飞防植保"服务方面,齐河县整合全县植保飞防服务组织,提升服务作业能力,确保达到日作业面积20万亩以上,根据耕地病虫害、作物品种情况,合理科学混配药剂,做到精准施药,有效降低农药使用量,减少农业面源污染,保护生态环境;科学分配飞防地块,进行集中飞防作业,有效降低喷防成本、提高飞防效果,保障小麦、玉米产品品质。

在实施烘干收储服务方面,齐河县整合全县16处粮食烘干储藏设施,提升粮食烘干储存能力水平,引导农户就近烘干储藏,有效减少粮食损耗,确保亩均减少粮食损失达到50斤以上,实现节本增效,保障粮食安全。

在实施品牌运营方面,齐河县围绕"齐河小麦""齐河玉米"品牌,制定齐河小麦、齐河玉米策划推广方案,打造农产品配套餐饮,按照沙县小吃"不求所有、但求所用"的营销模式,采取一体化运营、各类品牌参与和农民免费加盟等形式,积极吸纳农村劳动力就业,拓宽农民就业途径,增加农民收入。上述服务内容又可以进一步拆解为以下六类服务模式。

一、技术集成服务

目前,我国农业仍面临化肥农药用量大、利用率低,技术装备普及难、应用不充分,农产品的品种杂、品质低等问题。这些问题属于"一家一户干不了、干不好、干起来不划算"的事情。通常来说,规模较大的新型农业经营主体愿意投入更多的精力在技术提升上,而普通的农户在获得技术上往往有更多阻碍,也投入较少。但在齐河县,农业生产的技术提升问题不是每家每户单打独斗,而是政府统一规划,引进先进技术,为所有农户提供技术集成的社会化服务,从而实现农业生产技术的整体提高。

然而,技术的引进与落地也并非易事,农业人才培养速度慢和人才流失的现象较为普遍。有研究指出,各县农技部门的农技人员显著减少,尤其是乡镇农技人员缺口较大。非专业人员占农技部门的比重逐渐增大,专业人才的缺失将直接影响农业社会化服务的质量[1]。在农技推广方面,还存在农业技术推广人员知识结构老化等问题[2]。

近年来,齐河县则不断探索出符合齐河县实际需求的技术推广模式,为农户提供技术集成服务。第一是县政府农业部门与科

---

[1] 孙生阳、孙艺夺、胡瑞法、张超、蔡金阳:《中国农技推广体系的现状、问题及政策研究》,《中国软科学》2018 年第 6 期。

[2] 叶敬忠、豆书龙、张明皓:《小农户和现代农业发展:如何有机衔接?》,《中国农村经济》2018 年第 11 期。

研机构合作,积极引进先进农业技术,推广新品种、新技术。齐河县积极利用外部科研机构的力量,与中国农科院、山东省农科院、山东农业大学等农业科研院校保持长期合作关系。山东省农科院已批准在齐河县设立作物博士科研工作站;中国农科院、中国农业大学、山东省农科院、山东农业大学等 8 大科研机构在齐河县建立了品种试验基地;同时,齐河县与中国农科院、山东省农科院等共建小麦、玉米国家质量标准中心、"吨半粮"技术研究中心。

齐河县在全国率先发布小麦、玉米质量安全生产标准综合体县市规范,成立县属国企正源检测科技公司,农产品质量抽检合格率保持在98%以上。此外,齐河县结合实施农技推广补助项目,利用种子繁育基地、农作物新品种区域试验站、现代生态农业清洁生产基地等农业技术创新示范平台,加强粮食生产关键技术攻关和应用示范。黄河流域(山东)现代农业科学城和国家现代农业产业园也在建设中,预计年粮食加工能力 28 万吨。

第二是因地制宜,合理选择重点推广的技术项目。齐河县农村农业农村局种植业管理股每年根据农业农村部的具体指导意见进行聚焦、调整。在发展粮食作物生产的这些年里,齐河县重点推广了小麦的统一良种供应、"秸秆还田"、测土配方施肥、深耕深松、宽幅精量播种、浇越冬水、一喷三防、病虫害统防统治等"八统一"技术;重点落实玉米的种植高产耐密品种、宽垄密植+合理增密、抢茬机械单粒播种、测土配方施肥、一防双减、适期晚收、机械收获等"七配套"技术,关键技术措施落实到位率均达到 100%。2023 年,根据上级指导意见将这一项目更名为 2023—2030 年"玉米单产提升项目"。

第三是积极开展多个层次、多种形式、覆盖面广的农技培训。

齐河县连续多年开展百名农业科技人员下乡活动、万人大培训,全面开展技术指导服务。这些技术指导服务也会针对服务对象的特点进行调整,有的放矢,因材施教。对普通农户,齐河县每年组织百名农业科技人员到生产一线,以推广绿色优质生产技术、稳产增产技术和抗灾减灾技术为重点,对关键时节、关键环节进行技术指导和培训。每年下乡指导次数近 200 多次,指导农民达 3 万多人。此外,每年还培训技术指导员、县乡农技人员、职业农民及农业科技示范户 5000 人次。组织新型职业农民到寿光、莱州的现代农业园区参观学习,筛选推荐 10 名家庭农场主和合作社带头人参加了省现代青年农场主培训班。针对贫困户,则举办了农业技术技能培训。组织开展职业农民职称评审,培养造就一批爱农业、懂技术、善经营的"土专家""田秀才"和农业职业经理人。2023 年,培育高素质农民 450 名以上,职称农民评定 30 人以上。

第四是创新农技推广形式。齐河县集中建设田间学校,发展县基层农技推广信息化应用平台,健全农业科技、信息、金融、保险服务体系等措施。依托山东农业工程学院等院校,加强与山东农业大学、山东省农科院等高校科研单位合作,建立一批综合培育基地、田间课堂、实训基地、网络教室,以提升农民生产管理经营能力。齐河县的农技推广不拘泥于传统的授课方式,而是统筹发挥县级讲师团、农业技术广播学校主阵地、传统媒体和新媒体三方面作用,使广大农民在第一时间、在关键时节,可以借助线上线下平台掌握到最新的农业知识和实用技术。全县年开展培训 200 余场,培训农民 5 万余人次,专题培训新型职业农民达 1000 余人,发放"技术明白纸"10 万余份,开设专家讲座 100 余期,出动农技专家 896 人次,发送手机短信 66000 条。

　　第五是建立农技服务三级体系,将农技服务覆盖到每一户。目前,齐河县建成了1处县农业技术推广中心和15处乡镇(街道)农技推广服务站,设立了104个农村社区党政管理服务中心。全县拥有农技推广人员240人,实行"盯村包户",实现每万亩农田拥有2名专业技术推广人员,构建起了"以县级为龙头、以乡镇为主导、以村级为根基"上下联动的三级农技推广体系。这一体系内的农技人员配合密切,真正将农技服务落实到位。县农业农村局的农技站、农广校、种植业管理股、科技教育股、气象局以及各个乡镇的农技员共同组成了一个119人的微信群"农技推广工作群"。这个工作群中既有发布培训通知,又有日常发布灾情农情调度的功能。在冰雹、大风来临前,农技员都能快速获取信息并及时发布预警,提升农业气象灾害监测能力。此外,齐河县还建设了农业科技信息平台,开发手机应用程序和网站端信息化,利用农技推广应用程序进行田间指导和技术服务。引进应用绿色防控产品和技术,开展病虫草害综合防治。

　　总体而言,齐河县高度重视农业发展中的技术集成服务,健全完善基层农技推广体系,从与科研机构合作、引入技术,到技术下乡的每个环节,都充分重视、落实到位,保证农业技术能够全面覆盖到多个层次经营主体身上。

二、农资供应服务

　　农业生产资料的技术升级也是实现农业现代化的重要途径。农业生产资料作为农业生产的基本要素,其质量问题直接关系到农民的切身利益、农产品品质、农业安全和消费者健康。所有农民都能从以高产种子、化肥和除草剂等农业生产资料为代表的生物化学技术变革中获益,而不仅限于生产规模较大的农户。

我国农资流通体制从中央高度集中的计划管理体制,逐步演变成以加强宏观调控、间接管理为主的市场经济管理体制,农资流通渠道从原有的供销社独家经营,到基本形成了由供销社农资公司、农资生产企业、农业"三站"、种子公司、个体工商户等多种市场主体、多种流通渠道共同参与经营的格局,但大多数农户是通过规模较小的乡镇或村庄的农资零售店来购买农资。农户作为农资产品的购买者和使用者,能够掌握的农资市场信息少且分散,农资生产商和农资零售商与农户间存在严重的信息不对称问题,农户购买的农资质量良莠不齐。

针对这一问题,齐河县也给出了自己的对策。带有普惠性质的农资供应服务也是齐河经验的重要部分。齐河县投入大量财政补贴,整合技术支持,因地制宜,选择适合齐河县的良种与农资进行推广与供应,将价格低、质量高的农资送到农民手中,保护农民利益,保证稳产增收。

第一是政府统一供应良种。齐河县不断推进现代种业提升工程,列支专项经费实行统一供种,良种普及率达100%。在国家财政补贴结束后,齐河县仍然将此项工程作为重点工程,保证齐河县的农民都能以低廉的价格买到由农技院挑选的优质种子。确定种类后,由国企出资进行集中购买良种,县财政通过实施全县耕地统一供种项目,对全县耕地良种进行补贴引导,同时乡镇、村一级在组织上进行配合,将种子发到农户手中。有效降低种子成本,确保了供种质量和安全。通过品种区域化种植、规模化管理,提升了品种抗性,在种子"芯片"环节实现了节本增效。

在种子研发与质量保障上,齐河县与中国农科院共建小麦良种繁育中心,加快推进新品种引进、推广与研发。围绕新品种选育等重点领域开展研究,推广强筋专用小麦、高叶酸玉米等新品种。建设齐河县高标准良种繁育基地,保障良种供给,育成 1—2 个具有自主知识产权的优良品种。同时,齐河县加强了种子质量监督抽查,严把质量关;实行种子精选分级,提高用种质量标准;推广种子包衣技术,确保核心区优良品种包衣率达 100%。

第二是统一农资供应。齐河县坚持把农资供应作为减轻农民负担的有效抓手,整合县内现有农资品牌,聘请专家对耕地进行统一测土配方施肥,科学分析现有农资品牌,确定适合本地气候环境、耕地土壤、作物品种的化肥、农药等农资和防治病虫害等技术,通过乡村振兴集团与农资生产商进行对接,解决各分散农户在与经销商相比处在弱势地位问题,通过国企集中采购,在农资价格、运输等方面有效降低农民购置农资成本,减少农业投入物对耕地的影响,实现农资环节的节本增效、提升农产品质量。

以有机肥为例,齐河县政府参照国家有机肥标准,招标采购,分发给项目区里的老百姓。在农业扶贫方面,齐河县常采用以实物帮扶的形式助力贫困村脱贫攻坚,例如农业农村局第一书记为帮扶村——胡官屯镇十八户村送去控释肥 3.15 吨、玉米良种 126 亩等农资。可以看到,齐河县通过统一农资供应的方式,将先进的育种技术落到实处,减少劣质农资对农业生产带来的危害,让齐河县的农民赢在起跑线上。

三、农机作业服务

农业机械化和农机装备是转变农业发展方式、提高农村生产力的重要基础,也是推进农业标准化生产、规模化经营的关键,是推广应用先进技术装备的过程。发展农业社会化服务,能够通过社会性力量将分散的小农户组织起来,使其对接现代农业发展,有助于应用、推广、实现农业机械化。

我国农业机械化发展经历了集体化、家庭联产承包责任制和大规模财政补贴三个重要时期。集体化时期的农业机械化取得初步发展,随后"家庭联产承包责任制"到 2000 年左右,农业机械化缓慢发展。2000 年之后,尤其是 2004 年国家出台《农业机械化推进法》、2005 年中央开始对农业机械化进行大规模政策补贴以来,农业机械化发展速度明显加快[①]。在最新阶段,政府财政对农业机械的投入快速加大,带动了农民个人对农业机械化投入的增长。

在国家推进农业机械化的大背景下,齐河县在农机作业这一社会化服务上也投入颇多,从奖补农机到开展农机培训,再到免费提供"一喷三防"和深耕深翻项目,这些努力帮助农机作业进入齐河县每家每户,成为农户粮食生产中必不可少的部分。

第一是提升农机装备应用水平。2022 年,齐河县获国家农机补贴资金 1225 万元,补贴农机 640 台。"农机下乡补贴"的政策也使农机购买在齐河县变得十分普遍,早在 10 年前就有 5000 多台农机,远超其他地区。即便是小农户,也可以自行购买,再联系农机站和经管站申请补贴。同时,县政府也充分宣传补贴政策,保证人人能够知晓。围绕粮食作物机收减损,齐河县开展了农机手操作技能培训,加强农机农艺融合度。2022 年 9 月 1 日,全国首家农机防灾救灾应急作业服务队在齐河县授旗揭牌。粮食机收减损技能竞赛等活动在齐河县的开展,提高了机手操作水平,促进机手

---

① 焦长权、董磊明:《从"过密化"到"机械化":中国农业机械化革命的历程、动力和影响(1980—2015 年)》,《管理世界》2018 年第 10 期。

之间的交流与技术提升。目前,齐河县的收获环节粮食损失率已经降至 1%以下,全链条节粮减损已在全县各乡镇推广。

第二是免费提供普惠性服务。为了进一步提高齐河县的粮食生产水平,齐河县免费提供统一"飞防植保""深耕深松"等服务,保证所有的农户都可以在这些环节获得普惠性质的社会化服务。此外,齐河县也提供统一深耕、深翻项目,例如 2015 年对核心区 5万亩实施深耕深松补贴作业。这一项目主要通过施加肥料、疏松土壤等形式提升地力。齐河县在收获季提前制定小麦机收方案,修订完善主要农作物机收减损技术规范,科学确定机收时间、适宜机械、收获方式。设立乡村巡查服务队,深入田间地头,切实降低收粮损失率、破损率。

第三是新型农业经营主体提供社会化服务。在政府免费提供的社会化服务之外,齐河县还依托农机社会化服务组织以及粮食种植合作社、家庭农场等新型农业经营主体,积极构建市场化农业生产托管服务模式。在小麦与玉米种植的全过程中,耕种管防收各个环节都有农机作业,提供无缝隙的服务。施肥、机械耕地(旋耕)、压实土地、机械条播(耕种)、机械开沟、病虫害防治(打药)、苗后除草、追肥、机械收割等环节均可由农机作业完成。为了进一步发挥新型农业经营主体提供社会化服务的作用,齐河县也采取了一系列措施。例如,2023 年齐河县病虫害防治县财政列支专项资金 3260 万元,同时,定额补贴农户、新型农机具购置等,以提高机收作业精度、质量和效率,确保粮食作物应收尽收、颗粒归仓。目前,全县共培育农民专业合作社、家庭农场、种粮大户等新型农业经营组织、农业社会化服务组织 3100 余家,农业社会化服务组织 486 个,年社会化服务面积 900 万亩次。

四、金融保险服务

金融服务有助于解决购置先进农机设备、提高技术水平的资金困难。农业生产的特性使农机购入回报周期通常为一年,这也对新型农业经营主体的流动资金提出了要求,资金充足才有可能扩大规模、增加技术投入。且购买农资、社会化服务的农户大多保留赊销习惯,因此,新型农业经营主体即便在农业生产外也提供其他服务,也不一定能及时收回成本。这也使新型农业经营主体必须想办法保证自己的资金链不断裂。金融服务就为这些群体提供了诸多便利,降低了扩大规模、技术投入、更新设备的门槛,提高经营的灵活性。

为加快新型农业社会化服务体系建设,我国政府自 2013 年以来从金融信贷和政策补贴两方面入手制订实施多项计划,但也存在一系列问题。由于金融机构倾向于将资金投入利益更大的"产后"环节和基础条件较好的县乡地区,致使需求量最大的"产中"环节和广大农村地区难以得到有效的金融服务①。齐河县对农业金融服务也格外重视,积极协同金融部门创新金融服务"三农"机制,引导推动齐河县各金融机构积极开展"鲁担惠农贷"等融资担保支农贷款业务,创新金融产品和服务方式,有效满足农业农村发展的资金需求。据农业农村局统计,2023 年全县金融机构涉农贷款余额达到 33 亿元。

"鲁担惠农贷"是山东省农业发展信贷担保有限责任公司为贯彻落实中央和山东省有关强农惠农政策,促进农业适度规模经营主体发展,会同各级政府和金融机构联合开发的一款政策性农

---

① 刘洋、陈秉谱、何兰兰:《我国农业社会化服务的演变历程、研究现状及展望》,《中国农机化学报》2022 年第 4 期。

业信贷担保模式。其设立目的是有效破解农业融资难、融资贵的问题，是金融资源流向农业适度规模经营主体的"最后一公里"。2018年7月，齐河县政府与省农业发展信贷担保有限责任公司签订战略合作协议，省农业发展信贷担保有限责任公司在齐河县设立办事处，正式开展"鲁担惠农贷"业务。

齐河县"鲁担惠农贷"的服务对象聚焦家庭农场、种养大户、农民合作社、农业社会化服务组织、小微农业企业等农业适度规模经营主体，以及国有农场中符合条件的农业适度规模经营主体，包括支持辐射面广、带动力强、与农户利益联结紧密的农业产业化龙头企业，以及实施农田基础设施等提高粮食生产能力的项目。在调研中，我们访谈的合作社、种粮大户、家庭农场几乎都利用了这项服务。某合作社每年60万—70万元的流动资金中，有50万元都是来自"鲁担惠农贷"。贷款资金主要用于购买农业机械以及补充流动资金。贷款申请一次性批准3年，每3年进行还贷能力评估。但要求每年还款，还款后再借下一年的款。这一设置也与农业的一次性收入时间相匹配。

虽然农业生产早已过了靠天吃饭的阶段，但因为气候等原因带来的减产风险也难以避免，农业保险则增强了农户的抗风险能力，让农民们能够放心大胆地种粮。齐河县积极推进政策性农业保险高质量发展，建立多层次农业风险保障体系，完善政策性农业保险支持政策，实施主粮完全成本保险和收入保险，让农民种粮能够得到基本保障，激发种粮积极性。2015年制定的《山东省齐河县小麦、玉米生产社会化服务标准综合体县市规范》中规定，农业保险农户出资20%，财政补贴80%，政府推动投保率100%。2023年，农业保险深度达到1.5%。表3-1为2015—2018年的农业保险投保面积及理赔情况。

表 3-1　齐河县 2015—2018 年农业保险投保面积及理赔统计

时间	玉米投保 （万亩）	小麦投保 （万亩）	玉米理赔 （万亩）	小麦理赔 （万亩）	理赔资金 （万元）
2015 年	113.926	114.13	1	9	1087
2016 年	111.67	115.99	14.4		1200
2017 年	109.66	115.21	—	—	—
2018 年	104.85	106.49	13.16		1707.3

资料来源：齐河县农业农村局。

　　齐河县村集体组织则创新治理方式，从集体经济中出资为农户集体购买农业保险。如今，全县基本实现了小麦、玉米投保全覆盖，为遭遇严重减产乃至绝产的农户提供了资金支持，提高了小农户的抗风险能力。对合作社等新型农业经营主体而言，它们的种植面积大、投入成本高，一旦减产甚至绝收，损失也更为巨大。农业保险则提高了规模化经营的抗风险能力，也能减少参与规模经营的顾虑。

五、仓储物流服务

　　"产后"阶段的农产品运输及储藏也对粮食的品质有着关键影响。烘干仓储与物流运输是减少粮食损耗的重要社会化服务环节。目前，有关农产品保鲜、信息技术和人工智能等技术含量较高的服务较少，主要提供的多为技术含量较低的基础服务，且运输工具与技术较为落后，物流运输大都是自营车队，以普通的运输车辆为主。近年来，齐河县对物流仓储问题的重视程度不断提高，投入大量资金，健全齐河县烘干仓储体系，提高粮食运输能力，从"产后"入手，减少粮食损耗。在烘干仓储方面，粮食的晾晒和储存问题也是北方旱作的痛点之一。当小麦和玉米含水量过高直接堆积仓储时,可能会产生霉变、生虫,丧失食用价值。故而,通过晾晒减少水分、杀死害虫和霉菌是粮食收获后的重要环节。在调研中发现,齐河县农民常采取的方式有两种。第一种是收割后在空地进行晾晒,包括晒场、广场、操场、屋前屋后、马路边等场地,晾晒后进行仓储,根据市场价格灵活售出,也有部分农民选择晾晒后直接售卖。第二种是晚几天收割,待小麦更为成熟再进行收割。然而,第二种做法仅限于小麦,且这种做法实际上也不利于抢农时,可能会影响下一季小麦与玉米的长势和收成。

传统的晾晒方式存在诸多问题。一方面,晾晒效率较低,费时费力,受到天气情况制约。如果遇上阴雨天,玉米霉变后会产生黄曲霉素。另一方面,在公路等地面晾晒,高温下粮食沾染焦油等附着物,可能存在食品安全问题。同时,还受到晒场条件限制。随着齐河县越来越多村庄实现整体搬迁,"农民上楼"后,社区中可用于晾晒粮食的空地较少,粮食仓储问题也变得更为困难,成为了农户们面临的一大难题。为了解决这个问题,有的农户将外出培训时学到的技术带回村庄,模仿河北农户使用笼子晾晒玉米。也有的合作社计划购置烘干设备,但成本过高。

针对这一难题,齐河县政府近年来投入大量人力物力,努力补上烘干仓储、冷链保鲜、农业机械等现代农业物质装备短板。紧紧围绕加快粮食产地烘干能力和体系建设,提早谋划、合理布局,打造可持续发展的粮食产地烘干能力建设"齐河模式"。2022 年,齐河县在全国产粮大县中率先实现烘干仓储设施乡镇全覆盖,相关做法入选山东省乡村振兴优秀案例。

统一烘干收储是齐河县近年来粮食生产工作的重点内容。齐河县针对缺少粮食晾晒地点、收获容易受雨水等天气影响的问题，建成以国有烘干力量为主，民营烘干力量为辅的粮食烘干网络。该县坚持先规划后建设，综合考虑地理位置、交通、粮食产量、环境保护、天然气管道布局、消防安全等因素，在符合国土空间规划的前提下，合理规划烘干设施选址和辐射范围，优化粮食烘干能力布局。

具体来说，齐河县在每个乡镇规划 20—30 亩，全县共计 409 亩土地用于粮食产地烘干能力建设，初步构建起覆盖全县的粮食产地烘干能力建设框架。整合涉农资金 3700 万元，以国有农企为主体，投资 5 亿元建设现代农业综合服务中心项目，在全县 15 个镇街新建综合服务中心 16 处，智能恒温粮仓 38 座、粮食烘干塔 33 座，新增粮食储备规模 19 万吨、日烘干能力 1.08 万吨。

齐河县新建成的高标准粮仓利用"物联网+智能化"储粮技术，对库存粮食进行"低温、低氧、低能耗"绿色管理。升级优化后的储粮新设施以及科学智能新系统也进一步帮助齐河县完善粮食质检体系建设，完善粮情监测、远程测控动态监管体系。运用智能化粮库测控平台系统，加强入库、储存、出库环节质量管控，实时查看库内粮食的温度、湿度、虫害等，并及时对粮温异常等情况发出预警，避免造成坏粮事故。

同时，齐河县的粮食烘干能力建设并不止于仓储烘干服务，而是以粮食"产后"服务中心的形式，为农户提供代烘干、代加工、代存储、代清理、代销售的粮食"五代""产后"服务。从而实现镇街全覆盖，粮食从田间地头直接到"产后"服务中心烘干入库，确保亩均减少粮食损失量达到 60 斤，年可减少粮食损耗 1 万余吨，在收储烘干环节实现节本增效。同时，积极引导全县 95 家粮食经营企业和服务点,将粮食收购网络延伸到全县主要中心村镇、田间地头,实现3千米售粮服务圈。

在物流运输方面,齐河县不断畅通运输链,做到能减尽减。具体而言,通过优化粮食应急保障网络布局,在山东省内率先完成粮食应急供应网点建设,按照每个乡镇(街道)至少有1个应急供应点的原则,打造以粮食应急供应网点为骨架,覆盖全县所有乡镇(街道)的粮食应急供应网络体系,投入财政资金75万元,打通保障粮食安全"最后一公里"。结合农村道路建设,健全农村粮食物流服务网络。打造高效物流运输体系,加快推广应用新型专用运输工具和配套装卸设备,加强对粮食专用运输车辆的技术规范认证。大力发展原粮的散装、散运、散卸、散存运输,以此减少物流运输环节的粮食损耗。全县所有普通货物运输企业和货运车辆与粮食收购企业、种粮大户实现信息共享,最大限度地为春耕、夏收、保粮、抗旱物资运输提供了保障,有效提升了粮食等农产品运输综合供给能力。

六、优价收购与产业链延伸服务

除了稳定提升产能之外,优价收购和延伸产业链也是帮助农民稳收、增收的重要服务方式,也是齐河县目前尚在攻克的难题。在农业社会化服务专业化升级的过程中,虽然农业服务户、集体经济组织、农民合作社、企业等多元主体竞相发展的格局已经形成,但全产业链专业化服务力量还较为薄弱,专业化升级仍有阻力[①]。齐河县政府近年来也日益重视"产前、产中、产后"的各个环节,在

---

① 芦千文、崔红志:《农业专业化社会化服务体系建设的历程、问题和对策》,《山西农业大学学报(社会科学版)》2021年第4期。

多个板块齐发力,进一步提升产业链专业化水平。

首先是实现粮食的优价收购。开展优价收购是落实粮食安全责任制、促进粮食流通、稳定市场秩序的重要举措,能够保护农民种粮积极性、促进农民增收。在优价收购方面,齐河县大力发展优质小麦订单生产,依托农业龙头企业,联合种粮大户、合作社等农业新型经营主体,积极推广"济麦 44""山农 111"等优质强筋小麦订单生产。同时,开启订单小麦"绿色通道"和"绿色窗口"服务,鼓励巨能鲁齐、鲁粮工贸、万方饲料、旺旺集团等粮油龙头企业投资前移,建立粮食生产基地,展开订单生产,让粮食企业与农民签订的"小订单"延伸为与主销区签订的"大订单",全县订单农业面积达 60 万亩,每千克粮食收购价高于市场 0.2 元,入选全省绿色优质小麦订单种植县。

此外,齐河县还创新粮食减损物流模式,由县属国有企业通过村集体领办合作社,以略高于市场的价格与农户签订粮食种植和收购协议,统一收购农户粮食,乡镇联合社对各合作社收购的粮食进行统计管理,再由国有企业提供一条龙服务,既补齐补全粮食"产后"服务短板、实现粮食生产全链条服务,又为县内及周边粮食深加工企业提供充足的高品质原粮,亩均减损达到 5%,国企、社会企业、村集体和农户实现四方共赢。

其次是延伸粮食加工链。齐河县以工业化思维抓农业,坚持规模化、组织化、标准化、智能化、品牌化、产业化同步推进,坚决守牢粮食安全这一底线。延长农业产业链,需要培育壮大农产品深加工产业,建立从供种、种植、收获、仓储、加工、销售全链条一体化的农业产业化体系。

最后是多元经营主体培育。齐河县支持"繁育、种植、加工、营销一体化"企业进一步做大做强;引进国内外优势企业落户或参股当地企业,提升龙头企业辐射带动能力。实施农产品深加工企业培育工程,全县面粉加工企业 18 个,饲料加工企业 4 家,小麦产能 60 万吨、食品产能 15 万吨,面条产能 1 万吨,饲料产能 15 万吨。截至 2023 年,市级以上产业化重点龙头企业 36 家,其中涉及粮食加工企业 9 家,产品主要涉及面粉、面条、小麦胚芽、面食加工、酿酒等,构建了粮食全产业链条,提升粮食附加值,提升粮食产业层次。同时,发展"企业+新型经营主体+村级组织+小农户"的模式,让农民享受产业链延伸带来的收益。

通过县属国企齐河县乡村振兴集团有限公司整合全县农业服务资源,充分发挥县属国有企业资金优势、县供销系统体系健全优势、村级组织凝聚力强优势、新型农业经营主体的示范带动优势,由该国有农企集团牵头,联合镇级联合社发起成立齐河县绿丰农业服务专业合作社联合社,由此统一开展生产经营服务,实现多种要素合作、多维利益联结、单体抱团跨越,最终实现粮食生产全链条闭环服务,促进生产节本、农业增效、农民增收。

总而言之,齐河县将先进适用的品种、技术、装备和组织形式等现代生产要素有效导入小农户生产,帮助小农户解决一家一户"干不了、干不好、干起来不划算"的事,推进农业生产过程的专业化、标准化、集约化。如今,齐河县的农业社会化服务形式具有"全程化""个性化""产业化"的特点。

首先,"全程化"的特点表现在托管服务之中。齐河县通过社会化服务组织出资按"四统一"方式,即统一作物种植布局、统一采购生产资料、统一开展作业服务、统一销售农产品,实现了农户承包关系的保持和"地有人种"的有序托管。这一模式降低了生产成本,增加了农户的收入。同时,齐河县鼓励党支部领办合作社、村级组织,如小散农户、种粮大户和农民合作社,以实现全程托管,实现了统一耕作和规模化生产。

其次,"个性化"发展的模式则主要表现为订单式服务。"个性化"订单服务模式是围绕齐河县农业主导产业,鼓励服务主体实行订单式服务,根据农户需要提供特定服务,服务主体就以订单方式提供什么服务。也可由农户或新型生产经营主体列出若干需求选项,服务组织按需求提供对应的服务。

最后,"产业化"融合发展模式是齐河县探索订单农业、农资供应+生产托管、烘干储存、产品加工、品牌运营、电子商务等服务创新模式,通过精深加工提升产品附加值。如运用好"黄河味道"品牌,促进产后增收。线上与阿里巴巴、盒马生鲜等电商平台合作,线下与大型超市合作,畅通销售渠道,实现优质优价,形成以综合托管服务为支撑的全产业链社会化服务发展新格局。

第三节　转型完成后政府的持续监管

农业社会化服务在本质上属于一种公共品,其供给离不开政府。政府在农业社会化服务的供给中,始终是最强有力的服务单位,不仅承担着为农户提供普惠性服务的功能,也对其他服务供给主体进行管理、调控和监督,同时负责整合资源,在社会化服务体系中处于主导地位。而政府在其中进行监管,保证服务质量,同时不断完善基础设施建设,为社会化服务的全流程覆盖提供基础。在这一过程中,县乡两级政府与村级自治组织也各自扮演了不同的作用,各司其职,保证社会化服务能够真正落地。在面临市场主体服务质量参差不齐、缺乏信任、交易成本较高等问题时,正是齐河县有为政府的服务监督以及基础设施建设,使齐河县的社会化服务能够有序供给。

一、基于服务标准和数字技术进行长期监管

即便完成了社会化服务体系的系统化搭建,政府的长期监管对服务市场仍然至关重要。在前文中,我们可以看到齐河县的家庭农场、合作社、龙头企业等主体在为农民生产经营提供社会化服务中均扮演了重要角色,由这些主体编织而成的组织网络也与齐河县农业生产的各个环节相互嵌套。这与传统农业生产形式存在本质上的区别。在传统的农业生产过程中,大部分农业生产经营环节都是由单一的经济实体独立完成的。而在现代农业生产过程中,分工协作则广泛存在。这些社会化服务提供主体因其逐利的目标,可能存在偷工减料的问题。故而,基层政府需要重视对社会化服务主体进行持续性的监管,保护农民利益不受损。

首先是农资供应监管。为了保证全县农业投入品和农产品质量安全水平的稳定,齐河县长期开展农产品的检测、安全专项检查,以及农资打假工作。如农产品质量安全专项行动、农药市场管理百日攻坚活动均为每年必须完成的工作。相较于化肥市场,农机市场更为稳定。一方面,农业机械的效果更为直接明显。机械作业完成后,农民能直接判断质量好坏,不具有太高的技术门槛。另一方面,农机市场的社会化服务价格透明,农民口口相传,心知肚明。而在化肥市场中,大厂和小厂生产的产品鱼龙混杂,很多假化肥做得十分逼真,难以辨识。同时,化肥质量的识别周期更长,

一般需要半年甚至是两年的时间,直到发现粮食减产了,农民才能意识到自己买了假化肥。所以农民很难在第一时间作出判断,这就给很多不良商家以可乘之机。

20世纪90年代左右,齐河县的化肥农药市场还未得到有效监管,非常杂乱,经常会有小厂家的劣质化肥农药进入市场,或者是一些商家用正规大牌的化肥袋,装一些便宜的假化肥卖给农民,农民经常上当受骗。加之化肥农药一般都是商家直接送货到门,有熟人关系在其中,农民无法直接分辨,也不好意思拒绝。为此,政府设立了市场监管局,并设立了农业执法大队对所有的涉农器械,包括化肥、农药和农机等进行监管,严厉打击假化肥、假农药,很多上游的小厂失去了市场,逐渐倒闭。同时,政府在2012年开始统一采购化肥,并和邮政合作,先由村委会统一收费,在政府招标正规化肥商之后,由邮政统一把化肥送到村委会,进行分发。

这一政策实施三四年后,市场秩序逐渐建立,政府和邮政便退出了化肥供应。但齐河县对化肥市场的监管仍在继续,农业综合执法大队每年仍然会进行农资打假的专项行动,包括农药大检查、农资打假治理和放心农资下乡等监管执法活动,加强农业投入品监管力度。开展小麦繁育基地纯度、检疫检查4万亩次。仅2022年一年,侦办案件34起,罚款7.16万元,检查肥料生产经营单位100多家,农药生产经营单位200多家,种子经营门店100多家,农机合作社和维修网点10多家。

如今,得益于农资生产厂家技术更为成熟,齐河县政府在农药化肥领域也推行了农药经营上岗证、邮政统销、良种统一供应等政策。在齐河县政府的主导和监管下,稳定可靠的农资品供应链已经形成,农资经销商也受到保护,在一定程度上能够规避风险。农业综合执法大队也将农资经销商作为高素质农民进行培训,从销售端保证农资供应的可靠。

其次是对社会化服务过程的监管。2021年,齐河县建立了社会化服务组织名录库,进一步设置了提供社会化服务的门槛。在社会化服务的监管方面,可分为对提供社会化服务的大合作社的监管验收,以及具体社会化服务过程中的监管两个部分。在对大合作社的监管验收方面,为贯彻落实全面推进农业生产托管管理工作的要求,提高财政资金的使用效益,齐河县政府对提供社会化服务的大合作社进行监管,包括验收农业托管等项目。在验收过程中,主要核查经农户签字的服务环节完成确认表,以及服务机械、操作人员有关服务能力的佐证材料,同时辅以入户调查、电话抽查的方式确认服务完成情况。

以2023年6月29日的现场验收为例,现场资料检查包括委托函、托管服务项目公示、农业生产托管服务合同、托管服务资格检查表、承诺书、经农户签字确认的服务环节完成确认表及作业图片等。电话调查共涉及1个乡镇街道1个自然村,电话调查有效户数8户,占托管总户数240户的3.33%。入户调查共涉及1个乡镇街道1个自然村,调查户数13户,占托管服务总户数240户的5.42%。通过电话调查与入户调查,农户对托管服务环节、托管土地面积、作业质量以及服务均表示满意。最后托管土地实施面积及相关财务数据等验收结果会汇总进每年的《农业服务组织生产托管服务项目实施情况汇总表》。

同时,齐河县政府也在社会化服务的标准化方面发力,为农民提供标准化、高质量的社会化服务。齐河县政府免费提供的一喷三防、深翻深松的服务都是政府招标,由合作社、公司提供。当合作社没有足够的机械和人力提供服务时,也会招募其他的农机手提供服务。为了保证服务的质量,齐河县政府每年都不断细化、完善这些社会化服务的标准以及监管方式,从而使服务能够真正为农民提供便利。

在"一喷三防"的服务购买中,齐河县政府对无人机"飞防"作业提出了明确的技术要求。根据标准,在使用遥控无人机时飞行高度应距作物叶尖 1—2 米,对配备离心式喷头的无人机,飞行高度要尽可能地保持在 1—1.5 米,配备压力式喷头的无人机,飞行高度可适当提高至 1.5—2 米,飞行速度是 4—6 米每秒。作业喷幅是载液量 10 升无人机的喷幅一般设定在 3—4 米,20 升无人机可根据机型、飞行高度等因素适当扩大。喷液量是每亩至少 1 升,并应按施药液量的 0.5%—1% 添加植物油型助剂。当作业气象条件是遇降雨或温度超 27 度、风力超 3 米每秒时,无人机应停止作业,在作业结束时,需要对漏喷地块进行补喷。作业期间,无人机高度、飞行速度、药流量和作业亩数都将通过作业前登录的网站上传,如出现有参数不达标情况,镇级农业服务站将会对提供服务的飞手进行电话监督,责令修正喷防轨迹,并且机手承接服务的收益到账也要视后续数据情况打款。

农业农村局通过网站获取机器作业的真实数据,获知飞行器的喷防宽度、飞行速度、药流速度和地面高度等喷防作业质量参数,有参数不合格便会提出警告。这一监控不仅是实时的,存储数据还会在结束时上传到系统,审核不通过就无法拿到报酬。但这种监管方式依然无法规避机器喷药掺水的情况,所以药品的真假问题是由村子里出人在喷洒现场监督,会选一个在村里有信用的人在现场看,此人签字负责,上报给村支书。由此,政府通过网络数据技术对一喷三防的服务的落地质量进行了有效的监管。

齐河县对深耕深松的监管也是数字化的。按照农业技术人员的研究,旋地深度通常为 15 厘米最佳,但机手实际旋地时,常常只有 5—6 厘米。如果深度达不到标准,不仅松土效果差,还会导致"秸秆还田"后柴草不容易腐烂,进而窝藏虫卵和影响种子着土发苗。这种社会化服务也亟须政府监管。政府一方面对深耕深松服务项目的机械设备设立了明确的要求。如深耕要求 140 马力以上,深松 130 马力以上,才能保障质量。政府监管深耕,需要提前调好深翻深度。这一项工作由合作社、县农业农村局和第三方机构共同监管,且全程由电脑调度,作业过程中根据 GPS 数据平台查看作业深度。并且,政府也会进行服务后的质量验收。验收时一般根据 GPS 数据确认工作量,或者村里出示证明确认实际工作亩数。服务结束后,由农户、村委会、政府签字确认质量、数量和服务满意度。在农机安全问题上,农机局组织开展农机相关培训,乡镇也会和农机手签安全协议,农机公司每年都要缴纳农机保险、农机手保险,政府每年也会对农机公司进行抽检。

二、以农田基础设施建设持续提升服务规模

在农业生产中,社会化服务的有效运行必须依托于完备的基础设施。例如土路在雨后泥泞不堪,车辆行驶困难,农作物成熟后难以运输,大型机械也无法进地。而农业灌溉设施也是农业生产的重要痛点,传统生产结构农户最迫切需要的服务为排灌。而基础设施的完善无论是通过市场还是农户自身的努力都难以达到的,唯有依靠当地政府的高度投入与支持。齐河县政府高度重视基础设施的改善,积极提供农业生产的公共品,解决农民的后顾之

忧,这也是"吨半粮"产能创建得以稳步发展的重要根基。

齐河县通过财政的大量投入改善了灌溉面积 80 多万亩。2021 年,齐河县完成高标准农田建设任务 8 万亩。近年来,整合资金 9 亿元提升农田基础设施,埋设管道线缆 342.7 千米、硬化生产路 96 千米、新改建桥涵闸 569 座,新建高标准农田 38.34 万亩,高标准农田建设总面积达到 102.3 万亩、占比 80%。不断完善"沟、渠、路、林、桥、涵、闸、井"等基础配套设施,科学合理布局高标准农田建设,实行"田、土、水、路、林、电、技、管"的综合配套。2023 年,新增高标准农田面积 15 万亩。

在此之前,项目区内农田水利设施相对落后,配套程度较差。不少村庄只有少量机井,农田水利设施不能完全满足农田灌溉适时需要,严重制约了灌区正常运行和灌溉效益的发挥,极大地限制了农业发展。而机井多为村集体多年前人工建设和群众多户联合建设的"自备井",布局根据当地农民自身需要,井深、井径和质量差别很大,具有很强的随意性,加之部分机井建设标准低,小管井较多,出水量非常小,抽取地下水不平衡,机井相互影响,造成局部地下水位下降。此外,在排水和灌溉方面,项目区内没有完善的灌溉体系,多为干渠放水时农户自行从部分支渠、斗沟中提水灌溉,另有部分机井为农户以家庭为单位自行修建,标准规格低,覆盖面积小,灌溉不成体系。

在渠系建筑物工程方面,部分桥涵由于使用年限较长,现有宽度不能满足农业机械作业和农民出行需求,同时也出现不同程度的损坏,包括坍塌、桥面塌陷、坑洼不平等状况,有较大安全隐患。部分田间道路未得到硬化,导致布局散乱且多被耕地挤占,路宽日益变窄,不便于机械作业。并且路面坑洼不平,雨季容易流水冲刷,道路泥泞,大型机械无法进地,农民劳作十分不便。

　　然而,机井和桥涵即便农民和村集体有心改善,也难以凭借自身力量改善基础设施。针对这些问题,齐河县从灌溉和排水、田间道路、农田输配电、土壤改良等几个方面进行改造建设。其中包括灌溉与排水工程、高效节水灌溉工程项目、农用井工程等。以焦庙镇东李楼村为例,近年来该村的灌溉设施逐步配套,到 2015 年,国家在当地开展万亩方田建设,出资打井的井深达 80 多米、水量很大,实现了 40 亩地一口井。再到 2019 年,国家补贴出钱修机井和管道,机井的数量大幅增加,变压器功能增强。由于灌溉设施的配套,现在当地完全能够做到旱涝保收。该村的产量非常高,在 2008 年就实现了"吨粮",连续多年达到了"吨半粮"。在去年多地减产的状况下仍然达到了每亩 1200 斤的麦子产量。

　　在高标准农田建设项目的推动下,齐河县高标准农田达到 102.96 万亩、占耕地面积的 80%,永久基本农田 90% 建成高标准农田。广泛应用深耕深松、测土配方施肥、秸秆精细化还田等技术,使"吨半粮"核心区土壤有机质含量显著提升。

三、通过部门协作推动服务逐级落实

　　齐河县农业社会化服务的有效落实,离不开县级政府、乡镇政府以及村级自治组织的努力。不管是在社会化服务的提供,还是在服务监管、基础设施建设中,县级政府、乡镇政府和村级自治组织都在其中扮演了重要角色,相互之间进行了密切配合。例如,齐河县通过设立县、乡、管区、村四级"指挥田",层层压实土地"吨半粮"产区创建责任。再如,该县以县镇两级联合社和村级服务点为支柱,搭建起全域覆盖的三级农业社会化服务组织体系架构,由县级联合社承担三级组织体系的运营管理工作,探索建立农业社会化服务指导员、农业生产托管员队伍。

具体而言,首先是县级政府不同部门对社会化服务的支持。县级服务在政府公共性服务中具有重要地位。一方面,县级政府通过贯彻落实国家的宏观计划为农户提供相应的生产服务;另一方面,县级政府也组织、管理、协调涉农服务机构,根据县城经济的特点确定农业服务的重点与目标。

齐河县在农业生产工作中采用了工作小组的方式,能够有效减少部分弊端的出现。这一领导小组涉及了县政府办公室、大数据局、县委组织部、县人社局、县委宣传部等21个单位。在社会化服务相关工作上,各个部门涉及的工作具体见表3-2。

表3-2 齐河县社会化服务涉及部门及分工

部门	职责分工
农业农村局	高标准农田提升工程、耕地地力提升工程、现代种业提升工程、增产技术模式集成、现代农机装备提升工程推广工程、科技服务网络提升工程、宣传培训、培育农产品品牌、培育多元经营主体、产业链延伸、农田水利建设、金融扶持
县委组织部	增产技术模式集成推广工程
发改局	高标准农田提升工程、金融扶持、国家项目争取、各类支农项目整合
水利局	高标准农田提升工程、农田水利建设、加强水利工程建设,加大农业灌溉用水保障力度
自然资源局	高标准农田提升工程、地力提升工程、培育多元经营主体、农田水利建设
财政局	培育多元经营主体、农田水利建设、金融扶持、列出专项资金支持"吨半粮"创建活动
科技局	现代种业提升工程、现代农机装备提升工程、科技服务网络提升工程、科研成果转化
人社局	科技服务网络提升工程、引进农业科技人才,积极对接专家团队,做好人才服务保障工作

续表

部门	职责分工
气象局	增产技术模式集成推广工程、加强高标准农田气象保障工程建设,提供精细化气象监测服务和人工影响天气防灾减灾支持
市场监管局	培育农产品品牌、产业链延伸
商务局	培育农产品品牌、产业链延伸
宣传部	宣传培训
市生态环境局齐河分局	高标准农田提升工程、耕地地力提升工程、增产技术模式集成推广工程
县供销社	增产技术模式集成推广工程
供电公司	高标准农田提升工程
乡村振兴集团	产业链延伸、农田水利建设
统计局	培育多元经营主体
行政审批局	培育多元经营主体
县地方金融风险防控中心	金融扶持
省农担公司齐河办事处	金融扶持
农业综合执法大队	农资监管、技术培训

资料来源:作者根据访谈整理。

可以看到,粮食生产与社会化服务的相关工作分散在多个部门和单位,高度依赖部门之间的通力合作与组织协调。而齐河县采取了成立工作小组的方式,以"吨半粮"、高标准农田建设等项目为核心,从更高层级进行调度协调。因此,各个部门之间沟通协调的成本相对较低,效率更高。不同职能或业务的服务机构因为条块化设置、分属于不同行政部门而导致的效率低下问题在齐河县得到了一定程度的化解。

其次是扮演着"上传下达"角色的乡镇政府。乡镇作为联结县与村的重要层次,也是农业社会化服务体系中承上启下的关键层次与环节。齐河县的农业服务需要通过乡镇服务机构才能传递到村一级,再到农户手中。在乡镇一级的机构设置上,粮食生产相关的工作均由乡镇农办负责。乡镇农办通常直接对接农业农村局,因为乡镇农办职能较多,还需要与自然资源局、水利局、应急办、气象局对接。各农办中心的日常工作包括农技推广、农业大类(包括畜牧、林业、蔬菜)等在内的统计和管理工作。根据工作内容不同,农办内部分为水利站、农技站、林业站、畜牧站等小部门。在粮食生产任务上,农办内部分工的总原则是"分工不分家"。以晏北街道为例,农办共有4名工作人员,主任负责宏观协调主抓工作,其余3人分别负责农业方面、水利方面、防汛方面的工作。农业服务中心则主要负责乡村振兴工作,围绕"五大振兴"开展日常工作。

此外,齐河县上述粮食生产的相关工作与资源均落实到乡镇一级,再以乡镇为单位传递到村和每一户农户。在技术指导方面,农业农村局有专门的技术员分包乡镇工作。县一级和各个乡镇的技术指导员共有70个人,分到15个乡镇,与乡镇的农技员搭配成技术指导组,在每个村负责指导10—50户科技示范主体和5—7户普通农户。在农产品质量安全监管方面,所有乡镇均挂牌成立了乡镇监管站和速测室,组织开展了乡村监管员培训班和农产品质量安全检测技术培训。在烘干设施的建设方面,也是以乡镇为单位进行规划,全县15个乡镇新建了粮食产后服务中心。

在组织协调方面,乡镇一级的主要工作是上传下达,组织协调,以保证各项工作可以真正落地。在社会化服务中,乡镇政府扮演着"中介"的角色。以粮食收割为例,乡镇政府需要先统计收割时需要服务的面积,需要多少台农机,再来调度农机。"一喷三防"工作中,乡镇同样负责给农机手通知,统计要多少台机器,需要外地来多少机器。灌溉问题上,乡镇政府负责对接农户与水利站。资金补助方面,乡镇政府负责联系农户、与经管站对接。小麦和玉米的保险,则是由村委会上报,经管站负责和保险公司对接。对于是否需要调节土壤酸碱度的腐熟剂、深翻深松等信息也都由乡镇进行协调,农户向村里申请,由村一级上报需求量,管区统计上报乡镇,最后直接发放到村里。

在方案制定上,以高标准农田建设为例,方案的形成、细化到最后确定审批,主要经过了以下环节。首先,由农田科提出初步方案,优先建在没建过的地方和乡镇政府、民众要求强烈的地方。其次是层层报批。方案报送领导同志,领导批给县里同志,县里报给乡镇,乡镇报给管区、村庄。再次是把设计单位和乡镇干部叫到一块儿开会,开展具体实施的设计工作。最终,确定方案,报到市里审批。其中,具体需要建设的路和桥的统计与标注都需要乡镇政府来落实完成,最终确定的方案之所以能实事求是、因地制宜,也离不开乡镇政府在其中起到的协调作用。

例如,齐河县的良种供应工作由政府主导,主要是依托于"县农业农村局、乡镇政府、管理区、村部、农户"的双向信息征集和种子发放路径来完成。具体而言,在购买种子的时节,县农业农村局通过行政路径从村部、管理区、乡镇层层向上收集需要购买种子的农户的需求信息,政府通过正规的招标采购途径统一向种子公司采购后再层层下发到农户手中。通过县政府财政补贴,种子由原价每斤 40 元的价格下降到了每斤 30 元。

在供应良种的过程中,乡镇政府需要统计发放补贴的农民信息,包括统计亩数和品种。同时,乡镇政府也在合作社与农户之间起着协调作用。乡镇政府会协调托管的价格,要求收割机的服务费不要跟着油价涨,合作社要涨价的话也要提前一年跟百姓进行协商,并且要求合作社秋后再收费,让百姓更相信合作社。同时,乡镇政府希望合作社尽可能薄利多销,而且要照顾本乡镇农民,比如本镇的人打药只要每亩 6 元,其他乡镇可以每亩 10 元。农机厂家联系合作去看农机展销会时,合作社会告诉乡镇政府,由政府通知有购买意愿的农户、合作社一起去厂家参观学习。

政府的各项惠农政策、新的技术能够落实到每家每户,离不开乡镇政府在其中的信息传递作用。以齐河县当家品种、省农科院研发的"济麦—22"为例,其供种已经有 10 年了,推广普及用了 3—4 年,目前使用率达到 80%以上。在这一过程中,除了县农业农村局办的万亩方田发挥的示范作用以外,行政推动也扮演了重要角色。乡镇政府到村里通知每个种田户,以种子的低价和补贴来吸引农民种植。每亩 10 元的种子补贴信息统计是以村为单位上报乡镇,由乡镇汇总给农业农村局,最后直接补贴到农户。

除了常规的农技培训以外,农业技术以及社会化服务相关的信息也会通过"技术明白纸"的方式给乡镇层层下达,保证所有老百姓都能及时得到相关信息。即便不是种粮大户、合作社,普通百姓也可以获得技术指导。例如测土配方的驻村张贴、发放"技术明白纸"和配方也是通过乡镇、村委会,最后给到老百姓手中。在这种层层下达的信息传递中,原来盲目施肥的状况大大减少,农民施肥真正做到心中有数。前几年开始进行的高标准农田建设也是采用类似的方式进行落实。镇、管委、村委三级书记每人包 50 亩的地块,每天下村进行技术服务,发放"明白纸"入户宣传。

在上传下达的常规工作以外,乡镇政府也有很强的自主性,积极向上争取资源。乡镇干部常与农民打交道，了解百姓所需，深谙农业生产的痛点。不少乡镇干部也会为了改善自己所在乡镇的农业生产条件而积极发挥主观能动性，对上反馈现实需求，争取资源；对下则发动人民群众出钱出力，改善农田基础设施条件。以晏北街道的农办主任为例，鉴于晏北街道土壤条件改善以后，粮食生产最大的难题就在于灌溉，他发动周边村落群众，齐心协力挖水道，同时多次向县水利局争取扬水站项目，改善晏北街道的灌溉条件。

最后是村级自治组织对政府服务的承接与配合。村级集体组织位于农业社会化服务体系的最底层。一方面，村集体直接与农户发生联系，村干部作为村庄内部人了解实际情况，向上级政府反馈农户实际服务需求；另一方面，村集体也与县、乡镇的各级政府部门及社会服务组织往来联结，发挥着基础性和协调作用。

当政府免费提供的社会化服务递送至村一级时，村级自治组织的承接与配合至关重要。在统一供应良种的工作中，麦种最初是在乡镇、街道一级进行发放。后来则以村庄为单位，由村级自治组织负责管理发放。而种子数量以及小麦直补数额的统计也均由村级自治组织完成后逐级上报汇总。再以"一喷三防"这一免费提供的社会化服务为例，乡镇、街道一级负责协调和组织，村干部则需要在实际喷防的时候进行对接与监督。乡镇、街道一级安排、调度好农机手后，村干部直接与农机手对接。同时，因为可能存在偷工减料的情况，所以还需要村干部作为农民代表，在一旁进行监督，保证配药没有问题。喷防所使用的水、农药以及具体的配比也会送到村里。由村干部负责准备相关材料、并进行记录。

政府免费提供的深翻深松服务能够落地，也离不开村干部在其中的协调作用。首先,每年村干部需要根据农户种植的实际情况和当年政策上报深翻及深松的面积。其次,当农机手入村提供服务时,村干部也需要在其中协调安排。部分村庄的土地非常零碎且分散,加之每年申请深翻深松的土地未必连片,所以为了提高效率,通常需要村干部帮助农机手规划安排最高效的路线。最后,在遇到农机手因为下雨或各种特殊情况无法完成作业时,村干部也会作为村民利益的代表,争取将农机手留下来,保证服务能够真正落到每一个农户身上。

村干部也是信息传递的最后一级,直接与农户进行沟通。某村干部将自己工作比喻为"农业生产的督导者"的角色。虽然自己并不种地,但是他对村中的种植情况非常了解,平时会在田间巡视,也会在施肥、浇水的各个时间点督促村中农户完成田间管理的相关工作。这些督导和通知都是根据村干部多年积累下来的经验来进行的,并不会完全依赖上级的通知。农技员发布的病虫害预防信息也会保证传达到位。加之村干部作为熟人社会中的一员,且有一定权威性和号召力,被通知完成田间管理工作的农户也通常会在接到通知后马上完成。

可以说,村级自治组织也是齐河县社会化服务能够真正落地、覆盖到每一位农户的关键因素。正是有熟悉村情、作为村庄代表的村级自治组织在这一系列工作中协调安排与监督,政府免费提供的社会化服务才能更高效且不打折扣地发挥作用。论至此处,回顾本节先前提出的问题,齐河县为何能回避全国性农业社会化服务的单一、碎片化问题?是什么样的机制促使齐河县在这一领域取得了如此显著的成功呢?

第一,齐河县乡村振兴集团有限公司作为"领头羊",推动打造全产业链经营服务体系。该集团具备全盘意识,并充分承接了政府的相关优惠政策。龙头企业联合农业农村局以及市场监管、行政审批、粮食保障中心、供销、邮政、金融等部门参与,以及县内有实力的专业服务公司、粮食种植合作社、农机服务合作社、家庭农场等服务主体参与,提供集农资供应、技术集成、农机作业、仓储物流、产品营销、金融保险等服务于一体的现代农业高质量发展综合解决方案,作为优质资源要素导入农业农村领域的综合性服务平台,打造全产业链经营服务体系。

第二,镇级乡村振兴服务中心作为载体,搭建了联农带农服务平台,实现服务资源的统一调配。联农带农服务平台是指"联合社(由3家及3家以上农民专业合作社联合成立,包含党组织领办合作社)+新型经营主体(农民合作社、专业服务公司、农业龙头企业、家庭农场、种粮大户)+村集体经济组织+小农户"。通过同类服务主体或提供统一服务业务的组织成立联盟,建立由产业联盟、服务主体、经营主体、村级组织、小农户等共同参与的农业社会化服务综合体,实现服务资源的统一调配、共享共用。

第三,齐河县农业社会化服务指导员队伍与村级农业社会化服务站点使农业信息畅通。齐河县建立了农业社会化服务指导员队伍,一方面,吸纳农技、植保、土肥、农机、农经等专业的技术人员,涉农高校、科研单位的专家学者,担任农业社会化服务指导员,根据农时、农事提出指导性意见,并及时制定应急预案。另一方面,遴选有能力、有威望、愿奉献的村干部、新型农业经营和生产服务主体负责人、乡土人才等担任村级社会化服务信息员,负责了解、汇集小农户分散的生产服务需求,协助服务主体和小农户完成托管服务。各村服务站依托村集体经济组织,吸纳服务组织成员、本村种粮能手、群众代表参与,建立村级农业社会化服务站点,借助乡土网络加速信息传递与服务落地。

第四,县乡政府与村级自治组织都以积极有为的态度,汇聚多主体多层次的服务,协调配合、穿针引线地推动建设农业社会化服务体系,使齐河县农业社会化服务能够有效落实。在齐河县政府"吨半粮"生产能力建设工作领导小组的统筹规划之下,乡镇政府负责因地制宜制订符合本地的工作计划,并在农业社会化服务中扮演着"中介"的角色,使政府的各项惠农政策、农业服务与技术能够落到每家每户。村委会负责承接、配合、监管政府提供的社会化服务,使之切实落地。县、乡、村的逐级落实与部门协作有效缓解了全国性农业生产服务中的部门分割、服务效率低下、功能不足等问题,使齐河县能够根据县域经济的特点确定农业服务的重点与目标,并恰当组织、协调涉农服务机构,让多主体、多层次的社会化服务真正对接到每个农户。齐河县政府与村级自治组织在农业社会化服务中的重要功能会在后文进一步分析。

总体而言,在农业社会化服务主体上,齐河县已经形成了"国企+供销社+乡镇联合社+村级组织+新型农业经营主体+农户"的系统性农业社会化服务体系。通过政策支持、资源整合、多主体合作以及专业技术指导,该体系使不同类型的服务组织相互合作、协同发展,为农民提供了全方位的现代农业服务,实现了农业产业链的闭环,推动了粮食产量的增加和农民收入的提高,同步充实了国家的"粮袋子"与农民的"钱袋子"。

第四章　社会化服务的供需匹配机制

　　《关于促进小农户和现代农业发展有机衔接的意见》指出,当前和今后很长一段时期,小农户家庭经营都将是我国农业的主要经营方式。这意味着我国农业现代化既不会依靠在短期内大量流转土地来实现大农场主对小农户的替代,也不适合走一些国家高投入、高成本、家家户户设施装备小而全的路子。农业农村部指出,当前我国农业发展最现实、最有效的途径就是发展农业社会化服务,以服务过程的现代化实现农业现代化①,党的十九届五中全会也再次强调要健全农业专业化社会服务体系。而社会化服务体系建设的重点是实现充足、高质量的服务供给,用以满足不同规模农业经营主体的服务需求,其中,小农户与现代农业的衔接是难点。本章将从具体鲜活的案例出发,提炼齐河县实现社会化服务供需匹配的基本途径和主要机制。

---

① 《农业农村部关于加快发展农业社会化服务的指导意见》,2021 年 7 月 7 日, https://www.gov.cn/zhengce/zhengceku/2021/07/16/content_5625383.htm。

第一节　小农户获取社会化服务的多元渠道

人均耕地少是我国农业发展需要长期面对的基本现实,保留小农户生产方式的前提下,发展农业社会化服务是实现中国特色农业现代化的必然选择,而社会化服务体系建设中,小农户的服务获取是一大难点。调研发现,面对小农户在社会化服务市场上的弱势地位,齐河县通过建立普惠性服务多渠道获取、多载体落地、多主体分工的社会化服务网络,以丰厚的社会资本扩展了社会化服务本土供给主体在"经济账"之外的"人情账"。政府、市场与村社合力将接受社会化服务困难的小农户"挂"到网上,把原本高成本的社会化服务送到每家每户。

一、政府供给的普惠性服务

我国各地区的农业社会化服务水平参差不齐,许多地区的小农户面临着服务获取困难的现状,使其在现代化农业生产上慢慢地被挤向边缘。齐河县所处的山东省为农业大省,自21世纪初期便开始发展社会化服务,早期将农村社区服务作为农业社会化服务的重要内容,建立了村级"社区邻里服务中心"试点,围绕农民的生产和生活开展服务;后期以农机合作社为龙头、农机大户为骨干、农机户为基础,实现了农业生产全程机械化作业。

政府的示范创建政策促进了各类服务主体的增加和发展,从而提高了社会化服务的综合能力。调研发现,齐河县政府通过大量的工作提供了丰沛的社会化服务。一方面,以服务小农户为根本,统筹兼顾小农户和新型经营主体的需求,通过线下和线上相互配合的方式,建设了以农业生产托管为主要内容的农业社会化服务组织体系,以县级联合社、镇级联合社和村级服务点为支柱,搭建起全域覆盖的三级农业社会化服务组织架构,为小农户提供便捷化、普惠性的农业社会化服务。另一方面,齐河县探索建立了农业社会化服务指导员和农业生产托管员队伍,聘请专家人才和乡土人才担任指导员和托管员,负责了解和汇集小农户的托管服务需求,并协助服务主体对接小农户完成托管服务。同时,村集体、乡镇一级政府在社会化服务市场中起着"监督者"的角色,在农民和合作社、企业之间作为中介,对合作社和企业进行监督,保证农民利益不受损。

首先,以政府供应良种为例,齐河县确定种子的型号后,由国企出资进行集中购买良种,县财政通过实施全县耕地统一供种项目,对全县耕地良种进行补贴引导,有效降低种子成本,确保了供种质量和安全,通过品种区域化种植、规模化管理,提升了品种抗性。由此,在各个生产环节降低了小农户的物质资料成本和机会成本,保障了该地区实现农民增收、农业增效。

其次,以测土配方为例,县政府聘请专家对耕地进行统一测土配方施肥,建立技术专家与种植大户的对接服务关系,指导农户科学施肥。土样检测项目包括:土壤酸碱值、有机质、全氮、有效磷、速效钾、缓效钾含量,耕地质量监测土样还要加测水解性氮含量指标。根据近3年土壤监测数据和试验结果,更新修订小麦、玉米施肥大配方,并通过媒体向社会发布,在全县978个村的村务公开栏逐一张贴配方信息,最大范围地推动了技术的普及。通过上述方法,齐河县得以逐步确定适合本地气候环境、耕地土壤、作物品种的化肥、农药等农资,并由社会化服务推广落实到了田间地头。2016 年开展的精细化测土配方施肥、化肥追施及机械深施、玉米种肥同播、底肥一次性施用高效缓释肥和水肥一体化等技术,使得全年肥料投入减少 12%。2019 年,测土配方施肥技术推广覆盖率达到 95%以上,全县肥料利用率达 38.5%,单位耕地面积化肥使用量较上年下降 8.6%。2021 年,根据对 142 个取土化验的农田长期定位监测结果,制定发布小麦肥料配方 2 个,就底肥和追肥的肥料配方和用量进行科学指导建议,大力推广增施有机肥、小麦氮肥后移、追肥深施、后期喷施叶面肥等先进技术;发布玉米施肥配方 2 个,积极推广种肥同播技术。2022—2023 年,齐河县继续推进土肥巩固提升计划,按照《山东省耕地质量等级调查评价工作实施方案》要求,全县安排耕地质量调查样点,开展取土化验工作。

再次,以化肥施用为例,齐河县动员化肥供给侧的企业,整合县内现有大型骨干农资品牌与农业农村部门对接,帮助企业研发生产配方肥,鼓励肥料产销企业开展个性化、定制化服务,推动配方肥施用。农业农村部门也积极搭建肥料生产企业与规模化经营主体对接平台,便于供需双方直接洽谈到户,推动配方肥直供到户,解决各分散农户在与经销商谈判中处在弱势地位问题,通过国企集中采购,在农资价格、运输等方面有效降低农民购置农资成本,减少农业投入物对耕地的影响,实现农资环节节本增效、提升农产品质量。齐河县在主要作物施肥的关键时期,开展系列科学施肥技术培训,全体种植大户、经营主体、科技带头示范户都被纳入培训对象,按照自身需求接受培训。除培训之外,印发技术资料也是重要工作方法。以作物为主线,针对不同养分状况和目标产量,集成施肥配方、肥料品种以及施肥时期、方法、用量等技术形成施肥"技术明白纸",做到张贴到村,发放到村委和肥料经销网点,普通农户就近自由领取。通过以上措施,实现技术到村到店到户,强化配方肥供应,畅通技术推广"最后一公里",确保测土配方施肥技术覆盖率稳定在90%以上。

最后,以病虫害防治为例,数字技术与先进农业机械的结合为社会化服务的供需匹配提供了技术支持。县政府对全县农业服务组织进行摸底排查,根据摸底结果,针对各乡镇植保服务能力不均的问题,由乡村振兴集团统一购置新型植保无人机,采取租赁、合作等方式优先提升植保服务能力,确保全县的每日作业能力达到30万亩以上,有效应对突发病虫害等极端情况。由县财政出资实施全县"一喷三防""一喷多促"统防统治项目,科学分配飞防地块,采取公开招标方式进行无人机"飞防"集中作业,通过集中供药、集中时间、集中区域,有效降低成本,提高飞防效果,保障农产品的品质,在统防统治环节实现节本增效。据农户估计,自家小麦亩产从1100斤上升到1200斤左右,主要原因是受到政府"飞防"服务的助益。这种粮食产量增加的正向反馈也改变了部分守旧农户的认识,帮助他们认识到了农药喷防的重要作用,达到了促进农户接受先进技术的效果。此举还带动了农户检查"植保"效果的积极性,部分农户在统一喷防过后,还会自行前往田地查看喷防效果以及检查田地病情,根据自家田地病害得到解决的情况来调整防治重点,这是由于"一喷三防"的主要作用在于提供均质的一般性服务,而农户自家的田地中不同位置的作物可能会有不同程度的病害,均质的喷洒虽然能够从整上降低病害情况,但对重点病区则难以对症下药,这带动了农户"二次查缺补漏"的田间管理,进一步提升了农田的"植保"水平。

综上所述,齐河县政府实现小农户保质保量获取社会化服务的经验在于统筹兼顾小农户和新型经营主体需求,以线下、线上共同推进的方式,建设以农业生产托管为主要内容的农业社会化服务组织体系,为服务对象提供便捷化、普惠式的农业社会化服务,将先进农业技术和优质农资送入家家户户和田间地头。

二、市场供给的经营性服务

经营性服务是由市场主体提供、农户需要自己付出一定成本才能获得的社会化服务。由于小农户经营规模较小且需求分散,社会化服务市场主体的供给成本高且利润低,故而服务意愿较低。在政府提供的普惠性统一服务,比如作物的飞防服务之外,仍然存在个性化的、政府难以大范围统一提供的农业服务。

上述困难背后是面向小农户生产的服务市场体系仍然不够完善。目前,小农户生产的社会化服务主要来自乡村基层的个体农资经销商、个体农机手及农产品经纪人等提供的私人服务。从服务领域来看,私人部门给小农户生产提供的主要是农机服务和农资,而病虫害防治等环节的服务基本处于空白状态。在这种情况下,大量的小农户游离于政府和新型服务经营主体建立的农业社会化服务体系之外,面临较高的不确定性。

此外,还存在社会化服务的提供主体素质不高的问题,具体表现为供给主体的服务意识不强和提供方的服务操作不规范。以测土配方施肥技术推广为例,现阶段我国大部分地区的测土配方施肥技术推广仅为小规模尝试性探索,由于资金短缺、知识老化以及相关技术人才资源薄弱,制约了相应研究与推广。此外,农业社会化服务组织对小农户服务往往以口头协议为主,未签订规范的服务合同,缺乏合同约束的服务可能存在质量低下的问题,在一定程度上造成小农户的粮食收成损失。

针对上述问题,各种农业社会化服务组织发展迅速,在带农入市、助农增收中发挥了重要作用。随着我国各地多种新型农业经营主体发展,规模农业发展质量得到长足的提升。龙头企业、合作社和种粮大户等各类新兴的农业经营主体获得了政策的重点扶持,也在社会化服务市场上具有更高的选择权。该类社会化服务提供的主体多元,其中具有正式组织的、以组织形式开展社会化服务活动的主体包括涉农企业、农民专业合作社等;不具备组织形式经营的个体形式社会化服务主体包括村中大户、农机手、村镇农资店等。县域内这两种形式的主体提供的经营性社会化服务补全了政府普惠性社会化服务留下的部分空白,共同为小农户提供了丰富的服务获取来源。其中,个体经营的服务主体由于数量多、距离近、密度高、形式多样且对接灵活,成为小农户除政府供应之外另一大社会化服务供给来源。

以农作物的飞防作业为例,农户在接受政府普惠性的"一喷三防"后可以视自家农田的具体情况自主选择向合作社、农资店增订喷防服务。农机合作社往往会开展全面的业务线,能够涵盖从播种到收割的全程服务。但合作社在接订单时会更缜密地考虑单次作业的投入产出比,以维持自身的高成本运营,因而合作社更愿意向具有一定规模的对象提供服务,如村中大户、多户联合或整村购买。小农户则一般会通过农资店来获取该类农药补喷的服务,可以视自身情况选择接受无人机飞防或者单独向农资商借用电动药筒进行人力喷防。焦庙镇农资店的店主老宋表示:"并不是所有的农户都会选择无人机喷防,第一是小农户有自己的成本考虑,第二是部分老年人的个人习惯。这并不统一,种植七八亩地的客户可能会向我们借个电动药筒自己操作,我也不额外收费,互相照顾下。"在马坊村的调研中我们发现,田地相邻的几家农户会彼此之间自发协调并组织起来向农资商购买服务。例如马坊村3家凑在一起一共30亩地,一起购买了农资商老谢的无人机服务。这表明小农户在获取服务时可以自主选择服务形式,在组织起来形成规模后更容易获得更便捷的规模服务,也能通过乡村的人情机制降低成本。

最后值得注意的是,即便是市场主体提供服务,政府也要承担监管责任。以"一喷三防"为例,操控无人机作业的人员要求拥有"飞手证",无人机生产厂商会对买家进行培训。而政府对每台无人机的飞行参数都有监管。自行购买的飞行器在开始进行"飞防"作业之前,需要进入政府指定的网页登录验证。无人机的GPS定位、航线轨迹、喷洒数据均需要上传政府网站,由此确保经营性社会化服务的供给质量。

三、同乡供给的人情性服务

政府与市场大规模供给的社会化服务并不能完全涵盖小农户粮食种植的全部需求,当农民需要根据自身时间安排、不同农时和粮食生长情况来获取部分个性化的服务时,本土服务主体会是优先选择。以农机类服务的获取为例,齐河县农民的选择可谓多样,不仅可以雇用按农时季节性前来的河南、江浙一带的外地机手,也可选择本村已经自行购买农机的大户,具体选择情况会视本村周边的外地农机供应量和本村的已有农机数量而定。

在贾寺村,本村粮食收割机器充足且远离国道,农民很少雇用本村之外的人员和机器参与收割。该村大户表示村里有四五台收割机,自己 10 年前就购买了收割机和播种机,在自家农地机械需求不大时会向其他村民提供有偿服务。因此本村在收麦时完全不需要外雇收割机,本村机械收割价格和周围村庄基本持平,每亩 60 元的价格不会随便涨价,且农忙时节会优先向本村村民提供收割服务,本村的粮食收割完才会去外村。

在分别临近国道和省道的席庵村和东李楼村,由于外地收割机在收割时节供应量非常充足,本村农户的小麦收割作业基本雇用外地机手,这样的选择是机器拥有者和村民双方出于性价比的考虑。村民表示小麦收割机的新旧程度严重影响到收割麦子的效率和收割后的拾遗工作,村民更愿意雇用新机器给自己收割。农机迭代速度极快,三年就得更换,单价也越来越贵,机械所有者的维护以及更新成本很高。外地农机手的机器往往都是当年的新机,高效高质。本村现有收割机一般来说都是老旧收割机,因此村中现有的收割机都是所有者自用,村民不是万不得已不会找村中的老式收割机服务,对方也不会主动向村民提供服务。

在与外地机手的联络方式方面,两村村民表示,在收割时节自己村子外的路两边到处都是外地来的收割机,自己可以按照自己的收割需要随时去路边寻找外地机手,干得好的会留下对方的电话,以便下次联系。东李楼村的组长表示自己有八九个机手的联系方式,其中有个安徽的机手割得很好,不仅机器设备先进,而且收割过程中"掉粒"情况较少。对方也会在每年动身之前给组长打电话了解本片地区的业务量以便规划自己的路线。

席庵村的农户表示自己村在最忙的时节每天大概有 10 辆收

割机来村里进行作业,并且本村不仅可以自己到街边拦收割机,村旁还有一个专门修农机的店铺,店主充当了村民和收割机机手之间的中介,村民可以通过他来稳定获取收割机服务,机手也能通过他保证自己有活儿可做。在业务对接中他会收取外地机手每亩5元的中介费用,中介服务内容包括为机手提供饮食、催收村民的应交账款,为村民担保服务质量以及帮助调解农户和机手之间的矛盾,实际上成为双方业务的中介及担保人。东李楼村村长则表示,相较于本地外村的机手提供的服务,自己会更偏好于外地的机手提供的服务,这是由于本地外村的机手很多时候会更照顾本村的收割需求,如若存在两村抢收时间相近的情况,本地外村的机手非常可能会因此放弃东李楼村的业务,从而使自己的农时被耽误,而雇用外地机手则完全没有这个顾虑。可见,临近国道的村庄能够获得充足的农用机械供应,因而形成了链接外部资源的农机服务网络。其中席庵村甚至围绕提供小麦收割机服务形成了中介,村民在获取收割机时既可以自行寻找也可以寻求中介为自己联系,双渠道获取服务,来避免自己在抢收时节"无机可用"。

再以生产资料和农业技术的供给为例,农资商往往是区域内开展规模种植的种粮大户,他们不像龙头企业或专业化合作社那样有着严格的组织模式和明确的商业目标,直接和广大农民打交道不仅是农业社会化服务供给者,也是促进农业技术传播的主要载体。农资商的数量在齐河县十分庞大,经营形式灵活,各农资商所提供的服务不尽相同,内容多样。即便农资商自身不直接从事农业生产,也可以利用大户种植的示范效应在村内推广自己的产品。比如,某村党支部书记成为"粮王"后,其所耕种的田地成为各类技术的试验点,在新的种子试验结果出来后,他从农资商处了解到种子质量较好,率先种了 30 亩新品种,起到了示范带动效应。

总而言之,本村的种粮大户、合作社和农资商为小农户提供了个性化的社会化服务,包括农机、种子化肥乃至农业技术知识传播。不同于政府购买的普惠性服务以及市场提供的经营性服务均需要以规模效应降低成本,同乡提供的社会化服务不仅是计算"经济账",还要计算"人情账",在社会资本丰厚、农民互动密切的地区,为小农户的服务获取提供了有效补充。

四、各类社会化服务的互补互促

在政府普惠性服务、市场经营性服务和同乡人情性服务三类社会化服务供给之下,目前,齐河县农业社会化服务内容基本涵盖了本地农业生产的关键节点,从选种、施肥,到病害防治,再到小麦抢收时节的收割机服务,实现了粮食生产全链条闭环服务。整个齐河县域内,小农户都可以统一获取良种、政府的农资把关、农机服务和相关的农业技术服务。前文案例已经表明,政府、市场与社会化服务主体之间并非孤立运行,本章的最后部分将进一步梳理三类社会化服务之间的关系。

普惠的社会化服务作为政府无偿提供的公共品,是小农户获取社会化服务的重要渠道,是基于权力的公共属性所衍生的农业社会化服务类型。此类社会化服务供给过程中,政府在涉农资源和服务的整合方面扮演着重要角色,依托政府的权威来完成辖区内农业社会化服务的管理控制和组织协调,进而实现特定种类农业社会化服务的供给保障。[1]

---

[1]　叶敬忠、豆书龙、张明皓:《小农户和现代农业发展:如何有机衔接?》,《中国农村经济》2018 年第 11 期。

县政府普惠性服务供给的必要性在于农业技术的准公共品性质。西方经济学将公共产品和私人产品做了明确划分,区分的标准为是否具有排他性和竞争性。农业技术服务介于这两者之间,属于准公共物品。准公共物品政府供给的依据在于市场失灵。市场供给并不是在任何情况下都是有效率的,当"看不见的手"失灵的时候,就需要政府的介入来维持市场秩序。准公共物品因其公共性也会导致"搭便车"行为,所以由政府供给具有合理性。与市场供给相比,政府供给准公共物品具有以下几方面优势:

第一,通过税收政策来应对非排他性和非竞争性的问题。政府衡量的是社会总成本和总收益,同时通过税收代替收费来支付准公共物品的价格,从而一定程度上克服了"搭便车"的行为。① 第二,政府的组织成本和监管优势。由政府提供准公共物品可以节省另设新的组织而产生的组织成本和监管成本。第三,政府的财政权力优势。基础设施建设和公共服务等准公共物品所需资金成本较大,为了保障准公共物品持续高质量的供给,必须有强大的资金支持。市场供给中的私人部门往往难以负担。

加之当前我国农业产业效益仍然偏低、农业技术商品化程度较低,处于农业市场体系尚不成熟的时期。研究指出,社会化服务目前存在小农户被锁定在利润低、风险高的生产环节的问题,我国的农业现代化需要探索如何以保护小农户为基础、以村集体为行动单元来对接公共服务或市场化服务。政府主导下的农业社会化服务体系建设必要性更加凸显。②

---

① 杨丽新:《农村公共品的组织化供给与集体再造》,《农村经济》2022 年第 7 期。
② 陈义媛:《集体统筹与中国式农业现代化的可能路径》,《武汉大学学报(哲学社会科学版)》2024 年第 4 期。

　　在目前农业社会化服务市场体系不健全的情况下，其在国家农业发展架构中的高必要性和行业本身的低回报率决定了完全依靠市场化主体是不现实的。政府提供的普惠性的农业社会化服务有助于社会化服务落实到小农户的日常生产作业中，将供给与需求双方有机对接，促进农业增产、农民增收。齐河县在社会化服务的市场供给之外，共投入了近10亿元用于建设高标准农田、补贴供种、支持新型农业经营主体发展、落实"一喷三防"等多项关键措施，着力提升县域内政府普惠性农业社会化服务水平，逐渐形成了匹配当地农业生产条件的多元服务主体供应、小农户自主选择的社会化服务网络，形成了体系较为完整、小农户政策触达程度高的社会化服务体系。

　　值得注意的是，县政府的大量参与只是手段，服务才是真正目的，政府力量不能反客为主。齐河县持续进行着适度放权的改革，即政府公共服务机构不断"去中心化"，逐步放松对市场经济领域的控制和干预，主动减负并向社会进行适度分权，以增进农业社会化服务发展的活力。政府公共服务机构的存在不是为了控制与管理，而是为了服务社会、服务农户，让民间性社会服务组织逐渐成为推动农业社会化服务向前发展的主要动力。例如，县政府部门下放其财政与管理权力，根据区域特点，充分调动地方资源进行服务改革与试验。农民合作经济组织会聘请农业专业技术人员进行技术指导，签订技术指导服务协议，全程进行技术指导。县农业农村局通过查阅技术指导方案、日志等资料的方式，对技术指导员深入田间地头指导的时间和效果、技术培训期次和人数、合作社和群众满意程度进行考核，纳入农机推广补助项目指导员进村入户绩效考核目标。①

---

　　①　孟令兴主编：《"齐河模式"打造华夏第一麦》，中国农业出版社2015年版。

随着各类农村专业合作组织、行业协会、服务联合体和社区服务组织不断建立与完善,政府更多地是在农户需求与多主体的资源与服务之间搭建桥梁,充分利用市场化与民间性供给主体在组织、技术与管理上的优势,扩展与深化服务领域与服务内容,提高服务质量与服务效率,以充分发挥各供给主体的功能,实现主体间的功能互补,增进农业社会化服务体系的活力。

总之,县政府大力支持企业和民间社会服务组织的发展,在政府与农村社会之间建立起一个缓冲带和中间层,以承接从政府职能中分离出来的技术性和供销性服务,避免政府公共服务机构对微观服务领域的直接干预,扩大民间服务的自主活力与发展空间,以政府购买服务的方式来实现公共利益最大化。在社会化服务体系中政府引导其他供给主体的参与,培育社会化服务能力和参与能力,从而妥善处理好国家与社会、政府与农民的关系,推进现代农业社会化服务体系建设。

第二节 社会化服务落地的载体与机制

在具备多元化的服务供给主体之后,农业社会化服务的落地还需要具体的行动者与组织承载。齐河县农业社会化服务体系历经近 20 年发展,如今落地载体包括了村级集体经济组织、乡镇农技站、农机站、水利站、林业站、畜牧兽医站、水产站、经营管理站等;供销合作社和商业、物资、外贸、金融等部门;由农技、教育等部门由农民专业技术协会、专业合作社和专业户等。上述社会化服务载体可以归纳出以下三种服务供需匹配机制。

一、村集体统一组织的外部服务资源获取

农户在获取社会化服务时不仅可以通过个人或几家几户联合和服务方进行对接，还能够经由村集体的统一组织来获得服务。村集体发挥组织作用的必要性在于小农户联合的困难，即便齐河县小农户的经营规模已经达到 20 亩左右，要联合 5 家小农户去对接规模化的社会化服务也是不易。主要难点在于"人心不齐"，很难沟通协调；此外小农户大多兼业，而社会化服务时需要几户人同时在场，时间空间的不同构，让农户之间的联合变得困难。

与农户自己或多户联合所获取的服务不同，通过村集体组织获得的社会化服务成本相对更低，且更具标准化。以东李楼村为例，此村粮食产量极高，连续多年实现"吨半粮"，这与其村集体优秀的集体组织能力密切相关。分田到户之前，该村一直坚持集体统一安排种植时间和种植内容，包括蔬菜、棉花、小麦等，当时主要以温饱为目的。在 20 世纪 60 年代，该村进行了大方田的建设，初步整合了细碎化的土地。

分田到户后，集体不再统一规定种植时间和种植内容，但齐河县域内整体的良种供应，使该村目前还是保持了在小麦种植品种上的统一，玉米种子也大多种植了优良品种。东李楼村通过集体出资维修基础设施，譬如机井和电网，来保证农业生产的基本需要，此方面的资金来源于村庄公田的承包，承包费即用作基础设施建设和集体购买社会化服务。

东李楼村农业发展的关键是在于其"组织化"而非"集体化"，村集体的角色不是直接干预小农户的生产经营活动，而是通过提供公共物品的方式来回应小农户的农业生产需求，通过基础设施升级、大机械社会化服务的提供对小农户进行扶持。由此来看，该

村村集体统一组织的社会化服务获取是一种成功的以村集体为基础的农业组织化。在西方经济学中农业组织化的概念强调农产品生产的纵向协调,通过纵向一体化的方法,使农产品销售链的上下游各个经营主体形成稳定的链接关系。就农业发展本身而言,农业组织化是指农业组织结构本身的现代化,是农业组织从低水平和小规模向高层次、规模化的变迁。农业组织化在我国的农业转型大势中则必须考虑到以小农户为主要经营主体的现实情况。有学者针对性地提出了农业组织化的核心是小农户以利益机制为纽带与其他涉农要素主体进行有效整合。[①] 小农户融入农业产业组织体系的过程,是与其他生产经营主体进行协调整合,建立利益联结,以实现农业规模效益的过程。[②] 农业组织化的目的是在家庭经营的制度基础上,使小农户与农业产业组织体系中的其他经营主体建立起稳定的经济联结与社会联结,摆脱小农户生产经营的困境。

东李楼村的村集体组织带领的农业生产活动可以概括为三个方面:第一,早先的细碎化土地的整合;第二,县一级开始的协同种植品种;第三,统一的机械作业。东李楼村通过以上环节的整合和对村民的组织,将原本分散和低水平的农业生产在关键环节上实现了组织化和规模化。其中组织化构成了服务规模化的前提和基础。

村集体在农业生产活动的组织主导作用体现在组织农民与协调服务两个方面。在组织农民方面,以上三个环节的农民由分散

---

① 黄祖辉、张晓山、郭红东、徐旭初、苑鹏、梁巧:《现代农业的产业组织体系及创新研究》,科学出版社 2019 年版。

② 潘璐:《村集体为基础的农业组织化——小农户与现代农业有机衔接的一种路径》,《中国农村经济》2021 年第 1 期。

经营走向组织化运作的过程中都是由村干部出面进行组织。在田地调整、机械服务组织方面,是依靠村干部的职能、威信等,在统一用种的玉米种植方面,则是村干部通过自身高产的示范效应来引导村民作出选择。村集体在将分散的村民组织起来之后,再与社会化服务主体进行对接就相对容易。并且这一过程中小农户并非作为社员和农业工人被吸纳到集体化的农业生产中,而是作为独立的经营主体和村集体横向联结,在保持生产经营自主性的同时获得组织化带来的规模效益。[①]

在协调服务方面,村集体发挥了链接作用。以东李楼村形成的"小农户+村社组织+社会化服务"模式为例,该村自 2020 年开始以村为单位集体组织深翻,每年一次,由村集体出钱,雇用曹虎村的翻地机械前来本村进行统一作业。此外,该村在收割季节能做到村集体统一雇车收割。本村小农户居多,人均 2 亩 4 分地,抢收时节机手十分偏好整村规模的作业,因此,该村在村集体的统一组织下在收割机市场上十分抢手,且能够与机手议价,一般能以低于市场价的价格收割本村的土地,降低了村中所有农户的服务接受成本。

村集体协调社会化服务获取的优势在于村集体付出组织成本,降低了小农户自己寻找服务的交易成本,农户则可以享受服务规模化带来的低价,因为村集体并不会收取农民组织的相关费用。东李楼村的这种"成本集体担,收益全村享"的组织模式,促成了该村常年保持着"吨半粮"的粮食产量。

村集体组织下的农业社会化服务获取作为一种集体行为,其

---

① 潘璐:《村集体为基础的农业组织化——小农户与现代农业有机衔接的一种路径》,《中国农村经济》2021 年第 1 期。

效率提升和收益的实现有赖于乡村社会资本的作用的发挥。乡村社会资本是学术界的重要议题,已经形成了具有共识性的定义,指内嵌于乡村社会关系之中可以动用的社会资源的总和,如熟悉、信任、乡规民约和权威等非正式资源。乡村社会资本把微观层次的个体行为与宏观层次的集体选择结合在一起,既是集体行动中农民合作的基础,也是乡村治理强有力的社会资源。构造农村公共产品供给中的合作机制是提高公共产品供给效率的关键,村集体通过凝聚乡村社会资本,提高集体农业社会化服务获取效率。

将上述对社会资本的研究结合东李楼村的实践可以看出,村集体在农业生产之中可以是一个由村中精英人员参与、整合并调动大量村内社会资本,具备一定号召力的组织。支持村集体在农业生产中的积极有为,是降低小农户获取社会化服务成本、提高社会化服务触达范围的有效路径。

同时,村集体的运作核心是围绕基层党组织组建的一套村干部行政班子,因此活跃有为的村集体在农业上带领农民增产增收,实际上也是在不断地提高农民对党和国家的正向感知,这也是维护基层政权稳固的一条有效路径。除了农地中的机械作业服务经由村集体统一获取能够为农户节本增效之外,齐河县还有诸多农村通过村集体来获取农业金融服务,例如往往被农户所忽视的农业保险,在集体组织购买之下有力保障了农户的生产安全。

此外,鉴于小农户在市场中处于弱势地位,村集体在接受"一喷三防"服务时,会对承接政府项目的人员提供的服务品质进行有组织的监督。以东李楼村和某合作社的对接为例,村集体会选出一位在村中颇具威信的村民,前往"飞防"作业的现场进行监督。该村民负责在到达现场后对喷防使用的药液和基本的喷防效果进行基本查验,看所使用的是否和此前所约定的药液一致,并结合实际情况在喷防作业接收单上签字,为村民所接受的喷防作业效果作担保。村集体的现场监管弥补了政府的数字化监管无法判断具体喷洒液体内容的缺陷,形成了"一喷三防"从项目开展到具体落地情况的供需双向闭环监督机制。

二、本地种粮大户和合作社的内部供给

如前所述,农业新型经营主体的出现是农业现代化演进过程中的必然现象。一方面,由于农业人口的转移,原来由各家各户的耕地经营权有了流转和集中的可能。另一方面,越来越多的农产品开始走向集约化、专业化、组织化、社会化生产。这两方面的变化都在催生各种新的农业经营主体的成长。其中,种粮大户与合作社作为农村本土性的服务主体,更能关注农民需求,具有较强的适应性与调整能力,还能发挥村中"能人"的带动作用,是农业社会化服务落地的重要一环。

具体而言,齐河县种粮大户与合作社不仅是农业经营主体,同时也是重要的农业社会化服务提供者。种粮大户与合作社成员作为"农村精英",能够通过各种社会关系或经济手段,积极帮助村民解决生产、技术、贷款、销售等方面的难题。因此,由他们牵头组建农村专业合作组织,比较容易获得村民的信任与支持,将分散经营的小农户联合起来,共同抵御市场风险。种粮大户与合作社在满足市场需求的同时,为小农户提供了各种便利的服务,构建了一个相互补充的生态系统。在政府经济技术部门、科研教育单位所无法到达的地方与领域,这两个农村本土性的服务主体有效填补了服务空白。本节将围绕这两个主体展开,探讨他们对农户的农

资、技术、服务供给机制。

一方面，种粮大户以自家农业设施为小农户提供了便利。小农户的种地规模一般只有 10—20 亩，不适合也无能力购置昂贵的农业机械，如联合收割机和播种机。而大户拥有更广阔的农田面积，对机械化、集约化经营有更高的需求，往往拥有更丰富更完备的农业机械，比如收割机、铲车、翻地机等。除自用以外，大户向村内其他农户租赁农机也会得到一笔额外的收入。大户向小户们提供农机服务的辐射范围以本村为核心，视当年作业情况还有可能涵盖周边诸多村庄。

另一方面，大户能够提供多样且灵活的社会化服务。他们会直接面对面或通过广告等方式向小户们宣传他们的服务，以吸引客户。农户寻找社会化服务的原则是就近选择，即选择本村或附近村庄的服务提供者，更远的服务商往往难以获得信任。社会化服务的链接方式多种多样，有的以价格取胜，有的则以服务态度取胜，农民可以根据实际需求选择适合的服务形式。

大户不仅提供农机服务，还在技术和知识传递方面扮演着重要角色。大户可以更方便地获取农业技术和知识，每年县里的农业专家来镇上讲课时，大户会被优先通知，然后将所学知识分享给本村的小农户。此外，大户作为合作社的一员，常常充当技术与农资宣传的中间人，从而实现"大农户带小农户"的社会效益，推动村庄实现共同富裕。

需要强调的是，"大农户"得以为"小农户"提供服务还与农民的选择偏好有关。在土地流转与生产服务上，农户们更倾向于选择本村人，而非企业或外地人。在村民的观念中，给本地人的"代耕"在性质上不同于给外地人或公司的"流转"。前者是熟人关系的人情逻辑，后者是土地市场的交易逻辑。将土地交给本地人"代耕"不仅租金有保障而且赎回相对方便，相反，将土地流转给外地人或公司这两方面都具有一定的风险。可见，"租金有保障"和"随时可赎回土地"是农户着重考虑的条件。

在生产服务方面，面对翻地等重体力工作，农户们通常会请本村关系较好的村民来协助，这些村民会以优惠价收费，比如翻地的市场价为每亩 60 元，而本村人只收取每亩 40 元。当然，一般翻地规模在 20 亩以上才可以议价。由此，大户在农村社区中扮演了双重角色，既为经营主体，又为服务主体。他们通过相互合作、分享资源和知识，共同推动着村庄粮食生产的发展。这种紧密的合作关系不仅促进了农业生产效率的提升，还强化了村内的凝聚力和互助精神。

合作社作为将分散的小农户进行整合，从而实现自我服务和自我管理的合作组织，是小农户和现代农业发展衔接得最为普遍的组织载体。近年来，合作社的服务模式不断变化，既有围绕某些特定农产品的生产、销售、加工而展开的农民专业合作社，也有实行土地股份制的农业生产联合组织。合作社的经济技术服务能力不仅能够满足自身社员的需要，还能向非社员提供社会化的服务，从而发挥其带动更多农户发展现代农业的作用。以某粮食种植专业合作社为例，他们主要服务对象为小农户，通过两种服务模式为他们提供不同需求的托管服务。第一种是通过生产资料采购、植保、耕种、收割等环节，提供了"菜单式"服务，解决了小农户种地难、成本高的问题。第二种是合作社与企业合作，采取"公司+合作社+农户"的模式，实现了订单式农业生产，扩大了产业链条，为农户增加了收入来源。

　　除了直接提供服务,合作社也发挥着中介作用。合作社会选出种地能手作为服务站站长,建设示范展示田,并培训农机手,为农户提供及时的农业技术支持和培训。此外,合作社还通过与农资生产厂家对接,实现直接采购,降低了投入成本,同时与加工企业合作,提高了农产品的附加值。这种"供需一体"的模式也在合作社的服务成效中得到体现。合作社实行"三减两增"的策略。"三减"分别是:第一,通过在生产厂家集中采购农业生产资料减少中间成本;第二,标准化统一作业生产,减少了种植管理成本;第三,减少农药、肥料施用量降低投入成本,保护生态环境。"两增"指的是:第一,增加亩均单产效益,通过订单模式,将小麦以高于市场价的价格卖给种子企业;第二,增加群众收入,如培训农机手,机手能通过参与合作社对外托管服务实现收入增加。

　　通过实施"三减两增"策略,合作社在农业生产过程中充当了中间环节,降低了农户的投入成本,同时通过订单生产等方式增加了农户的亩均收益。合作社通过帮扶贫困户,提供技术培训、全程社会化服务等措施,促进了农户增收,强化了合作社在村庄中的地位。如在2020年4月小麦条锈病防治时,合作社积极响应政府的号召,加班加点、轮班作业,完成飞防、机防30万亩次,开展防治工作,避免了小麦条锈病等病虫害蔓延,为夏粮稳产增收打下了坚实的基础。

　　由此,合作社与种粮大户与农户相互合作、资源共享和知识传递,构建了一个相互依赖的农业服务系统,既满足了市场需求,又为小农户提供了多样化的农业社会化服务,为粮食生产和农村经济持续发展注入活力。种粮大户在服务供给方面,借助广阔的农田面积和丰富的农业机械资源,为小农户提供农机服务,包括通过租赁服务获得额外收入。大户在农业技术传播方面也扮演着重要角色，他们将农业专家讲授的知识传递给了小农户。

可见，大户与合作社作为搭载农资、技术下乡的平台，切实解决了农业产品物流与服务"最后一公里"的问题。近年来的农资、技术交流形成了合作社、大户、经销商等实体店乡村布局，帮助实现农资与技术的网络化、平台化传播。大户与合作社这两个农村本土性的服务主体，通过提供多样化的服务，如农资供应、技术指导、市场信息咨询、农机器具租赁等，融入农户生产生活的各个方面，成为村庄生活不可或缺的一部分。同时，作为自主经营、自负盈亏的经济个体，在参与市场竞争的过程中形成了较强的服务意识，不断创新出贴近农民需求的服务形式，减少了农民生产经营的盲目性，降低了市场交易成本，增加了农民收入。

三、农资商糅合生产资料与技术的综合服务

"农资"是农业生产资料的简称，指的是种子、农药、化肥、农用薄膜等农业投入品。① 目前，农资店以销售农药和化肥的占多数，部分农资店还会兼顾经营一些生活和五金用品以及农药化肥的互补品。"农资商"作为个体形式的农业社会化服务主体，是我国城乡经济从计划经济向市场经济发展的过程中农业走向市场化的产物，在当前的农业社会化服务体系中扮演着重要角色。当前农业生产投入中，除了劳动力和大型农田水利设施建设等要素之外的农业生产资料绝大部分都来源于基层的农资商。

齐河县的农资商并非自开始就是种子、农药、化肥、农具等多

---

① 《农业生产资料市场监督管理办法)》，2009 年 9 月 21 日，http://www.gov.cn/flfg/2009/09/21/content_1422168. htm。

农资的混业经营模式,其经营范围经历了从单一产品到全类产品的转变。如今,齐河县农资商的经营模式中农业技术服务成为农业生产资料的附带性产品,并构成了辅助于农资销售的重要手段。齐河县农资商围绕商品经销开展的附加服务包括具体的农技咨询和农机服务两大方面。其中农技咨询服务又具有两种形式:现场的柜面指导和线上知识传播。发生在柜面的农技咨询服务其实自农资商产生以来就一直与农资的售卖过程深度捆绑,农民总是会在售前和售后向农资商寻求技术指导。虽然农民采购农资会受到个人生产经验和既往偏好的影响,但在如病害防治、杀虫、追肥等专业性生产问题上,农民不得不依靠经销商的农技知识来"对症下药"。农资商在推荐产品时会附带讲解农资的使用方法和技术要领。如在调研期间,在某农资店里观察到的一位田地中遭遇红蜘蛛虫害的农户,在向店主提出自己的问题后,店主将解决办法及农药配比详细地告知了农民。并且,店主表示农户基本上会全盘按照自己给出的使用指导,不敢自己乱试配比。

农资商相较于农民而言,掌握更多技术信息和资源,是上游厂家技术对接到乡村社会的"结构洞"。在农民目前已经基本不再钻研"土办法"且已经乐意相信科技的情况下,其对农资商的建议基本都会采纳。农资商店成为一种开放式的信息交换场所,在调研过程中我们发现,很多农户并不是专程前来购买农资品,顺路经过就在此处停留和店主以及其他农户聊天,顺便向店主咨询用药种类和剂量等技术,店主一般都会给予耐心的解答。

线上社交媒体的传播也深刻影响着农资商的服务供给形式。多数农资商会通过开通抖音账号以及建立微信群来辅助进行农资宣传销售,线上既有小农户的主动咨询,也有农资商的主动宣传。

小农户直接发来图片和视频,询问如何进行病害防治,农资商根据自己的知识储备进行"远程问诊",结合店中药品给农户"治病开方"。农资商也会主动拉新老客户进自己的微信群,譬如受访店主就拥有 4 个群,共计千余人,其中有专门的技术交流群。农资商会在作物生长关键时期和病虫害高发期在微信群中发布用药提醒和技术指导,如玉米在拔节期如何喷施"金太龙"叶面肥应对倒伏现象。线上服务极大地拓展了农资商的服务覆盖范围,和线下服务共同构成了由面及点的农资商农技咨询服务。

　　齐河县政府和农资厂家共同开展了稳定的配套知识供应和培训服务,农资商在事实上成为村一级区域农资技术知识的高地。政府从县一级的农办到镇级的农技站,都提供了充足的农资知识获取条件,在与农业生产联系最紧密的镇一级范围,镇农技站不断向农资商印发"技术明白纸"和"禁用农药名单",时刻提醒相关人员关注农资政策。在焦庙镇的调研中,农资店店主告知,经营农药生意所必备的农药经营许可证是需要通过周期性考核来延长其有效期的,逾期则不能再进行农药销售活动,这倒逼了农资商不断巩固自身的农技知识。每年镇上还会组织相关的农技课程,包括化肥施用技术、最新病虫害防范要点等。除了政府侧的公共知识提供,农资商表示自己的供应链上游,即自己代理的各家农药厂、化肥厂也会定期组织培训,培训内容包括当前的高发病害和自身产品与同类品的比较优势等。在政府和厂家的双向供应下,农资商成为技术服务在村域内的重要提供者。

　　农资商的综合服务有助于培育农民现代化的消费心理与生产习惯。社会化服务的市场秩序不仅需要整顿提供服务的市场主体,农民作为需求方和服务购买主体,其消费习惯与心理同样需要关注。齐河县在社会化服务的推广与具体服务内容上并非僵硬地推广，而是因地制宜，在了解农民抗拒风险、赊销等心理特点的前提下，有针对性地推动社会化服务内容发展。后拐村的"实验示范田"建设是一个典型的案例。农资商通过与村党支部书记取得联系，以村党支部书记的部分田地为实验田，由农资商负责免费提供农药，并且保证该地的产量。若实验田的产量高于村党支部书记其他地块的产量，则实验田收获的粮食全部归村党支部书记所有；若实验田的产量低于村党支部书记的其他地块，则由农资商补齐村支书"损失"的产量。但是村党支部书记表示，即便如此，村里仍然只有少数村民能够接受这个试验，大多数村民担心他们购买的产品与农资商在实验田使用的质量不同。

此外，购买农资时赊账的习惯也可能阻碍优质农资推广。某村党支部书记曾经想过全村人一起到化肥厂去买高质量的化肥，相较经销商的售卖价格，直接从化肥厂进货可以让每袋便宜二三十块钱，但农民并不愿意。首先，去化肥厂要直接交现金；其次，前往某一个化肥厂也不如镇上购买能货比三家，还能接受一些农资店的"小恩小惠"，比如一桶送上门来的食用油。相较已知高质量但是要收现款的化肥，农户们更乐意选择接受赊账的农资经销商，即使明知质量稍差，农民还是希望把现金支出尽量延后。究其原因，在家庭收入单纯依靠农业生产的传统时期，农民一年只有一季到两季的收成，前半年都是零收入，小麦收获后才有收入，"秋后算账"是依据农时形成的习惯。过去农民们是不得已，才在收获前赊账，但这种习惯却保留至今，老一代农民会觉得"不赊账就吃了亏"。这种消费习惯影响了他们对新产品的接受程度，当农民面对现代技术和市场营销的时候，无法接受及时兑现、及时清算的新技术和新产品。

由上述两个例子可见,在农业社会化服务过程中,农民们对新技术的接受过程受到生产习惯的影响,比如担心新产品质量不好致使粮食减产,又如为了能够赊账而购买小厂产品等消费习惯。农资商和村干部深谙农民的心理,所以在社会化服务的推广中没有贸然行动,而是根据农民的实际需求,先在试验田上做示范,让村民们亲眼目睹使用新技术的效果,引得农民们自发学习、模仿,使新技术在农资商的搭载中平稳落地。

农资商对生产资料与农业技术的综合供给有助于解决上述问题。调研发现,齐河县的农资商会不同程度地开展与其业务相关的农机服务,具体农机类型根据主营业务和资金实力而定。大多数的农资商都会开展无人机"飞防"的服务,此项业务面对大户和小农户都会进行,但更多地偏好向大户提供服务,也会承接政府的"一喷三防"作业。小户在获取农资商的无人机飞防服务时一般会选择多家联合共同购买服务,如在马坊村遇到 3 家田地相邻的农户共同组织起来向农资商购买"飞防"服务,3 家凑起来大约有30 亩地,这一规模是在农资商乐意提供社会化服务的规模范畴中的,也有农资商表示曾有过八九家小农户组织了 100 余亩土地向他购买喷防服务。

面对小农户时,农资商在提供服务时会进行搭配销售,即将无人机服务的费用和喷施的药液组合成套餐。大户很多都会选择喷施自己备好的药品,因为他们往往会有更优惠的拿药渠道,农资商只能赚无人机每亩 5 元的机器使用费。而小农户一般不具备获取药品的优惠渠道,则会加上每亩 30 元的药品费用,这样一来,小农户接受飞防服务的费用是每亩 35 元,因节省了自己选购药品和购买服务的成本,受到该群体的欢迎。此外,部分资金实力雄厚的农资商会提供大型农机作业的服务,如主营化肥销售的农资商还具备提供播种、旋地等机械作业的能力。此种机械服务主要面向大户,不仅作业面积大,同时还可以配套销售肥料。小农户的购买服务往往借助农资商为大户作业的时机,获得"搭便车"式服务。

总而言之,目前齐河县农资商从事农业生产的"产前"和"产中"阶段生产资料供应,以及"产后"阶段的购销环节,融合了多种经营项目,包括销售农药、化肥、种子,租售农用器械或提供旋地、播种、无人机喷防等有偿的农机服务,也有提供给小农户使用电动药筒这样的免费服务。农资商的服务供给缓解了政府的普惠性社会化服务和大型企业的经营性社会化服务供给不足的压力,成为多方提供的社会化服务最终落地的关键一环。[①] 由于农资商品中技术与物资的一体性,农资商成为搭载先进农业技术的综合服务供给方。作为乡土社会的"自己人",他们能够将农民较高的风险意识和保守消费倾向纳入考量,帮助农民克服对新技术的恐惧,推动小农户与现代农业技术和生产方式的衔接。

第三节　社会化服务主体间的分工与衔接机制

齐河县农业社会化服务供给的市场主体包括种粮大户、合作社与农资商等多元类型。调查发现,不同于外地机手在抢收季节

---

① 孙明扬:《基层农技服务供给模式的变迁与小农的技术获取困境》,《农业经济问题》2021 年第 3 期。

末期会出现机器供过于求、继而彼此之间开始低价竞争的情况,齐河县本地同一村庄内的大户以及机手所能提供的社会化服务总量往往不会超出需求,避免了彼此在服务区域内开展降低利润竞争的情况。本节将从社会化服务主体间的资源配置方式入手,分析多元主体的分工与衔接机制,进一步回答齐河县何以解决社会化服务供需匹配的问题。

一、市场主体之间自发的资源配置

齐河县农业服务市场主体之间的错位经营可以追溯到 20 年前,彼时农资商并不会开展全品类的农资经营业务,一家农资店一般只会经营化肥、农药、种子三种农资中的两种,基本没有同时销售三类产品的店铺。这是因为化肥、种子、农药作为农业生产中影响产量的主要因素,是小农户在发现产量不佳时进行分析溯源的矛头。农资店如果只开展其中两项的经营,譬如只经营了化肥和农药,那么一旦出现问题还有回旋空间,例如将购买了自家农药和化肥的农户田地问题归因于种子上。如若农资店开展了全部三项业务,且有农户恰好购买了全部三样产品进行农业作业,那么一旦田地出现问题,自己就会被农户完全归因,在农村人际网的信息分享下可能很快就会失去全村客户。基于这样的经验,一个村周围的不同农资商往往会"默契"地开展相互错开的业务线,形成了一套基于风险规避逻辑的经营分工结构。

而当齐河县社会化服务市场从无序转向有序之后,农资的质量得到了有效保障,农资商多经营一项产品意味着多了一条业务线的利润。自此,齐河县农资商群体内部开始从差异化的非全类目经营转向同质化的全类目经营,新的分工模式形成,互相之间尽量达成均衡的利益分配局面,这是基于乡村社会关系自发的资源错配。服务接受者也会均匀分割自己的需求,去照顾多家熟人服务商的生意。在东李楼村调研时我们获知,此村周边的四家化肥农资商在每年的用肥季度都会开展入村推销肥料的销售模式,种粮大户出于人际关系的考虑会选择四家每家都买一部分,四家的生意都照顾一下。这四家农资商都知道对方的行动,代理不与另外三家冲突的农资品牌,并且自身的重点经营项目也不完全一致。通过这样"默契"的资源配置,即使这四家农资商覆盖范围相似,也不会形成完全的竞争关系,彼此都能生存下去。

在农资商的良性竞争下,受益最大的就是村里的小农户。东李楼村的村民表示,这四家农资商的服务都非常到位,送货上门是基本服务。并且四家农资商都经营了不短的时间,种粮大户的多方采购也持续了多年,在谈及如若突然出现第五家进村卖化肥自己是否会购买时,大户表示化肥方面风险太高大家难以信任新人,因此不会选择新上门的货源。这表明在村民人际维系考虑和风险规避的双重机制作用下,东李楼村的农资供应难以存在第五家进入竞争,出现了一种四家和谐共存,并且供给刚好满足本村农资需求的平衡局面。

除了农资经营之外,其他类型的社会化服务供给同样出现了与之类似均衡局面。在对焦庙镇某村党支部书记的访谈中我们了解到,其村庄拥有 2000 亩地,8 个播种机,每到播种季需要连续播种 4 天左右。如果追求效率,村内的播种机应不止 8 个,因为每多一台机器都可以使播种时间缩短。但村党支部书记表示,本村从来没有多于 8 台播种机。这是由于新增播种机无法穿透基于乡村人情、亲邻优先规则下已经编织好的社会化服务网,后续机器无法进入由社会关系分配好的播种市场。

在焦庙镇的进一步调查发现,这样基于资源合理配置而引致的同行共存现象普遍存在,在区域内形成了为村民提供社会化服务的不同层级,形成了高低搭配的服务结构。焦庙镇的老肖农资店和隔壁的老宋农资店相距不到 200 米。同样,双方店里无论是主打的叶面肥还是除虫药,也没有同样品牌的产品。在谈及对对方店生意的看法时,农资店店主老宋表示对方的药品要更贵一些,确实会更好一点;老肖则表示对方的客户数量更多一些,自己受众要比他少点。因此,两家农资店在产品上形成了价格和受众的错配,避免了形成相互冲突的竞争关系。两家农资店在农药的配套社会化服务上也是呈现差异化的供给局面。老肖农资店拥有无人机飞防作为农药的配套服务,大户在购买农药时会免费享受该店提供的无人机飞防服务,但小农户则需要以相对较高的农药价格为代价,才能获得无人机飞防服务。而老宋的店即使在客户更多、店龄更高的情况下也没有购入无人机来开展飞防作业,其开展的配套社会化服务相对基础,是购买药品时免费提供给买家电动喷筒,要求客户使用完归还时不损坏即可。

总之,本地农资商、种粮大户和合作社之间自发形成了高低搭配式经营,合理配置了区域内的农资,这种存在于乡村社会关系中的服务供给方进行的自发资源配置模式,在保证了市场主体和已经处于社会关系中的同行能够共同生存的情况下,又形成了多层次的供给体系,满足了农户差异化的社会化服务需求。

二、政府推动的服务资源整合

党的十六大会议明确提出要建立健全农业社会化服务体系,

并将政府职能定位在经济调节、市场监管、社会管理和公共服务四个方面。党的十七届三中全会倡导构建新型农业社会化服务体系要以公共服务机构为依托,继续突出强调了政府在农业社会化服务体系建设中的重要作用。齐河县政府在农业社会化服务的构建与实施中发挥了积极作用,充分履行了"掌舵者""服务者"和"监管者"的职能,通过制定奖励政策、完善工作机制、强化督导职能等措施,促进多元服务供给主体之间的分工与融合。政府推动社会化服务资源整合的具体措施包括:

第一,齐河县乡村振兴服务协会吸纳了农业服务企业、合作社、农机大户等新型农业社会化服务组织,将各会员拥有的农业机械资料上传至齐河县农业服务平台。该协会通过牵头构建布局合理、覆盖全县的农机服务大数据网络,租赁、合作、合资等方式提升各服务组织服务实力,协调各服务机构参与农业服务项目,合理化安排作业区域,增加农机具的有效工作时间,降低农机转场成本,增强农业生产抵御风险能力。

第二,齐河县政府以针对农业社会化服务供给主体的检测为手段,实行服务资源和质量的动态管理。政府通过建立示范社、示范场、示范组织动态监测制度,对运行情况进行综合评价,将服务能力强、服务质量优、社会认可度高、运营管理规范的服务主体纳入名录库,予以重点扶持。同时,对那些弄虚作假、质量不达标、农民投诉多的服务主体,及时拉入"黑名单",实行有进有出的动态管理,保障了服务主体的质量和水平。以农资商自行购买大疆飞行器承接政府的"一喷三防"任务的流程为例,经营者的飞手证由大疆对买家进行每周两天的培训之后颁发,没有硬性考核要求。承接政府服务时,操作员需要先进入一个政府指定的网页端口,然后才可以开展作业。通过网络实时共享的信息,农业农村局可以获知飞行器的喷防宽度、飞行速度、药流速度和地面高度等喷防作业质量参数。如果有参数不合格,农业农村局就会频繁打电话来监督、确认。

第三,齐河县政府通过编制农业社会化服务项目实施方案,明确了实施条件、补助对象、补助标准、实施要求和监管措施等内容并切实执行。以政府主导的供种为例,齐河县建立了"县农业农村局—乡镇政府—管理区—村部—农户"的信息征集和种子发放双向路径。种子公司在本地实验田育种,并测试其产量和各种指标,在政府招标选种的时候进行投标。农民先把钱交到镇的财政所,然后农技员预算报给政府,政府招标选种,再通过邮局发放给农民。再以政府主导的"一喷三防"为例,曾经很多农民并不信任政府统一"一喷三防"的效果,在政府统一打药之后还会对小麦和玉米再打 2—3 遍农药。政府现在不断改进对"一喷三防"的监控,例如监管植保飞机的流速、轨迹。政府这种统一举措让农民意识到打药的重要性,培养了农民的打药习惯,直接提高了农民对农药、农机、农技的接受度,推动了粮食精细化种植与产量提高。

此外,齐河县政府通过召开推进会议、组织外出观摩学习等方式,加大对农业社会化服务政策、模式、规范运营管理等方面培训和指导。以化肥相关知识的培训为例,农民习得如何辨识化学符号来识别化肥中的化学成分和有效成分。由于化肥的有效成分的化学符号是基本固定的,农民能在学习后拥有辨别化肥质量好坏的能力。但农药则不然,由于其化学成分更加复杂,而且不同品种农药的杀虫、抗菌的化学机制并不一样,毒性、效果也变幻莫测,农民难以通过已有的知识储备或短期的培训进行有效识别。因此，在农药使用上，农民更倚仗农资店的指导。可见，政府与农资店在提高农户农业知识与推广新技术上起到了互补作用。

总体而言，齐河县政府的上述政策措施促使不同服务主体之间形成了合理的分工，实现了多主体、多层次的资源整合。为县域内农业社会化服务多元供给主体之间的衔接提供了平台和规则，推动了现代农业的高质量发展，促进了粮食产量的提高。齐河县政府实现了由"直接管理"向"间接管理"转变，通过购买服务和培育主体等方式与社会组织合作，统合众多农业社会化服务主体，基本实现了社会化服务的供需匹配。

三、联农带农的金字塔式项目发包

齐河县具有一套完整的联农带农的金字塔结构，整套系统自上而下的规划始自德州市"4+2+N"的农业社会化服务体系创新联农带农模式，建构"市级专班+县级国企+乡镇联合社+村集体经济组织"的联农带农服务平台。市级层面由农业社会化服务体系创新联农带农机制工作推进领导小组负责工作的统一管理。县级层面由国企牵头带动，对接当地实力较强的各类服务主体提供集"产前、产中、产后"服务于一体的农业社会化服务综合解决方案。乡镇层面由3家及以上农民专业合作社成立联合社，实现服务资源统一调配、共享共用。村级层面依托村集体经济组织建立农业社会化服务站点，实现信息畅通，链接了不同规模的服务主体。

以齐河县"一喷三防"社会化服务在四级联合体系的运作过程为例，首先，县政府敲定本年的"一喷三防"作业目标，交给县级国企来开展业务安排。然后,县级国企进行具体服务方的选择,一般对接区域内有实力的合作社和农业企业,这一级的服务主体再视自身机械保有量和使用情况选择联系村中的小合作社或其他拥有无人机的"飞手",其中多数是村镇的农资商。合作社和企业会向对方指派所要进行服务的地点,由于是承接自政府的集体服务,作业区都是以整村为单位的成方连片的大片田块,远大于平时大户或小农户联合的购买规模,是无人机喷防作业提供者最偏好的业务。其中的"飞手"不仅有农资商,也有普通的农民"飞手",农资商所提供的飞防服务实际上是和其他农户共同完成的。农资商和小农户买无人机时各出一半钱,农资商借助自己的资源去寻找业务,自己并不会飞无人机;而小农户的无人机飞行技术则很受农资商的认可,但自己的资源又不足以保证无人机的业务量,他则负责具体的作业环节,双方会将收益对半分。小农户"飞手"和农资商的收入都有所提高,形成了良好的连带共生关系。

再以整村的土地托管服务为例,由村党支部书记担任村级社会化服务信息员,村党支部书记的需求汇总简化了小农户对接托管方的流程,并且降低了服务的费用。托管土地服务的供给方是大型合作社的项目外包给小型合作社,有意愿托管的农户可以自己找到村党支部书记,村党支部书记会进行农户需求的汇总并和合作社对接。这样的模式相较此前的招标等流程极大地简化了小农户对接服务主体的难度,并且加入合作社的社员服务费比市场价低10元每亩,托管服务保障产量在每亩1200斤。

总之,农业社会化服务是发展农业生产力的重要经营方式,齐河县供需匹配的社会化服务体系依托于"县乡村振兴集团有限公司+镇级联合社+新型经营主体+村集体经济组织+小农户"的一主多元模式。在粮食生产之外，供需匹配的社会化服务也将对农民的生计模式产生重要影响，既给青壮年农民提供外出兼业的可能，又为老年农民保留返乡种地的机会，进而对现代化进程中工农城乡关系的调整发挥积极作用。

第五章　现代农业高质量发展的驱动要素

　　建设现代农业的过程是改造传统农业、不断发展农业生产力的过程，也是转变农业增长方式、促进农业又好又快发展的过程。有学者从农业经济效率、结构优化、绿色生产和健康可持续发展四个维度构建了农业高质量发展指标体系。[①] 多元化的粮食生产主体与健全的社会化服务体系是现代农业高质量发展的重要支撑，以齐河县现代农业高质量发展路径为案例，可以将其归纳为双重驱动要素：第一，小农户与适度规模的新型农业经营主体构成的县域农业生产有机整体；第二，满足多元主体效率需求与技术需求的立体型社会化服务体系。本书的第一章至第四章分别揭示了多元农业经营主体以及农业社会化服务体系这两大关键要素的形成机理与运行机制。本章将在前文基础上，进一步讨论两大要素之间的关系，并分析二者共同构筑的现代农业经营体系之下，小农户与新型农业经营主体各自的生产模式和产能结构。

---

　　① 李如潇、杨阳：《中国农业高质量发展水平测度》，《统计与决策》2023 年第 14 期。

第一节 社会化服务体系与多元经营主体的相互促进

厘清农业社会化服务体系与适度规模的新型农业经营主体之间的关系,对推广齐河县农业高质量发展的经验至关重要。有研究表明,以家庭农场为基础的农业社会化服务,是在土地流转和适度规模经营的农业转型推动下应运而生的。[①] 但是,就齐河县的农业实践而言,社会化服务早于适度规模经营出现。进入 21 世纪之后,适度规模经营和社会化服务两大体系进入交织发展的进程,共同促进了齐河县粮食生产能力的提升。下文将依次论述适度规模经营对社会化服务系统化的助推作用,以及社会化服务反过来对适度规模经营的促进与支撑作用。

一、适度规模经营对社会化服务的推动作用

家庭农场等形式的适度规模经营比大规模的机械化农场更加符合我国"人多地少"的基本国情,其优势在于劳动和资本双重密集的农业经营模式有助于解决农业隐性失业、收入低下、产业升级困难等问题。而齐河县的经验表明,适度规模经营的另一重要作用在于推动社会化服务体系的发展。齐河县的社会化服务体系发育早于适度规模经营的形成时间。如前文所述,齐河县早在集体化时期,便已经出现了以生产队为基础的畜力和农业机械耕种与收割服务。20 世纪 80 年代之后,集体化时期的农机操作技术和

---

① 周娟、万琳:《农业现代化的双重规模化路径下农业服务型合作社的产生、运行与意义》,《农业经济问题》2023 年第 7 期。

机械分散到家庭联产承包责任制下的家庭生产之中,并在长期发展中出现了组织化与系统化的转变。2013年,齐河县出现了首批种粮大户,彼时的种粮大户不仅数量较少且种植面积有限。此后又历经十余年的发展,新型农业经营主体在政策扶持奖励与农民自发土地流转的背景下日益增多。

齐河县适度规模经营对社会化服务体系发展的推动主要经由以下三条路径发挥作用。第一,新型农业经营主体发展过程中产生的新增服务需求,刺激、推动了服务供给水平的扩大与提升。第二,新型经营主体直接参与服务,既是服务需求方,同时也作为服务的供给方加入了市场之中,丰富了服务主体的类型,扩展了服务供给的内容。第三,新型农业经营主体推动了社会化服务的标准化和规模化,借助规模效应降低了服务的边际成本。

在第一条作用路径中,新型农业经营主体之所以能够使社会化服务的需求明显增加,这与适度规模经营的种植面积、生计模式、利润获取等方面紧密相关。农户进行购买服务等相关决策的时候,种植面积是其重要的考虑因素。对种植面积较小的小农户,购买社会化服务的意愿较小。一方面,较小的地块完全可以由农民自行耕种;另一方面,对种植面积较小的耕地而言,机械化种植节省的人力成本难以体现,零碎地块大型农机作业不便作业,也难以体现机械化对耕种效率的提升。相反,种植面积较大的大户购买社会化服务的意愿较高。首先,大户的耕地面积较大,依靠人工难以完成耕种的一系列环节,对农业基础设施、农机等社会化服务的需求较大;其次,在规模化种植中,机械化的优势得以凸显,从播种机、无人机喷洒农药到收割机,每一个环节的机械化带来的都是标准化耕种,不仅产量更稳定,而且成本更低。合作社和农业企业对社会化服务的需求更大。这类大型组织需要依靠社会化服务统一管理田地,实现标准化种植、保证高产稳产从而实现盈利。此外,农户经营规模越大,在农资购买、农技指导、市场信息获取、农产品销售等方面需要花费的时间与精力越多,对农业社会化服务的需求也越大。

在第二条作用路径中,种粮大户、家庭农场、合作社以及龙头公司都是既作为经营主体,也作为服务主体参与农业生产。例如,齐河县农业龙头企业主要面对承包大户、种植大户和家庭农场等经营主体,以病虫害统防统治为主开展菜单式、托管式、承包式和跨区作业等多种形式的社会化服务。农业龙头公司的社会化服务项目会外包给当地合作社或小型公司。种粮大户、家庭农场、合作社不仅可以接受农业龙头企业所发包的本乡镇作业任务,还可以满足本村小农户的服务需求。由此,适度规模经营范围扩大的同时,服务主体也在增加。但是也有研究表明,新型经营主体自身同样面临着社会化服务获取和融资方面的困难。① 齐河县对上述问题的解决,得益于适度规模经营促使社会化服务形成了服务网络的联合。“公司+合作社+农户”的经营形式建立了农业社会化服务网络,面向种植大户、种植合作社和整村的代耕、代播、代管、代收及培训服务供给充足。成为合作社社员的小农户,能够获得统一标准的农资供应、测土施肥、栽培管理、植保防治、农机作业、烘干收储等服务。在标准化的社会化服务下,各农业环节得以连接起来,涵盖了“产前”“产中”和“产后”全链条。农户也可以选择“全托管”的服务方式,只需要自己购买种子和化肥,其他的环节

---

① 王晓丽、郭沛:《金融科技纾解新型农业经营主体融资困境的路径研究》,《学习与探索》2022 年第 8 期。

都由公司负责。服务供给与需求整合之下,齐河县形成了面向不同类型的农户、耕种不同环节的立体网络。

在第三条作用路径中,适度规模经营推动了社会化服务供给的标准化程度。一方面,齐河县政府设立了制度化的社会化服务县域标准;另一方面,农业龙头公司为了适应政府要求,建立了全程化服务标准 681 项,包括采纳的国行地标总共 579 项以及本土化企业标准 102 项。社会化服务主体对规模化土地实行统一的农资供应、生产操作规程、技术标准等。在这个过程中,农民也相当于接受了有关农业社会化服务的培训,逐渐地认识、理解和接受农业社会化服务的好处。

最后值得注意的是,新型农业经营主体如果一味追求土地流转规模化,会存在损害小农户利益、压缩小农经济发展空间的风险。齐河县的适度经营规模之所以能够推动社会化服务,是因为在 20 世纪 80 年代到 21 世纪初期,土地经营权流转与服务供给经历了系统化的历程;在 2013 年之后进入快速发展阶段,法规条例逐步完善。当新型农业经营主体侧重于发展自身社会化服务功能时,才有利于破除束缚小农户的外在约束性条件,推动小农户与现代农业的有机衔接。[1] 以病虫害统防统治和化肥使用为例,由于服务规模大,需要统一供药,企业可以大包装供药,既可以减少农药包装,还能减少流通费用,降低用药成本。由此,社会化服务更好地满足农户需求,从而逐步实现农业社会化服务全覆盖。

总体而言,新型农业经营主体通过流转土地实现了规模效应,催生的服务需求与培育的服务主体从两个方面推动了社会化服务

---

① 赵晓峰、赵祥云:《新型农业经营主体社会化服务能力建设与小农经济的发展前景》,《农业经济问题》2018 年第 4 期。

市场体系的发展。齐河县的难得之处在于,市场力量介入之后农业生产依然保持了小麦和玉米的主粮种植结构;地方政府受到粮食安全政绩激励,不断加大投入,推动粮食种植的适度规模化,并且设立农业社会化服务的标准,进一步助推了社会化服务的发展。由此,齐河县的新型农业经营主体能够获得较为丰富的社会化服务,在适度规模经营的基础上叠加社会化服务提升生产效率,实现了降低成本、提高效益的集约化经营。

二、社会化服务对适度规模经营的支撑作用

上文论述了适度规模经营对社会化服务系统化的助推作用,下文将从另一个角度阐释社会化服务体系对适度规模的支撑作用。在这一体系的建设过程中,关键在于要让不同规模的农户都能获得社会化服务。目前,齐河县的社会化服务体系面向不同农业经营主体,服务于全部种植环节,建立了农业生产标准,基本实现了让农民科学种地、种地简单化的目标。

小农户多被视为社会化服务获取的弱势群体。但也有研究证明,在农业社会化服务供给充足、农地普遍细碎化情况下,经营规模的差异不会显著影响农户获得服务的概率,小农户没有因为经营规模偏小而难以获得农业社会化服务。[①] 齐河县则是在农地普遍适度规模经营的情况下,通过立体式的社会化服务供给体系完成了社会化服务可及性的建设。

为了推动社会化服务的系统化,2023 年,齐河县建设了 15 处镇级乡村振兴综合服务中心,构建了股份合作社、"龙头企业+合

---

① 张哲晰、潘彪、高鸣、穆月英、徐雪:《农业社会化服务:衔接赋能抑或歧视挤出》,《农业技术经济》2023 年第 5 期。

作社基地+农户""党支部+合作社+项目+农户"等多种新型农业经营模式。齐河县支持有能力、有意愿的村党支部领办合作社,组建党建共同体联合社,并且在各乡镇(街道)成立 2—3 家联合社,从耕、种、管、收、储、加、销 7 个环节积极开展综合托管服务,亩均节本增效 270 元以上,基本形成了"政府主导+支部引领+国企服务+市场运营+农民主体+部门监督"的社会化服务体系。

首先,齐河县通过规模较大的、专门提供社会化服务的公司和合作社供给服务。这种体量较大的公司和合作社专业化程度高、服务半径大、服务内容全面,但是通常面对的服务对象是大户和其他合作社。比如齐河县的龙头农企通常以村为单位进行托管服务,或者负责全县范围内的统防统治。体量大、资本强的龙头公司和合作社提供社会化服务,其优势在于专业性强,雇用的工作人员更专业,育种、化肥农药的使用、对病虫害的防治等方面都能科学应对,能够实现科学种田。资金雄厚可以支撑及时更新农机,从而使用更好的农业技术。

其次,各个乡镇或村里体量较小的公司或者合作社也发挥了重要作用。这些主体的服务范围通常是本地乡镇或者本村,服务内容包括农机服务和承接大型公司或合作社的项目,服务对象包含了当地乡镇的种粮大户和小农户,优势在于可以精准服务到小农户,并且也能提供各个环节的标准化的社会化服务,但服务半径小。如果实施的服务是全县范围的统一作业,则是由更大规模的公司或者合作社承接,外包给多家规模较小的当地合作社或公司。在不同规模的合作社相互合作之下,齐河县农业社会化服务网络遍及各乡镇。大型合作社通过与各乡镇的小型植保合作社、农机合作社、粮食种植合作社合作,推进全县农业社会化服务进程,比如制定小麦玉米周年生产方案、选育良种、推广先进的农业机械、减少农药化肥的用量等,实现社会资源的整合,以社会化服务支撑着不同规模的粮食种植主体经营。

最后,种粮大户也在服务供给中扮演了关键角色。一般种植面积较大的农户会选择购买部分农机,从而减少雇用农机的开支。在完成自己耕地里的作业后,农机设备空闲就可以向周围没有农机的农户提供服务。服务对象一般是本村里的小农户,不仅是因为熟人之间交易成本较低,而且相较于公司和合作社,普通小农户联系到大户更容易,也更容易信任大户,服务费的价格也更低。但种粮大户购置的农机设备往往并不齐全,服务内容有缺失,服务时间不稳定,需要取决于大户自己耕地的作业进展。此外,大户的农机设备更新也较慢,因为资金有限,其农机可能是两三年前的设备。因此,种粮大户的服务供给往往作为专业合作社、企业和机手的补充而存在。

总之,上述三种不同的社会化服务供给主体共同构成的齐河县社会化服务体系,已经基本可以满足不同经营主体的多样化服务需求。大型农业企业或者合作社可以覆盖以村为单位的大规模土地,而小型农业企业或者合作社可以覆盖本乡镇不同主体的需求,种粮大户可以覆盖本村小农户的需求。由此,多元社会化服务主体逐级向不同主体供给服务,支撑起了适度规模经营格局。

三、政府对农业经营规模化与市场化的推动与保障

在适度规模经营和农业社会化服务系统化的发展过程中,齐河县政府发挥了双重作用。一方面,体现在农业现代化起步时期

的推动作用;另一方面,体现在农业经营规模化和市场化发展过程中的保障作用。首先,齐河县政府以充足的组织资源和人力资源构成了社会化服务的技术源头与运行助力。有研究指出,我国农业现代化进程面临配套人力资源建设队伍落后、实用型人力资源欠缺等问题。[①] 齐河县农业农村局则具有充足的人力资源,包括各级政府的农技员和科技示范户等。

在农技员队伍建设方面,齐河县不仅在组织层面上人员齐备,农技员自身的素质也不断提高,全县每年都会分层次、分批次、分专业开展省、市、县集中培训。省级和市级的培训时间为 5 天,学习时间达到 40 个小时,每年可实现全县 1/3 以上在编在岗的基层农技员进行知识更新,较大程度上提高了基层农技员的技术水平和综合素质。

在科技示范主体培养方面,齐河县注重种粮大户和科技示范主体的培训,每年都会举办基层农技推广补助项目农业科技示范主体培训班,通过对科技示范户和种粮大户的培训,促进农业技术的传播和实践。科技示范主体自身也是社会化服务的主体,对科技示范主体的培训促进了社会化服务主体自身的技术水平,有助于提高社会化服务的质量。

人力资源水平的提高有助于培育出一支促进农业现代化发展的农村杰出人才队伍,而组织资源水平的提高则保证了人才的管理和知识更新。有研究指出,在机构改革过程中,部分地区的县级农经机构和人员队伍被削弱,乡镇承担农技、植保、农机、水利、农经、良种、供销、信用等普惠性农业服务职能的"七站八所"被撤并

---

① 陈超红:《农业人力资源管理问题与解决措施》,《现代农业研究》2020 年第 8 期。

为农业服务中心,①农技人员知识结构滞后、普遍借调他用,导致与此有关的农业经营和服务主体的相应职能无法落实或转接不畅。② 但是,齐河县政府的农业机构的运行并未出现上述中断,县农业农村局的机构设置如表5-1所示。

表5-1 齐河县农业农村局机构设置

局领导	产业发展股	法制法规股
办公室	种植业管理股	种子管理站
人事股	农田建设管理股	棉花中心
计划财务股	农业技术推广站	良种繁育基地
发展规划股	土壤肥料工作站	宋坊良种场
农业经济发展中心	植物保护站	新兴良种场
农村社会事业促进股	农业广播电视学校	良种棉加工厂
生态环境股(环保站)	党建办(机关党委)	党工委
信息产业股	"吨半粮"产能建设办公室	农副渔
科技教育股	县委农办	农机
质监股(农业管理科)	农业综合执法大队	畜牧

资料来源:齐河县农业农村局。

另外,齐河县借助政府组织力量和财政力量,大力培育以提供农业社会化服务为主营业务的各类专业公司、农民合作社、农村集体经济组织、服务专业户等专业化经营性农业服务组织,引导工商资本开办企业化、专业化的现代农业服务公司。并且,齐河县政府引导社会化服务主体的联合融合发展,成立齐河县乡村振兴服务协会;引导各类服务组织加强合作,推动服务链条横向拓展、纵向

① "七站八所"是虚数,作为乡镇机构改革前为农民服务的各类机构的总称,如农机站、农技站、水利站、城建站、计生站、文化站、广播站、经管站、林业站、土管所、财政所等,由于其不再适应新制度下的农业农村治理职能而进行了相应的机构改革。

② 芦千文、崔红志:《农业专业化社会化服务体系建设的历程、问题和对策》,《山西农业大学学报(社会科学版)》2021年第4期。

延伸,打造一体化的服务组织体系;引导各类服务主体积极与高等学校、职业院校、科研院所开展科研和人才合作,鼓励银行、保险等机构与服务主体深度合作。

在上述政策支撑之下,齐河县逐步形成了包含多元主体的适度规模经营体系。2023 年,齐河县土地适度规模经营占比达到78.2%。与此同时,全县农业社会化服务组织达到 500 家,农业综合托管率达到 95% 以上。全县省级及以上农民合作社示范社达到 40 家,省级及以上家庭农场示范场达到 10 家,与新型农业经营主体建立利益联结机制的农户比例达到 63%。现如今,随着齐河县农业适度规模经营的范围不断扩大,社会化服务的市场需求也随之增加,二者形成了正向循环、交织发展。最终,齐河县种粮大户、家庭农场、粮食种植合作社和社会化服务组织等新型经营主体进一步规范提高,社会化服务水平显著提高,带动农民增收致富效果显著,现代化农业经营体系基本建立。

第二节　小农户的高质量发展路径

新时代新发展格局下,小农户作为我国农业生产的主力军,是粮食生产的供给者和保障者,在统分结合的双层经营体制下历经几十年风雨变迁,面临社会主要矛盾和消费需求结构的快速变化,承担着越来越多的压力和挑战。由于组织化程度不高、生产资料较少、运用现代生产技术能力弱等原因,小农户在发展现代农业时存在先天条件和动力不足的问题。但是,如本书引言所述,小农户家庭经营不仅过去是齐河县农业的主要经营方式,将来仍是主要经营方式。下文着重分析齐河县如何发挥小农户家庭经营的精耕细作等优势，激发其内生动力，在实现"吨半粮"产能的同时兼顾农民利益。

一、社会化服务支撑的"去繁就简"

相对于规模化经营，小农户生产存在短板，包括农业经营的"规模小"，也即所谓的"小生产"；兼业化渐成主流，农村的优质劳动力向城市转移；土地零星、分布在不同地方，且生产手段分散，技术进步的内在动力不强。正是由于小农户经营具有上述不足，改造传统农业，实现农业现代化，必须采取切实措施，加快提升小农户的经营能力，以适应现代农业建设与发展的需要。

社会化服务利用机械化和规模化的生产方式，免去了小农户在传统农业生产模式中面临的大量繁重劳动，使种地简单化。以齐河县为例，该县推广"产前"农资和良种统一采购、"产中"联耕联种和统一植保、"产后"代储代存等多样化的农业社会化服务形式，使小农户在适度规模的种植范围下，实现了以家庭为生产单位的种地简单化，在诸多耕种的环节上可以节省人力成本和时间成本。例如，兼业小农户没时间在地里巡视杂草和病虫害情况，只需按照周围大户的流程管理土地，即可保证基本产量。政府统一供应良种和实施"一喷三防"，免去了小农户在选种和施药过程中的试错成本。由此，小农户作为齐河县种植主体中投入成本最少、获取最新技术最慢的主体也能达到高产。

总结起来，齐河县以家庭为单位的小农户经营高质量发展，关键在于三个方面。第一，技术发展和社会化服务使小农户破除种植盈利低的困境，激励小农户继续坚持粮食种植。第二，种植环节外包可以保障小农户兼业的可能性,使小农家庭收益最大化。第三,社会化服务的标准化供给使小农户得以和现代农业经营体系有机衔接,缓解前述小农户生产与现代化大生产之间的矛盾,为小农户经营实现标准化和科学化提供了可能。

社会化服务之所以可以降低种植成本,是因为农村家庭联产承包责任制改革形成的农户规模普遍很小,达不到绝大多数农业要素的规模经济要求。因此,只要存在农业生产性服务供给,小农户的理性选择就是以服务外包配置农业要素。根据齐河县农业农村局测算,小农户个人防治每亩费用为 20—25 元,若全县范围内由政府购买服务进行统防统治,则每亩的防治成本可以降到 13—15 元,仅病虫害防治一个环节,就平均节省了 7—10 元的种植成本。农业生产性服务供给在历史上长期存在,为农业经营主体提供了可接续、未间断的服务外包要素配置方式。[①] 以齐河县政府购买的深耕服务为例,深耕是在小麦播种前对土地进行松土的环节,深耕后需要平整土地,重整田垄,防止土壤表层的水分迅速流失,有些农户因为需要抢农时播种,而拒绝政府提供的公益性社会服务。如果社会化服务体系完善,深耕服务后可以直接开展平整土地的相关服务,农户可以搭配购买,就能免除农户耽误农时的担忧,同时降低种植成本。社会化服务交易制度的建立可以通过降低交易成本来降低小农户的种植成本。交易成本的节约主要表现在:发达的交通、通信设施和信息传播渠道的多元化可以大大降低农民获取信息的费用;市场体系和市场规则的健全可以减少谈判、签订合同和监督执行的成本;完备的法律制度可以降低交易风险

---

① 芦千文:《中国农业生产性服务业:70 年发展回顾、演变逻辑与未来展望》,《经济学家》2019 年第 11 期。

等。由此可见,提高农业社会化服务水平是促进小农户与现代农业有机衔接的重要途径,但小农户购买服务又往往面临缺少现金等困难。有研究指出,我国农业社会化服务水平整体呈现"东高西低,北高南低"的分布格局。① 齐河县的经验表明,政府直接提供社会化服务可以解决小农户资金短缺问题,如"一喷三防""深耕深松"等服务使小农户在主要耕种环节实现了机械标准化作业。政府还承担了小农户参加培训的成本,比如高素质农民培训、专家下田、灾害预警等技术传播服务,使小农户也可以实现科学种田。齐河县小农户实现了种地简单化,兼业小农户与专业农户产量差别不大,原因在于齐河县整体的技术水平、农资产品、社会化服务体系已经达到较高的水平,加之高标准农田建设对水利、土地肥力因素的改善实现农业高产稳产。兼业小农户甚至无须长期居住于乡村,只需根据节气和同乡信息,照猫画虎地跟随其他农户的耕种流程,就可以达到与平均水平接近的亩产。由此,齐河县得以带动小农户进入现代农业分工协作体系,初步实现小农户与现代农业的衔接。

二、高技术平台之上的精耕细作

小农户的精耕细作是建立于耕地面积小的基础之上的,有限的劳动量可以更细致到每个环节。与传统时期小农户的精耕细作面临"内卷"困境不同,现代小农户在高技术平台上的精耕细作是高质量发展。黄宗智提出,华北地区的传统小农户大多是家庭式农场,由于中国人口增长和阶级分化的双重压力,小农户只能通过

---

① 雷坤洪、梁亚文、马睿泽、阮俊虎:《中国农业社会化服务:逻辑建构、水平测度与动态演进》,《农业经济问题》2024 年第 7 期。

增加复种指数、扩大经济作物种植面积等多种手段在小块土地上投入大量密集劳动，通过精耕细作使产量增长，但是劳动的超密集投入并未带来产出的成比例增长，出现了单位劳动边际报酬递减的结果。与传统小农户投入不同的是，现代小农户可以通过精耕细作实现"有增长的发展"。传统小农户的人口和劳动力超过了土地的承载能力且缺乏其他途径转移就业，形成了"隐性失业"，劳动力的机会成本趋近于零。而现代的小农户通过兼业的方式，家庭主要劳动力可以外出就业，农忙的时候与家庭辅助劳动力完成季节性生产，家庭劳动力得到充足的利用。同时，现代小农户是在高技术平台下的精耕细作，通过技术、资本和劳动力的投入实现了收益的增加。

通过齐河县小麦和玉米的种植流程，可以看到小农户在技术传播和社会化服务下精耕细作的过程。首先是小麦种植中对土壤肥力和水力的保障。齐河县小农户普遍通过"秸秆还田"增加土地有机质。"秸秆还田"必须把秸秆粉碎才能更好地提升土地肥力，齐河县秸秆粉碎机器的雇用价格在每亩 25—30 元。正是因为齐河县部分小农户进行"秸秆还田"，导致其土地地力更好，每亩产量提升约 100 斤。在翻地环节，齐河县小农户普遍通过深翻保墒，做到让土地上虚下实。深翻也可以依靠农机，价格为每亩 60 元。县政府也有深耕深松的项目，每三年免费服务一次。在压实土地保墒环节，需要先让拖拉机在耕地上往复行驶两遍压实土地，由此达到保持土壤里水分、降低水分蒸发量的目的。

在种子选择和播种环节，齐河县小农户得益于政府统一供应良种。20 年前，小农户普遍是自己选育种子，但现在 90% 以上的小农户使用的都是农技院统一选的种子，而且种子也有相关的补贴,国家每斤补贴1毛钱,玉米种子1.8元一斤,小麦种子1.5元一斤。麦种提纯一般是在每年5月20日左右,一般请5个人做3天,1天1人100元的成本。播种环节精细化要求最高,播种的速度不能太快,播种的深度也要适中,机械比人工操作具有显著优势。目前,齐河县的播种已经全部实现机械化和播种流程标准化。六七年前,小农户基本依靠本村大户的机械进行播种,人情式社会化服务对政府购买的普惠性服务发挥了补充作用。

当时每亩作业价格在20—30元,价格略低于外来机械。近四五年,小农户购买服务开始倾向于专业播种的机手服务,这类群体农忙季节毛收入每天1400—1500元,扣除成本的净收入约每天200—300元。

在播种完成后,小农户还会因田地情况实施补苗和杂草处理。在补苗环节,齐河县小农户普遍选择在大概播种后的半个月时人工检查秧苗情况,一般是自行补苗,如果外出打工没有时间也可选择雇佣劳动力完成,这项工作对体力要求较低,雇佣价格约为每天100元。在处理杂草环节,齐河县小农户普遍选择播种1个月以后进行,因为11月的小麦根系不发达容易死亡。但由于杂草尚小,直接大范围地喷洒农药会伤害小麦,要精细化地使用除草剂,减少对小麦的危害。有无人机的农户会选择自打除草剂,其余农户大部分是购买服务,服务价格是每亩5元,无人机一天可以完成100亩耕地的作业,人工每天的工作量喷洒的除草剂不足10亩。小农户通过劳动力和支出对比以后,普遍得出来"自己搞划不来"的结论。

此外,在农药施用环节,抗倒伏的农药施用一般是二月下旬、三月上旬,同样需要雇用无人机。杀菌抗病的药由农技院负责提供,农业农村局会发布领取通知,农药通过乡镇和管区最终下发到村一级。其余农药可以在周围的农资店购买,十分便利。病虫害防治在 4 月 20 日左右施行,主要是三防:防病、防倒伏、防干热风。三防对产量非常关键。在政府的宣传和"一喷三防"的工作效果下,小农户对农药的重视程度普遍较高。

施肥环节一般是在每年 3 月下旬。专业施肥机可以把肥料混进土壤里以提精准度,提高肥料的利用率,机器施肥的利用率可以达到 70%,雇用机器的成本是每亩 10 元,但小麦增产的收益更高,可以覆盖成本。小农户早期是把"返青水"混进尿素复合肥一起洒,但因为稀释以后不匀,水分过多导致肥料蒸发,利用率不到 30%,购买肥料还需额外支出 20 多元每亩,效果没有机器施肥好,因此越来越多的小农户现在也倾向于雇用专业机械。

最后,在收割环节,小麦产量受穗粒数和粒重的影响,早熟的小麦容易干瘪,所以不能过早收割,具体时间还需看天气,最佳收割时机稍纵即逝,需要"争秋夺麦"。机械作业价格是每亩 50 元,包含将收获的小麦送到家里,只收割不送货上门则是每亩 40 元。目前,齐河县小农户普遍种植两季作物,小麦收割完成的同时需要马上种植玉米,一般在 6 月中旬完成。玉米播种也需要赶农时,因为温度达到 20℃ 以下玉米将停止生长,一般早一天播种能早熟 1—3 天。玉米种穴理想深度在 4—5 厘米,能实现这一播种深度的机械价格为 9000 元一台,增收效果为 100 斤每亩。施肥和打药环节对玉米种植同样重要。玉米生长周期在 110 天左右,10 月初收获,整个生长周期要施 3 次肥才能实现高产。第一次是播种后 1 个月,第 2 次是玉米生长到 16—18 厘米时,第 3 次是大约 7 月底,玉米长到 1 米多高的时候。整个过程中先进的农业技术都需要搭载农用机械才能传播和实施。以玉米播种机为例,普通的播种机只能做到单一播种,不能同时施肥,而最新的播种机能够做到"种肥同施",并且在播种的时候将地面压平整,种子使用量也大幅减少,由原来的十四五斤种子降低为了三斤的用量,大大节省了农民的费用。

通过详细拆解齐河县小农户小麦和玉米的种植过程,可以清楚地感受到有两股力量支撑着小农户的种植。第一是农业科技的进步,无论是种子、化肥、农药等农资产品还是农机的进步,其背后都是农业技术进步带来的改变;第二是农业社会化服务体系的建设,专业化服务逐渐渗透到每一个耕种环节,使小农户经营也能实现标准化、机械化、科学化。在这两股力量的支持下,齐河县不仅克服了小农户经营与发展现代化农业之间的矛盾,也使小农户经营"精耕细作"的优势得以发挥。正是由于小农户的"精耕细作",相关技术才能瞄准小农户经营的痛点、难点,不断升级换代。也是因为小农户谨慎地计算种植成本与收益,倒逼社会化服务主体灵活创立服务模式,扩大服务种类,使小农户在"产前、产中、产后"都能享受标准化服务,实现高产稳产。

三、高产稳产与农民得利的现代经营之路

如何兼顾粮食安全与农民增收是我国"三农"问题中的核心议题之一。在我国城镇化与工业化快速发展的背景下,农业兼业化、农村空心化、农民老龄化等问题凸显,"谁来种粮""如何种粮"的问题是保障我国粮食安全的重要课题。诸多研究指出,小农户的粮食生产在长期内将仍然是夯实我国粮食安全根基的重要动力。但也有研究认为,小农户在经济利益的权衡下会选择放弃粮

食作物,转而种植经济作物,反而是家庭农场由于粮食作物比经济
作物更适合于机械化作业,为了节省劳动力成本而抗拒了耕地的
"非粮化"趋势。[①] 可见,小农户在我国粮食安全中发挥的作用仍
然存在地区差异和学术争议。

就齐河县的农业实践来看,该地区小农户坚持粮食种植且实
现了不同年份的产量高稳,是"吨半粮"产区的主要生产力量。根
据德州市第三次农业普查,按照小农户种植的小麦面积分类,2亩
以下的有5517户,占4.4%;2—5亩的有28657户,占22.8%;5—
10亩的有52417户,占41.7%;10—50亩有38661户,占30.7%;
50—100亩有365户,占0.29%;100亩及以上的有197户,占
0.16%。可见,齐河县的主要经营主体是50亩以下的小农户,而
10亩以下的最多,占68.9%。小农户的高产稳产构成了全县粮食
丰收的整体成果。2022年,齐河县粮食种植面积229.19万亩、总
产量28.75亿斤。实现20万亩最大面积集中连片"吨半粮"生产
能力,亩产1546.33公斤(小麦亩产693.91公斤,玉米亩产852.42
公斤)。小农户粮食高产稳产的背后是"吨半粮"生产能力建设下
的技术支持。齐河县划定了30万亩核心区、20万亩示范区和65
万亩辐射带动区,建立县、乡、管区、村四级指挥田13万亩,启动实
施高标准农田、耕地地力、现代种业、增产技术模式集成推广、现代
农机装备、科技服务网络"六大"提升工程,制定专项方案和奖补
政策,强化"八统一"等关键措施落实。据齐河县农业农村局统
计,自2011年起,全县累计整合各类资金13亿元以上,建成高标
准农田110.41万亩,占全县农田总量的85%,2021年获评山东省

---

① 刘依杭:《"谁来种粮":小农户与家庭农场的经营特征及逻辑选择》,《农村经济》2023
年第5期。

高标准农田整县推进示范县,2023 年新建高标准农田 10.4 万亩,实现高标准农田基本全覆盖。

小农户作为高标准农田建设的重要主体,现阶段的生产经营活动是基于现代农业科学技术和工业装备应用的基础之上,典型的手工劳动基本退出农业生产,畜力农具也很少被使用,农业基本走出了依靠世代经验积累种田的阶段。如今齐河县的土地生产率比 20 世纪 50 年代普遍提高了近 3 倍,这得益于一系列肥力改善措施。施肥、播种、喷洒农药、收割等环节小农户也是依靠接受社会化服务,实现机械化种植来提高土地生产率。正是因为农业技术的推广与社会化服务体系的广泛覆盖,促成了农业种植标准化和去人工化,小农户可以减少自家劳动力投入,依靠现有的技术与社会化服务获得较高产量、实现盈利。

此外,现阶段小农户家庭收入结构发生了巨大变化,农业生产收入占家庭全部收入的比重显著下降。越来越多的农户生产经营项目在减少,以满足家庭消费为目标的小而全的家庭经营结构在较大程度上已经消失。除自给性较强的蔬菜生产外,其他满足日常消费的产品,大部分农户选择从市场购入,农业专业化、商品化生产程度显著提高。家庭外部经营组织开始出现,如各类专业合作社。农户与外部经营组织的合作日益频繁,包括农业产业化经营、各种订单农业等。

除了粮食高产之外,齐河县小农户的产量稳定性良好。通过本章第二节对耕种流程的梳理,小农户经营的利润保障方式已然清晰。一方面,耕种标准化使得在齐河县整个耕种流程被所有的农户熟知,而在每一个耕种环节,农户都能感受到技术的进步和社会化服务的便利性,按照规范的流程进行耕种,产量就能稳定在高水平上。另一方面,半工半耕的兼业农民并不会在产量上受损。根据受访者估算,如果土地肥力相差不大,兼业农民小麦亩产在1200斤左右,普通的全职小农户亩产可以达到1300斤以上,种粮大户可以达到每亩1400斤,其实都是高产的范畴。

由此,小农户在高产稳产的基础上,实现了种地得利的效果。2023年,齐河县小农户每亩地的耕种总成本大约在1000—1200元、包括种子100元、肥料400元(其中底肥100元,追加其他肥料几十元)、农药60元,以及购买社会化服务的成本,在齐河县小麦亩产1300—1400斤、玉米亩产1800—2000斤的产量下,近年种植收益可达小麦约每亩每年2000元,玉米约每亩每年1800元。

在人工成本方面,家庭内劳动力对耕种的支持也是小农户种植成本降低、收益增加的关键因素。小农户的收益不仅考虑的是个人收益的最大化,也是家庭收益的最大化。当前,齐河县农业机械化和社会化服务发育都达到了比较高的程度,农业生产的所有环节都可以外包,为减少农业投入时间,农户可以把更多农业生产环节外包给专业的社会化服务组织或个人以获取边际劳动效益最大化。而且农户一般都选择机械化程度高、农业社会化服务市场成熟的"懒庄稼",即粮食作物或大田作物。因此,农业生产越来越便利,留守在家的老人或者妇女也能够轻松从事农业生产。在完善的社会化服务体系如机械化播种、机械化收割等服务支持下,农业生产中繁重的体力劳动逐渐被机器替代,劳动者纯粹年龄上的差别在生产过程中越来越小,老人和女性成为种田的主要劳动力。对家庭而言,每年耕地所产出的固定收益可能是家里的重要生活来源,如果家里有子女,需要有家庭劳动力留在家里更好地照顾孩子,子女的教育和健康成长也是重要的收益。

完善的社会化服务体系之下小农户也可以选择购买社会化服务来耕种而自己外出打工,这样既能获得耕种的收益,又能在外打工挣钱。也正是因为如此,齐河县农民流转农地经营权的收益小于自行耕种的收益。目前,齐河县的土地流转价格一般为每亩600—1000元左右,而每亩土地收益在2000元左右。以平均每家5亩计算,如果不流转土地每亩可以多获得1000元左右,一个家庭可多获得5000元左右。

耕地的收益对小农户而言既是外出兼业的退路与保障,也是家庭收入的重要组成部分。对半工半耕的农民而言,因为城市化、工业化和农业现代化正在稳步推进,农民获得了较多的就业机会。务工地点比较近的农户会选择在农忙时回家耕种,在农闲时外出务工,根据农作物的生长特点在城市和乡村之间穿梭,既兼顾了农业生产也保证了非农就业,这是农户基于自身条件作出的利益最大化决策。但外出务工存在较大的风险,尤其是就业市场前景不乐观的时候,外出务工的收益难以固定,此时耕种所产生的固定收益就是家庭重要的收入。

总而言之,齐河县小农户现代化生产模式的生成是农业科学技术发展和社会化服务体系建设的结果。齐河县的小农户已经脱离了传统农业经济的特征和属性,不能再用传统意义上或平均意义上的农业经济尺度度量现代化的小农户生产。目前,广大的小农户是齐河县实现"吨半粮"的主要经营主体,小农户经营模式更是齐河县实现高产稳产的重要模式。在社会化服务和高技术平台的加持下,小农户生产有望形成高产稳产与种地得利的正向循环。由于我国农业、农地、农民和农村四大场域都是多元形态混杂共存的局面,现代农业与小农户农业、承包与流转、去小农户化与再小农户化、乡愁与振兴问题交织。[①] 小农户通过粮食种植增收，不仅可以直接促进粮食安全和农民富裕，也对乡村治理和乡村振兴具有重要意义。

第三节　新型经营主体的高质量发展路径

多元经营主体是现代农业经营的重要特征，承认小农户生产在粮食安全中的主体地位，并不代表否认新型经营主体的关键作用。从齐河县农业发展进程来看，农业社会化服务体系的发展与完善，是齐河打造现代化农业强县的先行环节；农业多元经营主体的适度规模经营，是齐河县粮食产能提升的重要动力。近年来，齐河县农业社会化服务与适度规模经营之间形成了相辅相成、交织发展的关系，造就了粮食产能的连续提升，以及小农户、种粮大户、家庭农场、合作社以及农业企业的共同增收。下文将分析新型经营主体兼具服务主体和经营主体双重身份的生产模式与产能结构。

一、经营主体与服务主体的一体化

我国新型农业经营主体包括家庭农场、农民合作社、农业产业化经营组织、农业社会化服务组织等形式，尽管在组织架构、经营模式和分配机制等方面具有明显的差异，但都在不同程度上体现了新型农业经营主体的基本特征——具有适度的经营规模和带动

---

① 叶敬忠：《农政问题：概念演进与理论发展》，《社会学研究》2022 年第 1 期。

效应、较好的盈利能力和较充足的资金来源、市场导向下通过延长产业链来促进农业产业发展。

新型农业经营主体发展的过程也是农业社会化服务大发展的过程。传统小农户一般不需要跨区域、大规模的社会化服务。而随着单个主体经营规模的扩大，出于对生产稳定和利润最大化的追求，新型农业经营主体更愿意接受专业化、社会化的生产性服务。新型农业经营主体有了服务的需求，并通过规模经济来激励服务的供给，能为社会化服务发展创造良好的环境。同时，社会化服务体系为适度规模经营提供了前置条件，新型经营主体也能参与提供社会化服务，通过领办或合办社会化服务组织，为自己和其他经营主体提供高质量服务，有利于在更大范围内降低成本，拓展利润空间。

一方面，新型农业经营主体是社会化服务的供给者，依靠向其他经营主体提供专业化服务来盈利。随着新型农业经营主体的快速发展，在为小农户提供机械化服务、农业科技服务、合作金融服务和市场购销服务等方面成效显著，为小农户经济再造和以小农户经济为基础的农业现代化提供了可能性。以齐河县党支部领办合作社为例，截至2023年，共计819家合作社带动农户3万户，形成了稳定的利益联结机制，实现了村集体和农民增收。以农民专业合作社为例，这一新型农业经营主体有助于解决小农户和大市场之间的矛盾，在服务社员的同时实现自身的可持续发展，具有"化零为整"的效果。产业发展型、生产服务型专业合作社可以吸纳小农户入社抱团发展。齐河县某粮食种植专业合作社兼营粮食种植与社会化服务两类业务，服务对象中的小农户占到全部社员的90%以上，这些小农户的土地规模少的仅有两三亩地，多的达到了八九亩,合作社起到了资源整合的作用。此外,该粮食种植专业合作社吸纳的 40 多户带机入社的农机手,通过参与合作社对外托管服务,每人每年平均增收 2 万元以上。

另一方面,新型农业经营主体也是社会化服务体系使用者和受益者。在齐河县的案例中,正是依托于较为完整的社会化服务体系,新型农业经营主体可以顺利地通过流转土地实现规模化效应。例如,合作社把小农户、零散土地集中起来,整合机械装备、劳动力,统一采购生产资料、统一种植管理、统一销售农产品,在农业提质增效、农民增收的同时,也实现了村集体增收。刘桥镇西杨村的粮食种植专业合作社就是典型代表。2013 年 9 月,该合作社由 37 名成员发起,建社初期发展社员 77 人,入社土地 818 亩。经过 1 年的发展,2014 年入社户数达 312 户,入社土地 3306 亩,全村入社率达 100%。在合作社的运营下,全村土地实现统一技术指导和服务、统一良种供应服务等“八统一”服务,形成从种到收的链条模式。而且新型农业经营主体不是只联系小农户,而是呈现出多层次的发展结构,部分由乡村能人主导的“家族合作社”逐步成长、壮大为农业产业化经营组织,呈现出第一、二、三产业融合发展特征。

此外,农业产业化联合体、农民专业合作社联合社、家庭农场服务联盟、产业协会等新型农业经营主体开始崭露头角。根据 2022 年统计结果,齐河县共培育农民专业合作社、家庭农场、种粮大户等新型农业经营组织、农业社会化服务组织 2800 余家,粮食综合托管率达到 91%,年社会化服务面积达到 900 万亩次,亩均节本增效 300 元以上,带动 1016 个村集体经济收入全部超过 20 万元,有效实现了村集体、农民、社会化服务组织三方共赢。

在齐河县下一步的新型农业经营主体培育计划中,预期以党支部领办合作社或村集体经济组织为重点,选择2—3个村探索集中连片或整村推进的全程托管模式,探索绿色高产高效的托管服务形式。社会化服务体系能够层层向下传递技术,由大合作社向小合作社、小农户依次提供服务,而通过社会化服务网络的建设使不同经营主体之间良性互动、共同发展。

总而言之,齐河县的案例表明,新型农业经营主体不仅作为适度规模经营的一方,通过服务需求促进了社会化服务的系统化,还作为社会化服务的供给方,通过供给增加,直接构成了社会化服务体系的重要一环。已有研究指出,我国当下的农业现代化亟待解决的关键问题是小规模农户如何能够和现代化的衔接,第一种方法是通过将小农户的农地经营权进行流转,通过土地规模化实现经营规模化;第二种方法是通过健全的农业社会化服务体系建设推进服务规模化,二者相辅相成,而我国应该以后者为主。① 由此可以推论,新型农业经营主体同时作为社会化服务的供给主体和适度规模经营主体,并行推进了我国农业现代化高质量发展。

二、适度规模经营叠加社会化服务的集约化耕种

齐河县的种粮大户比小农户对新技术的获取与应用更为积极。由于种粮大户以粮食种植为主业,不同于半耕半工的兼业模式,对亩产提高带来的边际收益增加更为敏感,在高产稳产的基础上力求降低成本的集约化生产。有研究指出,土地流转虽然有助于新型农业经营主体实现粮食生产的集约化、专业化和组织化,增

---

① 孔祥智:《中国式农业现代化的重大政策创新及理论贡献》,《教学与研究》2023年第2期。

加粮食单产,但是由于流转产生的租金费用抬高了土地成本,在粮食种植的收益较低的情况下,经营主体有动力将耕地转向非粮化生产,由此,从全国范围内看,土地流转反而降低了粮食产量。①而且农业生产过程不同于工业,并非扩大规模后一定能够带来生产效率的提高,反而会因为农地流转引发粗放经营,降低土地产出率,加之土地流转过程本身产生的经济成本和交易成本,粮食种植成本上升压缩了利润空间,也会带来耕地"非粮化"和"非农化"的问题。② 齐河县却通过系统的社会化服务体系,降低了大户的种植成本,提高种植效率,以节本增效增强盈利能力,避免了耕地"非粮化"困境。

一方面,齐河县耕种面积较大,有利于大型农机作业,促使机械化种植,实现耕种的标准化、体系化。另一方面,齐河县完善的社会化服务体系能使不同服务环节得以联系起来,用较低的组织成本实现标准化种植,快速地推进新技术、新产品,减少农资产品、农机服务的投入成本。例如合作社一方面通过集中采购农业生产资料压低了中间环节的农资成本,另一方面通过标准化统一作业生产,减少了种植管理成本。2023 年某粮食种植合作社按照小麦、玉米两季测算,两项加起来农户每亩地比原来自主管理可减少生产成本 217.5 元,降低 22.3%;并且通过订单模式,将小麦卖给种子企业,每斤比普通小麦高出 0.12 元,按照亩均单产 1100 斤计算,仅此一项每亩就可增收 132 元。农业生产适度规模化带给农民的利益可见一斑。

---

① 靳卫东、房芳、陈佩奇:《土地流转有助于提升粮食安全吗——基于土地经营方式转变的分析》,《中国地质大学学报(社会科学版)》2023 年第 4 期。

② 唐金玲、匡远配:《农地流转的粮食增产效应测度及调适——以湖南省 2005—2016 年的数据为例》,《湖南农业大学学报(社会科学版)》2019 年第 6 期。

但规模效应也存在边界，其产生的第一个问题是规模过大，无法精耕细作，导致每亩产量降低。例如收割机在进行大规模收割时，往往会存在一些遗漏的部分，对于小农户来说会选择自己收割，减少损失，但是对于大农户来说减损成本难以覆盖收益。大规模种植也存在灌溉问题，如果雇人进行人工浇地，不仅效率较低，且难以在农时的时间范围内完成灌溉，一天一个人最多浇5—6亩地。并且，大规模耕地同时灌溉会导致地下水急剧减少，水量总体紧张，水速降低，难以及时完成作业。如果选择建立滴灌带，就会涉及长期投入，首先是每亩2000元的投入成本过高；其次，使用周期长伴随着后期维修成本高，滴灌带深埋在地下维修难度大，且主管道坏了以后副管道也就无法使用了；最后，滴灌带等基础设施是不可移动的，但是地块经营权是高度不确定的，因此很多企业或者合作社也不愿意建滴灌带增加灌溉效率。

规模过大的产生的第二个问题是监管成本上升。无论是"产前、产中、产后"的每个环节都需要雇用农民进行作业，而每次雇用就会涉及监管成本。例如对农机手的管理和监督，以及玉米收割的时候，一些企业和合作社需要专门雇人对田地进行巡逻，防止当地村民盗窃玉米，但是雇人巡逻的价格较高，使监督成本超过了玉米产量损失的部分。因此，规模经营需保持在有效率的尺度之内才能发挥集约化经营的优势。

集约化经营的优势包括更强的盈利能力和发展动力。新型农业经营主体盈利能力比小农户更强，进而农业投入能力更强，有利于新型农业经营主体进一步扩大流转土地的规模。而新型农业经营主体的资金来源也更充裕。除自有资金外，银行或信用社贷款、其他个人或单位借款以及政府补贴或项目扶持等，也已成为新型农业经营主体所需资金的重要来源。例如,齐河县政府通过采取优先承租流转土地、提供贴息贷款、加强技术服务等方式,鼓励有长期稳定务农意愿的小农户稳步扩大规模,在种植、养殖、种养结合等领域,培育产业特色鲜明、经营规模适度、运作管理规范、总体效益明显的家庭农场。

新型农业经营主体经营规模扩大和产品商品化率提高,使新型农业经营主体具有更强的发展动力。首先,联合其他市场主体可以带动农业产业体系发展。例如由国有农企集团牵头的联合社,构建粮食供种、种植、收获、仓储、加工、销售全链条一体化的农业产业化体系。其次,新型农业经营主体通过发展粮食深加工产业,延长产业链,增加产品附加值。齐河县引进中粮、鲁粮、旺旺等36家龙头企业落户建厂,粮食就地加工转化率达到80%,食品产业产值突破百亿。通过粮食深加工产业,齐河县优质粮价格高于市场均价7%、农民亩均增收230元以上,年销往省外面粉4.3万吨,落实地方粮食储备6.2万吨。最后,新型农业经营主体还可以通过形成品牌效应,增加销量,进一步扩大产业规模,增强盈利能力。齐河县拥有"齐河小麦""齐河玉米""华夏一麦"等"三品一标"认证产品74个、省级知名农产品企业品牌7个、名优特新农产品3个。注册成立"黄河味道·齐河"区域公用品牌,整合圣喜酱牛肉、友康食用油等44个涉农商标、200多种产品,与北京、天津等13个省市的500余家连锁超市、社区驿站联动合作,累计销售额3亿元。

总之实践表明,各类新型农业经营主体的集约化经营,已成为带动农民就业增收、发展现代农业的主要力量。目前,我国农业经营主体已实现由改革初期相对同质性的家庭经营农户占主导的格局,向现阶段的多类型经营主体并存的格局转变,新型农业经营主体日益显示出发展生机与潜力,适度规模经营与社会化服务共同推动了新型农业经营的现代化发展。

三、节本降耗与提质增效的绿色发展之路

绿水青山就是金山银山。在粮食高产稳产的基础上,近年来农业农村部会同有关部门将绿色发展作为实施乡村振兴战略的重要引领,提出遵循农业生产规律,注重地域特色,推进农业绿色发展。2023年,齐河县将节本降耗与提质增效作为更高的工作目标。绿色高效农业提质工程实施也离不开社会化服务体系的支撑,其作用机制在于以社会化服务体系的完善推动农业标准化发展。齐河县通过紧紧围绕现代农业基地化、机械化、标准化、产业化生产经营,打通现代农业基础设施建设"最后一公里",大力加强高标准农田建设,提高现代农业标准化水平。

齐河县政府促进绿色农业节本降耗的工作主要依托于新型农业经营主体。截至2023年,全县培育新型农业经营组织、社会化服务组织2800余家,粮食综合托管率达到91%,农机保有量超过4万台,年社会化服务面积900万亩次,亩均增产100斤、节本增效300元。小麦、玉米收获环节损失率分别降至0.8%和1.5%以下,分别低于国家规定作业质量标准1.2个和2个百分点。

首先,2022年,齐河县提出坚持"六化"同步推进促进绿色农业提质增效,机械化程度进一步提高。"三夏"期间,投入农机1.4万台,外引跨区作业机械300台,依托县属国企、486家社会化服务组织,组建县乡应急服务队16支,在高速公路出入口、主要干道设置"三夏"农机跨区作业接待服务站,提供属地登记备案、信息

指引、作业对接、用油维修等一站式服务。

其次，齐河县着力推行粮食代烘干、代加工、代储存、代清理、代销售"五代"服务。依托于国企集团的5000吨以上38座智能化恒温粮仓，可增加粮食储备19万吨；建设日烘干量200吨烘干塔1台、300吨烘干塔30台、600吨烘干塔1台、1000吨烘干塔1台，日烘干能力达到10800吨，在全国产粮大县中率先实现乡镇全覆，实现粮食从地头直接烘干入库，实现粮食年减损7000吨。

再次，由国企与农户签订粮食种植和收购协议，村党支部领办合作社以高于市场价格统一收购，乡镇联合社对收购粮食进行管理统计。县属国企提供"收干储销"一条龙服务，齐河县第三汽车运输公司成立粮食运输服务车队，拥有运粮车30辆；晏城国家粮食储备库引进机械设备8台，车辆驶上液压翻板后可一次性卸净粮食，减少以往粮食运输环节因遗漏、抛洒和转运造成的粮食损耗。全县原粮散装、散运、散卸、散存"四散化"运输比例达到80%，亩均减损达到5%。

在提质增效方面，齐河县一方面探索建立了具有地方特色的农业社会化服务标准，另一方面进行农田基础设施建设。2015年，在全国率先制定了《山东省齐河县小麦、玉米质量安全生产标准综合体县市规范》《山东省齐河县小麦、玉米生产社会化服务标准综合体县市规范》，是全国首个粮食安全生产和农业社会化服务标准综合体的县（市）规范。齐河县严格执行小麦、玉米生产的水质、大气、土壤、耕作、管理、科技、农药使用、肥料选择、社会化服务等农业标准规范，让社会化服务组织有"标"可依，以服务质量确保了农业全过程绿色高质高效生产。科学的增产方案根据实际情况制定病虫害防治技术，科学用药减少了使用次数，保护环境的同时实现增产增收。

在服务落地的过程中,齐河县有一套更加严格、标准更高的服务标准。胡官屯镇某粮食种植合作社在农业生产托管服务合同中明确了各个服务环节的作业标准,例如要求玉米机收在收割环节籽粒损失率≤2.0%、果穗损失率≤3.0%、籽粒破损率≤1.0%,切断长度合格率≥98%,割茬高度≤10厘米;深耕环节,要求耕深达到28厘米以上,耕深稳定性≥85%,碎土率≥50%。目前,齐河县80万亩粮食绿色高质高效示范区内测土配方施肥、绿色植保、小麦宽幅精播、深耕深松、机收减损等关键技术到位率达到100%。

此外,增强农业科技支撑能力,组建由技术专家和县技术人员构成的专家团队,每年服务下乡1300人次以上。通过推广测土配方施肥、水肥一体化高效施肥等技术,2023年,齐河县化肥使用量较2020年减少3%,主要农作物化肥利用率达到42%,农药使用量较2020年减少6%,全县秸秆综合利用率达到97%以上,畜禽粪污综合利用率保持90%以上。

总而言之,齐河县正在试图通过大力发展多层次多类型的农业社会化服务,在高产稳产的基础上,进一步追求农业节本、提质、增效的高质量发展道路。财政支持的高标准农田建设、机井建设等耕地基础设施建设,使土地肥力、水利条件得到提高,减轻了农民在土肥和水利方面的负担。事实表明,具有本土特色的现代农业的高质量发展道路,能够兼顾粮食安全与农民利益。

结　语　立体式复合型的现代农业经营体系

　　粮食种植是农业现代化的基本议题,增强自身粮食和重要农产品的供给保障能力是我国建设农业强国的首要任务。纵观世界范围内的农业发展与国家发展,凡农业强国必然是已经实现了农业农村现代化的国家;而已经实现了农业农村现代化的国家,诸如日本、荷兰、以色列等,则未必都是农业强国。其根本原因就在于,这些国家没有能够依靠自身力量解决国家的食物保障问题,这就始终将他们的国民置于极端情况下食物供应链可能面临断裂的风险之中。[1] 因此,"种粮富农"的经营体系、高产稳产的粮食生产,是"民之所盼"与"国之大者"的紧密结合。农业强国与现代化建设又呈现相辅相成的关系,我国以现代化建设推动农业强国建设,又以粮食安全维护中国式现代化事业的稳步推进。现代农业经营体系的创新,是在坚持农村土地集体所有、家庭经营基础性地位的前提下,破解小农户生产与现代化生产之间张力的必由之路。我国农业现代化的总体发展方向,是以农地经营权流转和农业社会

---

　　① 陈锡文:《当前农业农村的若干重要问题》,《中国农村经济》2023 年第 8 期。

化服务实现规模化、机械化、技术化的农业生产。本书梳理了山东省一个产粮大县近半个世纪的农业生产发展历程,重点对该县域内近 10 年期间农业社会化服务和多元农业经营主体的形态进行了剖析,论证了这是一条行之有效的农业现代化建设道路。

第一节　国家农业现代化战略的县域实践

农业现代化是中国式现代化建设的重要一环,粮食生产是农业农村现代化的物质基础。为了推动农业现代化建设和高质量发展,国家出台了各类强农惠农政策,一系列农业政策如何真正落实到田间地头正是本书重点探讨的问题。县域作为我国地方治理的基本单元,无疑是剖析农业政策落地的理想场域。本书的结语部分继续以齐河县为案例,总结国家层面的粮食种植面积和耕地保护政策如何在县级层面高效落实,涉农财政补贴如何在县域层面发挥最大作用,农业科技如何在县域层面转化应用等实践问题。提炼县域立体式复合型现代农业经营体系的建设路径,不仅有助于拆解构成我国农业发展和粮食安全体系的基本模组,还有助于探索保持农村长期稳定、促进城乡融合发展的善治之路。

一、政策执行:国家农业政策的有效落地

为了让农民能够种粮得利,进而夯实粮食安全根基,实现强农强国的战略目标,国家持续加大支农财政投入,实施了一系列的补贴、奖励与扶持政策。其中包括实际种粮农民一次性补贴、耕地地力保护补贴以及农机购置与应用补贴。各地区补贴对象在实际操

作中有所不同,或为直接承担农资价格上涨成本的种粮者,包括利用自有承包地种粮的农民,流转土地种粮的大户、家庭农场、农民合作社、农业企业等新型农业经营主体,以及开展粮食耕种收全程社会化服务的个人和组织或为拥有耕地承包权的农民。并且通过农业信贷担保服务、农业保险保费补贴,降低农民种粮风险、提升农业投资能力;支持符合条件的农民合作社、农村集体经济组织、专业服务公司和供销合作社等主体开展社会化服务,推动服务带动型规模经营发展。①

在对种粮主体实施奖补与保障之外,我国以中央财政投入推动高标准农田建设,因地制宜实施田块整治、土壤改良、灌溉和排水、田间道路、农田输配电等建设内容,加强农业基础设施建设,提高农业综合生产能力。在部分耕地酸化、盐碱化较严重区域,试点集成推广施用土壤调理剂、绿肥还田、耕作压盐、增施有机肥等治理措施。集成推广新技术、新品种、新机具,打造粮食示范基地,示范推广重大引领性技术和农业主推技术。

《国务院关于印发"十四五"推进农业农村现代化规划的通知》中指出,当前和今后一个时期,我国农业农村发展仍面临不少矛盾和挑战。在农业生产方面,农业基础依然薄弱,耕地质量退化面积较大,育种科技创新能力不足,抗风险能力较弱,农业质量效益和竞争力不强。在农民增收方面,种养业特别是粮食种植效益偏低,农民就业制约因素较多,支撑农民增收的传统动能逐渐减弱、新动能亟待培育。② 这说明国家农业政策在基层的有效落实

---

①　《财政部 农业农村部发布 2022 年重点强农惠农政策》,2022 年 6 月 10 日,https://www.gov.cn/xinwen/2022/06/10/content_5695131.htm。

②　《国务院关于印发"十四五"推进农业农村现代化规划的通知》,2021 年 2 月 11 日,https://www.gov.cn/zhengce/content/2022/02/11/content_5673082.htm。

仍然是一个值得探讨的问题。

已有研究指出,国家政策在基层执行中面临部门协调的问题,当主管部门并非具有资源配置和协调功能的部门时,与之平级的非主管部门缺乏动力为其负责的政策落实付出执行成本。[①] 除政府内部的协调问题之外,还有研究指出,我国农业政策执行过程中农民处于缺位状态,基层政策目标群体参与感和主动权的缺失,放任了地方政府消极应付性执行和机械象征性执行国家惠农政策,各种形式主义消解了国家政策的助农功能。[②] 那么,齐河县如何克服政策执行中的协调困难并且动员农民参与其中呢?

首先,齐河县通过领导小组的形式解决县级部门之间的协调问题,推动国家农业政策的有效执行。农业生产社会化服务综合标准化工作领导小组的组长为县长,副组长为分管县长,成员包括县农业农村局、水务局、质监局、财政局、金融办、审计局、供电公司、供销社等相关部门主要领导,以及乡镇和县直有关部门分管领导。由此,齐河县借助县委、县政府、县级部门、乡镇部门共同构成的三级架构,节省了条块之间的协调成本,大大降低了农业部门的政策执行难度,确保了在县域层面将国家补贴与相关要求的落到实处。2010—2015 年,齐河县共落实各级各类粮食补贴资金 9.2亿元,其中包括国家对产粮大县的补贴资金 2.2 亿元。[③]

其次,在领导小组推动各部门紧密配合的基础上,齐河县通过社会化服务的政府供给和技术人员包村包户的形式,分别联结了

---

① 李蹊:《避责型块内分割:新型城镇化下小城市户籍改革困境分析》,《北京工业大学学报(社会科学版)》2023 年第 3 期。

② 黄建红:《基层政府农业政策执行悖论与应对之策——基于"模糊—冲突"模型的分析》,《吉首大学学报(社会科学版)》2022 年第 2 期。

③ 孟令兴主编:《"齐河模式"打造华夏第一麦》,中国农业出版社 2015 年版。

农业社会化服务主体与农民,在一定程度上克服了农业政策目标群体缺位的问题。具体而言,齐河县农业农村局借助粮食生产标准指标、政府购买普惠性社会化服务,以及县乡两级一批经验丰富的农业技术人员来推动县级政策落到田间地头。例如,在统防统治的工作中,县农业农村局在作物播种前 30 天会下达各乡镇玉米、小麦全程统防统治的面积指标,由县植保站根据服务组织的服务能力分解面积指标,服务组织根据各服务队所在村庄自行确定统防统治的具体地块。在服务过程中,由本村派代表进行监督并签字确认服务质量,服务完成后由政府统一验收。在特殊天气和灾害时期,农业技术人员则直接进入承包区域进行田间指导,尤其是种粮大户与乡镇农技人员的联系频繁且密切。

最后,齐河县为了调动村党支部书记的工作积极性,吸引较高素质的人员担任村党支部书记,由县财政统筹发放工资并缴纳养老保险。许多地区村级组织承担的治理任务日益繁重,村干部专职化导致了村干部权责不对等、激励保障不足等一系列现实问题。齐河县的农业政策落实同样也需要依靠村干部的大量工作,该地村党支部书记的工资分为基础工资、星级工资和绩效工资三个部分。2015 年,村党支部书记的基础工资为每月 1000 元,星级工资人均每月 3500 元,每年"七一"发放一次;绩效工资每月人均 5000元,每年年底发放一次;最终村党支部书记的年均工资达到 2 万元以上,相当于该县一个普通乡镇工作人员的工资水平。① 由此,在种粮补贴的发放、社会化服务的组织与监管、党支部领办合作社等各项任务中,村级党组织和村委会的配合度得到了基本保障。

---

① 孟令兴主编:《"齐河模式"打造华夏第一麦》,中国农业出版社 2015 年版。

总体而言,齐河县政府内部已经形成了"重农"的氛围。2014年,齐河县委、县政府决定为县农业农村局记集体三等功,以表彰其在全国范围内率先实现了"吨半粮"的 20 万亩核心区创建。齐河县粮食生产取得的成就是齐河县政府的重要工作绩效之一,构成了财政激励之外的政绩激励。县级政府获得的激励又转换成为各级农业干部和农技人员高于周边县市的工作热情与工资水平,政府重视与农业绩效之间形成了良性循环,农业生产成为中心工作。最终,政府"重农"的政策氛围与农民"惜地"的社会氛围相融,发挥了"1+1>2"的作用。

二、政策再造:县域标准的设立与推广

在县域内建立一套高产稳产的现代农业经营体系,仅仅依靠对国家政策的有效落实并不足够,还需要县级层面将宏观农业政策进行融合再造。已有研究指出,基层政府需要将国家政策进行细化,既包括分解政策目标和任务,也包括有效融入地方性特色,最终根据上级政府的要求,结合本地的实际情况完成政策的转化与执行。[①] 齐河县正是在有效落实国家政策的基础上,进一步尝试了地方性的政策细化与创新,其地方性政策的梳理详见附录二与附录三。

总体而言,齐河县本身作为打造粮食高产区的试点,在县域内部又通过示范户、示范区的工作方式,由点到面地进行标准化农业生产的推广。早在 2008 年,山东省德州市已经开始了粮食高产创建活动,齐河县被选为先行先试地区,在县内焦庙镇、赵官镇、刘桥

---

① 杜其君:《政策细化:一种政策适应性的再生产方式》,《公共管理评论》2023 年第 1 期。

乡三个乡镇分别建立了万亩示范片,通过财政投入建设农业基础设施,集中配套地使用增产技术;当年3个万亩方小麦、玉米夏秋两季单产便达到了1230千克,超过同年全县平均水平111千克。

在小范围试点取得成功后,齐河县逐步扩大高产示范区的范围。2009—2010年,县财政筹资5000多万元,用于打造5万亩高产创建核心区。2012年,齐河县追加投资1.3亿元,在5万亩核心区的基础上向西扩展,打破乡镇的行政边界,整合建设了10万亩核心区。2013年,县政府投资2.2亿元,核心区建设向东、北两个方向扩展,面积扩大到了20万亩。随着示范区范围的扩大,对周边村庄起到了辐射与带动作用。齐河县粮食高产核心区与示范区的创建历程如表6-1所示:

表6-1　齐河县高产核心区/示范区创建历程

时间	财政投入 (亿元)	建设面积与名称	两季平均亩产(千克)
2008年	—	3万亩高产示范区	1230
2009—2010年	0.5	5万亩高产创建核心区	1344(2010年测产)
2012年	1.3	10万亩高产创建核心区	1502.3(2014年测产)
2013年	2.2	20万亩高产创建核心区	—
2015年	9.7	80万亩吨半粮高产高效创建示范区(含20万亩核心区)	—

资料来源:齐河县农业农村局。

在通过示范区建设积累了一定经验之后,齐河县着力于农业生产和社会化服务标准的设立,将国家农业政策细化为符合本地农情的指标体系,使宏观农业政策与本县实际相结合。该县在全国率先开展了县级农业综合标准化研究,首次出台了粮食标准综合体的县级规范。2015年,齐河县联合其他国家部门及高校、科研院所等专家,共同研究制定了《小麦、玉米质量安全生产标准综合体县市规范》和《小麦、玉米生产社会化服务标准综合体县市规范》,规定了齐河县小麦、玉米生产社会化服务和质量安全保障的发展目标、建设内容、技术要求、建后管护等方面的可操作的具体标准,力求实现粮食生产的简单化、方便化、标准化和社会化。

在标准设立的当年,齐河县计划以 9.7 亿元预算建设 80 万亩"吨半粮"高产高效创建示范区,范围涵盖了 7 个乡镇,约 500 个行政村,分为东西南北四大片区以及 20 万亩核心区,用于落实小麦、玉米种植社会化服务综合标准化建设。[①] 社会化服务的标准化供给也是小农户得以和现代农业经营体系有机衔接的关键。目前,齐河县社会化服务市场主体可以灵活、全面地开展服务,而标准化的设定使市场秩序得到保障。一方面,标准化意味着机种、机耕、飞防等服务项目的统一以及机手培训的统一;另一方面,服务标准有助于服务过程监督和质量检查,均有助于保证缺乏议价权的小农户获得较高的服务质量。

总而言之,齐河县通过领导小组推动的方式克服了部门间的协调困难,将粮食产量提高取得的政绩激励有效转化成了各级各部门工作人员的动力,有效落实了国家农业政策。并且,通过逐级发包的社会化服务的技术传播,将小农户和各类新型农业经营主体纳入了现代农业经营体系之中。在长期积累经验之后,通过农业生产和社会化服务的标准设立、粮食高产示范区建设等方式,在县域内进行了政策细化,总结出了一套适合本地农情的农业经营模式。基于此,立体式复合型现代农业经营体系的齐河模式得以

---

① 孟令兴主编:《"齐河模式"打造华夏第一麦》,中国农业出版社 2015 年版。

形成,下文将把齐河县的实践与全国经验进行比对,归纳齐河模式的普遍性与特殊性所在。

第二节　立体式复合型体系建构的地方经验

立体式复合型现代农业经营体系的内涵是:以农户家庭经营为基础、合作与联合为纽带、社会化服务为支撑的农业经营体系。其作用在于通过主体联农、服务带农、政策强农,逐步将小农户引入现代农业发展轨道。截至目前,全国范围内已经初步形成了以家庭农场为基础、农民合作社为中坚力量、农业产业化龙头企业为骨干、农业社会化服务组织为支撑,引领带动小农户发展的立体式复合型现代农业经营体系。[①] 齐河县作为产粮大县,其现代农业经营体系既具有地方特色,也具有普遍意义。本节试图将齐河县地方经验与全国普遍经验进行对照,在立体式与复合型的要素构成之中,挖掘齐河县地方特色,总结华北地区城市近郊县域的现代农业经营模板。

一、菜单式服务支撑小农户种地得利

齐河模式与全国经验的一致之处在于社会化服务体系对小农户的粮食生产起到了节本增效的助推作用。社会化服务体系支撑的现代农业经营体系一方面实现了农业生产的集约经营和集成服

---

① 《国务院关于加快构建新型农业经营体系　推动小农户和现代农业发展有机衔接情况的报告》,2021 年 12 月 21 日, http://www.npc.gov.cn/npc/c2/c30834/202112/t20211221_315449.html。

务,降低了小农户生产成本;另一方面推动了一批有素质、有条件、有意愿的小农户从土地中脱离出来,投身农产品加工、流通和相关服务等领域,转化为现代农业产业链和服务体系中的产业工人,扩宽了农民的增收渠道,实现了农业价值链增值。据农业农村部近年的抽样调查显示,采用生产托管方式种粮,比农民自种或流转土地种粮的纯收益提高了 20% 以上,全国市级以上农业产业化龙头企业共吸纳近 1400 万农民稳定就业,各类农业产业化组织辐射带动 1.27 亿农户,户均年增收超过 3500 元。①

齐河模式的地方特色首先在于小农户的生产组织方式,以及家庭内部的劳动力和土地资源配置方式。值得注意的是,齐河县小农户并非小农经济的属性,而是现代化大农业中的一环。得益于齐河县的农业经营生态系统,小农户享受着高标准的农业社会化服务、农业技术和农资供应等便利条件,因此能够在家庭经营及有限的劳动力投入条件下实现高水平的农业生产。更为重要的是,通过资金、技术和土地使用权等要素的积累,小农户中不断孕育出种粮大户等新型农业经营主体,多元主体之间的密切合作也为新型农业经营主体的不断生成和发展提供了坚实的社会基础。

从构成主体来看,齐河县的小农户既包括以耕种为主的"半劳动力",也包括半耕半工的壮劳力。小农户以家庭内部的土地适度规模经营为主,以在就业市场失去工作机会的老年人和女性为主要劳动力。在传统的小农户耕种模式下,这些"半劳动

---

① 《国务院关于加快构建新型农业经营体系 推动小农户和现代农业发展有机衔接情况的报告》,2021 年 12 月 21 日,http://www.npc.gov.cn/npc/c2/c30834/202112/t20211221_315449.html。

力"难以在农时之内完成抢种抢收等重体力劳动,但如今在菜单式社会化服务的帮助下,则可以较为轻松顺利地完成10—30亩的粮食种植与收储任务。前文对粮食种植的成本收益计算已经表明,小农户获取菜单式服务后的种粮收入高于将农地经营权流转出去的租金收入,也高于将粮食生产全流程托管出去的卖粮收入结余。

由于齐河县路网发达且地理位置便利,本地农民拥有较长的外出务工历史与习惯,青壮年劳动力的非农就业对本地市场的依赖程度不高。加之齐河县粮食种植可以得利获益,除老年农民之外,该县有条件的小农户多数会选择进行兼业。相比于全国经验总结中的农民离开土地在农业产业化龙头企业就业,齐河县只有青年农民选择脱离土地,壮年农民或者成长为粮食种植的种粮大户、家庭农场乃至合作社,或者采取半工半耕的兼业模式在济南市等邻近城市务工。当小农户成长为组织化程度更高的新型农业经营主体之后,在粮食种植收入的规模效应之外,还可以获取作为服务主体的经营性收入。而且相较于外来资本获取这部分收益,本土农民从事农业经营更为直接地促进了农民增收。

由此,齐河县形成了不同于我国大部分地区人口老龄化对粮食安全和农业可持续发展形成挑战的局面。有研究指出,全国范围内农村人口老龄化对农业生产的损害来自两个方面:一方面,老龄化农民倾向于经营小规模的农场,耕地更可能被部分抛荒;另一方面,教育水平较低的老龄化农民较少根据科学的、最先进的方法对农田进行有效管理。有数据表明,老龄化比例每增加一个百分点,农场规模就会减少0.29%。2019年,在我国农村人口老龄化背景下农场规模减小了 4%,共有 400 万公顷的土地流转或摞荒,化肥、有机肥和机械等农业投入随之减少,农业产出和劳动生产率分别下降 5% 和 4%,农民收入平均下降了 15%。①

鉴于此,部分学者认为面对人口老龄化的挑战,需要转而依靠平均教育水平更高的年轻农民经营大型农场来扭转颓势。而又有研究表明,大型农场的运营往往面临乡土困境:外来资本经营的公司型农场普遍存在作物失窃、雇工监督等难题,内外有别的观念使投机行为在村社内部"正当化",村庄舆论默许、纵容甚至激励了村民针对外人的偷窃行为,农场强力的应对措施反而会固化村民内外观念,并且触及乡土社会中的善恶判定,使问题越发难以解决。② 为了避免本地农民的工作时长较短和工作质量较低的问题,不乏农业企业舍近求远地雇用外地劳动力。③

齐河县的农业生产在成系统、广覆盖的菜单式服务支撑之下,得以同时容纳老年群体等"半劳动力"与兼业劳动力,这些群体也反过来形成了对菜单式服务的需求。如前文所述,齐河县农村的种粮大户、农机手、村镇农资店等个体形式的服务主体,具备数量多、距离近、密度高、形式多样且对接灵活的优势。对小农户而言,上述主体提供的菜单式服务,对政府提供的普惠性社会化服务形成了有效补充。对社会化服务供给者而言也增加了农业收入之外的服务收入。而如附录一所示,齐河县发达的社会化服务市场保障了服务价格的相对合理,给服务主体留有盈利空间的同时,让小

---

① Chenchen Ren, Xinyue Zhou, Chen Wang, et al., Ageing Threatens Sustainability of Smallholder Farming in China, *Nature*, Vol.616, No.7955, 2023, pp.96-103.
② 徐宗阳:《农民行动的观念基础——以一个公司型农场的作物失窃事件为例》,《社会学研究》2022 年第 3 期。
③ 陈航英:《土客结合:资本下乡的用工机制研究》,《社会》2021 年第 4 期。

农户能够负担得起。

　　综上所述,齐河县形成了一套适合华北郊区农村的小农户生产方式和发展路径。在社会化服务体系的支撑之下,齐河县以家庭为生产单位的适当规模经营的粮食种植可以每年带来万余元的家庭收入。此时,土地不仅是农民的底线保障,还作为生产资料增加了农民的经济收入。一方面,齐河县能够盈利且去除繁重体力劳动的粮食种植环节,为被城市就业市场挤出的老年农民提供了就业机会;另一方面,为农村壮年劳动力兼业提供了外出务工时间,由此实现了不同类型农民的共同增收。

二、有为政府与乡土社会支撑的合作共赢

　　齐河模式的地方特色还在于政府和龙头企业在社会化服务中发挥的作用。在齐河县,小农户与龙头企业之间发生的互动多为农地经营权流转,小农户较少直接获取龙头企业的生产托管服务,而是主要依靠在种粮大户、家庭农场、中小型合作社等新型农业经营主体的服务辐射之下的菜单式服务。齐河县农业龙头企业在现阶段发挥的最主要功能不是吸纳就业[①],也并非通过流转小农户农地经营权来推动有意愿的农民脱离农业生产,而是高质量、集约化、标准化地完成了政府购买的普惠性服务。

　　前文已经阐述了政府购买服务后金字塔式的发包结构,以及其联农带农的作用机制。由于齐河县对承接政府购买普惠性服务的专业服务组织有规模要求,需要至少配备 4 台大、中型拖拉机及

　　[①]　以第一章中的周庄村为例,龙头企业在该村承包的土地作为山西科研团队的实验用田,产生的除草、打药需求在本村的雇工范围也仅是 60 岁以上的女性 15—16 位,65 岁到 70 岁的男性 10 位,女性工资约 70—80 元/天,男性工资约 100 元/天。且打药、除草、采土样、拔麦子、数麦穗等 90%的工作只需要女工,重体力工作基本上由机械进行。

其配套机具,20 台植保机动喷雾器、4 台大型联合收割机,以及相应的农机存放库棚面积,生产车间 200 平方米以上、办公管理用房 100 平方米以上,经营服务面积 2000 亩以上,单次承包的统防统治作业地块集中连片不少于 300 亩。① 因此,政府普惠性农业社会化服务往往由大型合作社和涉农企业竞标,主要发挥规模作业和资源整合的作用。

由此,在齐河县政府持续、高额的财政支出和较为有力的服务监管之下,龙头企业在中标政府购买服务项目后,将工程发包给中小型合作社分区域操作或者借调外部机械,中小型合作社又可以联合种粮大户、家庭农场乃至个体机手,在县域内实现农业社会化服务资源的调配与整合。金字塔式的资源整合与现有研究的结论一致,禀赋资源互补的情况下农业企业与农户有望达成共同的价值主张,基于组织模式优化与标准化经营实现价值共创。② 基于政府购买的普惠性服务,齐河县小农户也得以获取龙头企业批量供给的标准化服务,粮食产量得到了基本保障。

此外,山东地区乡土社会内部关系仍然保持较为紧密的状态,小农户在政府统一购买的普惠性服务之外,能够通过自身社会网络获取差异化的农业服务作为补充。小农户与现代农业经营体系的衔接,是我国农业生产普遍面临的问题。研究指出,由于交易成本过高、管理风险较大,社会化服务组织缺乏激励向分散农户供给服务,而且标准化服务也难以满足农户差异化的服务需求,往往需

---

① 孟令兴主编:《"齐河模式"打造华夏第一麦》,中国农业出版社 2015 年版。
② 孙艺荧:《农业企业联农带农发展的长效机制研究——基于价值网络视角的多案例分析》,《农村经济》2023 年第 4 期。

要基层组织和村集体作为中介组织进行统筹服务。① 正如前文所述,齐河县的小农户也借由村集体的统一组织获取了部分服务,但更为常用的渠道还是依靠人情向本村的机手、种粮大户、农资商、合作社等主体获取搭便车式的社会化服务。

最后,多元农业经营主体的分工合作背后,实质上是适度规模经营的边界与优势。由于地方政府对农地经营权流转规模的管控、乡土社会允许返乡农民灵活收回土地,以及土地流入方的经营能力局限三方面的原因,齐河县的农业规模化保持了适度。种粮富农的现代农业经营体系,第一步是维护农民种地的意愿,第二步是"让想种地的人有地可种、有办法种",这不仅涉及农业生产效率问题,也涉及劳动力的吸纳和社会稳定的维护。

总而言之,齐河县通过对国家农业政策的有效执行,加之在县域内进行了符合本地情况的政策细化与标准设立、推广,已经基本建立了多元经营主体共存的社会化服务体系。不同规模与性质的服务主体,在政府购买服务或者补贴扶持下,共同构成了齐河县的社会化服务网络。立体式的服务网络囊括了小农户在内的各类农业经营主体,同时提供了均等化的基础服务和差异化的高阶服务。

至此,本书在经验层面阐明了齐河县何以实现粮食的高产稳产,以及包括小农户在内的各类农业经营主体的共同增收。但是由于我国幅员辽阔,不同地区的农情和民情决定了不可能直接复制照搬齐河县的具体经验,因此,本书的最后部分将从理论层面对齐河模式进行关键要素的提炼,不同地区即便在具体操作与数据

---

① 黄思:《农户本位的农业社会化服务供给研究——基于江汉平原 Y 村的个案分析》,《华中农业大学学报(社会科学版)》2023 年第 4 期。

指标上存在较大差异,但其现代农业体系建设过程多应符合从典型案例中提炼所得的农业发展规律。

第三节 地方经验的借鉴价值与推广意义

立体式复合型的现代农业经营体系,不仅有望支撑起高效集约、高产稳产的粮食生产,推动农民增收与农业高质量发展,还为乡村振兴和中国式现代化建设筑牢根基。但是对我国各地区而言,现代农业经营体系建设都是一个艰巨的过程,当前仍面临一些突出困难:小农户对接现代农业的内生动力不足,自身发展能力有待增强;新型农业经营主体发展不平衡不充分,对小农户的带动能力有待提升;面向小农户的农业社会化服务刚刚兴起,体系建设有待健全等。[①] 因此,齐河县对立体式复合型现代农业的破题不仅对区域性粮食生产和农民增收至关重要,也对我国不同地区探索现代农业高质量发展道路具有借鉴意义。

一、嵌入乡土社会网络的农业资源整合

齐河县现代农业经营体系是在多元主体适度规模经营与社会化服务双重要素驱动之下建立的。适度规模经营对社会化服务体系的建立发挥着推动作用,社会化服务体系对适度规模经营发挥着支撑作用,两大要素一旦在县域内集齐,即可形成相互促进之

---

① 《国务院关于加快构建新型农业经营体系推动小农户和现代农业发展有机衔接情况的报告》,2021 年 12 月 21 日,http://www.npc.gov.cn/npc/c2/c30834/202112/t20211221_315449.html。

势。基于此,本节将进一步提炼多元主体适度规模经营中的各类生产要素配置机制与资源的整合机制,作为我国现代农业高质量发展的首要条件,即实现资源高效利用。

在生产要素的利用方面,土地、劳动力与资金是农业生产最为重要的三大资源要素。关于三类要素对农业生产的促进作用,美国经济学家索洛将经济增长中无法被资本、劳动力等生产要素增长率所解释的余值定义为全要素生产率,并将全要素生产率的提升归因于广义的技术进步。但有学者指出,技术进步无法与劳动力和资本截然分开,附着在劳动力和农用机械等资本上的嵌入式技术进步被低估了,有必要将农业资本存量和农业劳动力的要素质量同时纳入我国农业增长的核算之中。[①]

首先,我国农地分散经营仍是基本农情。农业农村部于 2021年指出,全国范围内小农户基数大,占农业经营户总数的 98%以上,经营耕地 10 亩以下的约 2.1 亿户,土地细碎化问题突出,劳动生产率和资源利用率尚且有待提高,农民科技文化素质整体水平偏低,应用现代生产要素能力有限,自身发展能力不足。[②] 但是与此同时,我国几千年的农业文明是由农民创造,中国小农生产并未经历资本主义生产方式的碾压,而是基于生产主体的自我需要,生成了互帮互助、彼此救助的横向联系,具备了克服危机和压力、延续生存、"脆而不折、弱而不怠"的韧性。[③]

① 罗斯炫、何可、张俊飚:《改革开放以来中国农业全要素生产率再探讨——基于生产要素质量与基础设施的视角》,《中国农村经济》2022 年第 2 期。
② 《国务院关于加快构建新型农业经营体系推动小农户和现代农业发展有机衔接情况的报告》,2021 年 12 月 21 日,http://www.npc.gov.cn/npc/c2/c30834/202112/t20211221_315449.html。
③ 陈军亚:《韧性小农:历史延续与现代转换——中国小农户的生命力及自主责任机制》,《中国社会科学》2019 年第 12 期。

  齐河县小农户在农业现代化转型中表现出了新时代的韧性。该县在分散小农户中实现了土地、劳动力和资金的合理配置。正如第一章和第二章所述,该县的小农户已经是经过家庭内部农地经营权流转的适度规模经营,齐河县人均占有耕地 2.4 亩,平原的地形使耕地成方连片且肥力与灌溉条件接近,家庭种植面积普遍在 10 亩以上。在家庭流转之外,村庄内部的土地流转也占据了齐河县土地流转的大部分。截至 2023 年,全县共流转土地 45 万亩,占到耕地总面积的 34.88%。家庭成员和本土经营者主导的农地经营权流转虽然规模受限,但是具备市场主体难以获得的保障性与灵活性并存的优势。

  其次,土地资源的灵活配置与家庭劳动力配置紧密相连,齐河县青壮年劳动力不仅在家庭内部实现了收益最大化的配置,还具有对外部市场变化的适应能力。正是因为家庭流转的土地经营规模有限,农田水利设施不需要匹配大农田建制,加之人情因素,流出方有机会在面临失业等变故时及时收回农地经营权,流入方也无须过分担心村民偷盗作物或坐地起价等投机行为,灵活而有基本保障的民间合约得以在村庄内部运行。

  最后,在资金配置方面,农业社会化服务市场与非农就业市场共同影响着农民的资金流向。小农户的兼业模式使其获得了工资性收入,改变了单纯依靠粮食种植一年只有两季收入的情况,提升了小农户对农资和社会化服务的购买力,同时提升了农民耕作时间的机会成本,增强了小农户以购买服务替代亲自耕种的动力。种粮大户则依靠惠农贷款和政府补贴购置农机,通过代耕代种等作业,获得粮食种植之外的服务收益,反过来用于农机的保养与更新。此外,齐河县农民无论经营规模大小都普遍具有赊账购买农资的习惯,这使得小农户和种粮大户的资金周转压力和风险分散给了农资商和合作社,一定程度上发挥了对银行贷款的补充功能。齐河县的经验表明,资源的高效整合有赖于村庄社会团结的良好维系。以农田基础设施的集体供给为例,齐河县后拐村具有村集体修建机井的传统,由于农民对土地的投入是以集体为单位的,村内"调地"和整村土地流转都会更加顺利。由此可见,村庄整合农业资源所依赖的集体行动能力生成于农业生产之外,农业现代经营体系的发展则根植于乡土社会之中。

二、上下联动的社会化服务主体协作

在社会化服务资源的利用方面,本书的案例证明,多元服务主体之间的虚拟整合具备效率优势。由于农业生产具有季节性,固定资产、人力资源、机械设备的长期持有均会产生较高的经营成本和经营风险。在社会化服务的供给过程中,并非只能将所有农机、机手、资金等资源合并进入大型公司,还可以通过区域内较为丰厚的社会资本与信息网络进行虚拟整合。如此不仅可以分散服务主体的经营成本与经营风险,还可以更好地融入乡土社会,增加小农户从市场上获取社会化服务的机会。

齐河县的社会化服务体系构建是政府、市场组织和农民三方主体共同建构而成的。从 20 世纪 80 年代至今,齐河县在 40 余年的时间内逐步形成了系统化的社会化服务市场供给体系。从最初零散的服务供给主体以小型农机服务村庄内部局域农民,发展到组织化的新型农业经营主体以大型农机服务全县域的农民。各类新型农业经营主体提供的服务内容也由早期的单一环节服务,发展成为涵盖"产前、产中、产后"的全生产链综合服务,服务模式从

临时雇佣发展为"半托管""全托管"等代耕代种的多元方式。

截至 2023 年,该县拥有了涵盖农业生产全流程的农机服务专业合作社、农机联合作业协会、病虫害统防统治服务队等各类经营性服务组织。其中种植类合作社 520 家、农机农业合作社 433 家、规模以上农业龙头企业 227 家,农机大户 500 多个。不同规模的农业社会化服务主体发挥了各自优势,并且在项目发包中形成合作。龙头企业和合作社联合社承接政府购买服务,通过减少交易主体来降低协调成本、保障服务质量。中小型企业和合作社发挥本土优势,为自身流转而来的农地和周边农户土地提供个性化服务。

在齐河县农业社会化服务供给主体的协作中,机手和种粮大户自发购置差异化的农机,并且有能力将村庄内部的农机购置数量控制在恰好服务于本村耕地面积的范围之内,以满足自身机械化耕作需求为主,为零散的小农户提供人情式的社会化服务,不会形成恶性竞争。在抢收抢种的农忙时节以及全县统一进行病虫害防治的关键时期,齐河县域内的资源会陷入临时性短缺,龙头企业、联合合作社还可以通过跨区域的信息网络,调集县外乃至省外的农机资源进入齐河县。

服务主体的协作离不开有为政府的支持。在推动农业现代化建设的部门协同方面,齐河县政府通过对项目开展定期调度和实地督导检查,全面掌握进展情况,解决困难问题。在督导调度的过程中,齐河县政府不仅会通过设计项目实施情况表、电话沟通等方式进行定期调度,还会深入各项目实施地开展实地督导检查,详细了解项目实施计划、进展情况和存在的困难问题。齐河县政府会在年底对项目组织实施开展绩效评价,重点评价项目任务完成情况和资金使用管理情况,推动项目真正落地发挥效益。同时,各级政府将项目实施工作情况纳入年度综合考核体系,充分调动相关部门工作积极性。齐河农事服务线上平台实现了一站式服务,逐步导入金融保险、政策支持、在线定制等功能,最终形成了齐河县农业社会化服务数据中心和数字平台。在下一步的工作计划中,齐河县将以县级乡村振兴集团有限公司领头,下设乡镇服务中心和镇级联合社,末端对接村集体经济组织,连接种粮大户和小农户。上述组织架构的调整,或将进一步提升齐河县政府在县域内整合资源的能力。

总而言之,齐河县采取的是普惠性服务与经营性服务相结合、综合性服务与专项性服务相配合的资源配置方式。政府与市场联动,市场组织与农户个体结合,散落在县域内的农机、劳动力和资金得到了高效利用,本地资源紧缺时,周边地区的农机资源还会借助市场网络被调动起来,上下联动的社会化服务主体协作模式由此生成。

三、劳动密集型向资金和技术密集型生产模式升级

齐河经验对我国现代农业高质量发展的第三条启示,是从劳动密集型农业向资金和技术密集型农业的发展模式升级。我国农业长期处于小农户劳动密集型的生产模式,存在劳动力投入边际收益递减的内卷化困境。[①] 构建现代农业经营体系,就是推进农业发展从拼资源、拼消耗转向依靠科技创新和提高劳动者素质的过程,也是提高农业资源利用率、土地产出率和劳动生产率的过

---

① 黄宗智:《华北的小农经济与社会变迁》,广西师范大学出版社2023年版。

程。需要用现代物质装备武装农业,用现代科学技术服务农业,用现代生产方式改造农业,转变农业生产要素投入方式,增强综合生产能力和抗风险能力,从根本上改变传统小农户生产只能依靠人力畜力、"靠天吃饭"的局面。[①] 现代农业的高质量发展是相对于传统农业而言的,科学化、机械化、集约化、专业化、标准化、社会化、组织化等是现代农业的重要特征。这意味着需要用现代科学技术改造农业,用现代经营形式发展农业,以现代化的农业生产技术和设备而非人力的大量投入来提高土地产出率、资源利用率和劳动生产率,最终实现国家粮食安全与农民增收。

已有研究指出了农业机械化对中国小农经济的变革意义。我国机械化进程从农业集体化时期到 20 世纪 80 年代一直处于缓慢发展的阶段,2005 年之后在政府的大力推动之下,加之工业化和城市化的快速进展提供了内生动力,农业机械化才得以快速发展。[②] 而现代农业经营体系的齐河模式表明,在机械化的基础之上,高质量农业正在走上资金密集型和技术密集型的发展道路。

资金密集型农业指由政府财政长期投入,在县域内逐步完成农田基础设施建设,推动农业技术扩散,最终实现高产高效的农业生产经营模式。有研究指出,我国农村水电路气房等基础设施条件在改革开放以来得到了持续大幅改善,但农村公路、电力、水利灌溉设施对改造传统农业的基础性作用长期没有得到

---

① 韩长赋:《构建三大体系,推进农业现代化——学习习近平总书记安徽小岗村重要讲话体会》,《人民日报》2016 年 5 月 18 日。
② 焦长权、董磊明:《从"过密化"到"机械化":中国农业机械化革命的历程、动力和影响(1980—2015 年)》,《管理世界》2018 年第 10 期。

应有的关注。① 资金与技术又往往紧密相连,以国家投入大量财政力量的高标准基本农田建设政策为例,其本质就是通过优化生产要素中的技术要素,促进技术进步和农业规模经营来提升粮食产能。②

以齐河县为例,政府的农田基础设施建设是提高粮食产能的重要条件。该县优先选择集中连片、现有的水资源和水利设施条件较好、增产潜力较大的田地来建设基本农田。2008—2015 年,齐河县政府整合投入了近 10 亿元资金提升农田基础设施,埋设管道线缆 342.7 千米、硬化生产路 96 千米、新改建桥涵闸 569 座,打造的粮食高产高效示范区面积从 3 万亩增加到 80 万亩,借助深耕深松、测土配方施肥、秸秆精细化还田等技术,使"吨半粮"核心区土壤有机质含量提升 0.5 个百分点。而齐河县作为一个辖区1411 平方千米、城乡总人口 70 万的农业县,2022 年的地区生产总值为 428.2 亿元、一般公共预算收入 46.1 亿元。由此可见,该县政府对农业生产的投入不可谓不大。

上述跨越乡镇行政边界的大规模农田建设和技术推广所需要的资金数额巨大,市场主体既缺乏资金也缺乏动力,还缺乏协调能力去进行上述基础设施的建设,更遑论由分散的农户进行。即便是齐河县政府,在推动过程中也是长年累月,整合利用了不同时期农田基建工程的项目资金才得以完成。经过农业综合开发、中低产田改造、千亿斤粮食产能工程、农田林网工程、高标准农田建设

① 罗斯炫、何可、张俊飚:《改革开放以来中国农业全要素生产率再探讨——基于生产要素质量与基础设施的视角》,《中国农村经济》2022 年第 2 期。
② 龚燕玲、张应良:《高标准基本农田建设政策对粮食产能的影响》,《华中农业大学学报(社会科学版)》2023 年第 4 期。

等多个项目的整合与叠加,齐河县才最终实现了全县范围内不同类型农业经营主体普遍性的高产与稳产局面。

值得注意的是,资金密集型农业的发展不能仅仅依赖于政府的财政投入,社会资本的进入也是必然趋势。无论是粮食种植还是农业产业链延伸,都需要基层政府严格把控,切实落实监管职责,约束资本逐利导向对小农户利益的风险。例如有研究指出,在江苏省常州市某村,资本下乡过程中存在对政策的碎片化理解和功利化利用,农场经营者在被基层政府明确告知不能改变设施农业用地用途的情况下,依旧以国家鼓励休闲农业和乡村旅游为理由,将"大棚"改建为"大棚房",利用设施农用地开办农家乐,使国家意在鼓励农业发展的政策在基层落地的过程中发生偏差。[①] 齐河县目前的涉农企业正处于发育阶段,如何规范企业行为会是现代农业体系建设中新的命题。

财政资金的大量投入也是实现技术密集型农业生产的重要支柱之一。齐河县从 2012 年开始以政府力量推动农业社会化服务的发展,2012 年制定出台《齐河县农业发展奖扶政策》,2014 年制定出台《齐河县新型农民专业合作组织(粮食、植保、农机)的奖励扶持办法》。相关政策措施包括对百亩以上的种粮大户给予每亩 20—100 元的补贴,在农机具购买补贴、免费供种方面给予倾斜,对省级和市级农民专业合作社示范社分别给予 5000—20000 元的奖励,对辐射带动能力强、服务运作规范的社会化服务组织,政府在购买服务过程中会优先考虑。在各类补贴和奖励措施之下,齐河县新型农业经营主体提供社会化服务的能力得到了发展。

---

① 翟军亮、吴春梅、金清:《基于政策合法性视角的公共政策有效落地分析——以设施农业政策在优成农场的落地为例》,《中国农村观察》2021 年第 1 期。

技术密集型农业的内涵是不依赖人力投入提高单产,而是依靠育种、播种、土壤改良、病虫害防治等各个环节农业技术的改进,最大限度地提升同等条件土地的粮食产能。齐河县政府在技术推广方面做了大量工作。截至 2023 年,全县总共设有农技推广机构 16 个,包括 1 个县级机构和 15 个乡镇级机构,农技推广人员 399 名,其中县级 123 名、乡镇(街道)276 名,形成了"外有科研院所专家顾问,县有技术专家、乡有技术指导员、村有科技示范户"的多层级农技服务网络。

首先,齐河县进行县乡两级农技机构的组织建设和农机人员的人才队伍建设,并且通过培训将高素质农民培养为先进技术应用的带头人。农业技术在乡土社会的传播往往具有关键节点和社会传播效应。齐河县成立了"专家讲师团",由具有高中级职称的农业技术骨干组成,共计举办各类农业技术培训班 36 期,培训8653 人次,重点将农资商、种粮大户等农业技术传播的关键节点纳入其中。已有研究证明,农村关系网络有助于技术向小农户扩散,优先接受先进技术的农户农业生产技术效率每提高 1 个单位,社会网络中与其有关系往来的农户的农业生产技术效率都将提高0.154 个单位。[1]

其次,齐河县通过免费供种、农机补贴、购买服务等方式推广技术。2012—2015 年,齐河县政府连续四年对小麦宽幅播种机发放购置补贴,每年补贴约 600 台,最终全县小麦宽幅播种机的持有数量达到了 3000 余台,成为山东省宽幅精播技术覆盖全县域的首批城市。此外,从 2013 年开始,齐河县财政对 20 万亩核心区实施

---

① 庞海月、张恩齐、陈前恒:《小农户农业生产技术效率的社会互动效应——基于甘肃省203 个农户的调查》,《中国农业资源与区划》2024 年第 6 期。

了深耕深松作业补贴,将全县小麦深耕深松面积推广到了60%以上。2014年,齐河县政府利用高产创建专项资金,购置了160万元的田间施肥机3000台、速效氮肥800吨。2015年,齐河县政府补贴购置玉米播种机700台,直接发放给乡镇村使用。[①] 由此,宽幅精量播种、深耕深松、种肥同播等粮食增产的关键技术随着农机的增多而被逐渐推广。

上述两类措施并行之下,在诸如供应良种、病虫害防治、深松深翻等粮食种植的关键环节,齐河县依靠着政府技术人员、农民专家以及搭载着先进技术的社会化服务,在全县域内将农业技术打造成为公共品,实现了面向多元农业经营主体的普惠性供给。由此,齐河县政府建立了全县农业生产技术的"平流层",将小农户获取社会化服务的成本转移给了政府,构筑了全县范围内精耕细作、高产稳产的粮食生产基本保障。农业技术进步不仅可以带来粮食增产,还会产生一系列正向效应,研究发现通过降低种植成本和解放劳动力外出务工,将农户的人均收入提高了2.397%。[②]

最后,综合全书所述可知,齐河模式实现种粮富农、高产稳产的关键所在是农业多元经营主体在社会化服务支撑之下的适度规模经营。齐河农业现代化建设的重要动力是县级政府有为、乡镇政府担责、村级组织配合。齐河模式有效落地的前提是本土的社会化服务主体、内生于村庄的服务供给机制、不同规模和类型的服务内容高效整合,高效运转的保障是丰厚的社会资本、紧密的社会网络和家庭关系。农业现代化不仅是中国式现代化的重要组成部

---

① 孟令兴主编:《"齐河模式"打造华夏第一麦》,中国农业出版社2015年版。
② 彭继权、张利国:《农业技术进步会降低农户的相对贫困吗——基于节本增产和外出务工的视角》,《农业技术经济》2023年第1期。

分,还是推动其他现代化齿轮转动的关键环节。从齐河模式可以窥见,我国农村有条件发育出本土的现代化农业经营体系。小农户作为生产主体与各类新型农业经营主体之间并非互斥关系,而是共同构成了一个有机系统,嵌入于乡土社会之中;同时又与更为广阔的农业生产和服务市场、非农就业市场紧密相连,并与城乡融合发展息息相关。我们看到在这片黄河流经的肥沃土地上,一年两季的耕种周而复始,地里田间劳作的人与物却日新月异。古老的节气跟黄河一道奔腾不息,满载着一粒粒种子生根发芽、抽穗灌浆的收获喜悦,也充斥着靠天吃饭的"庄稼汉"一年到头的劳苦与忧惧。如今这片土地上的人们依然祈盼风调雨顺,却也越来越无惧旱涝病虫;依然惜地惜粮,却早已不再仅仅为了果腹而日夜辛劳;依然守望相助,却也拥有了更为体系化和技术化的种地帮手。但愿我中华大地上的耕种者皆能如此,搭载现代农业发展的东风获得更加美好的生活,共同筑就国家粮食安全的稳固根基。

附　　录

附录一　社会化服务价格示例（2023 年）

附表 1-1　社会化服务价格示例

种植环节	服务主体	服务对象	服务价格示例
供应良种	政府/农资商	全体农户	市场价每斤 1.8 元,政府补贴每斤 0.4 元
测土配方施肥	合作社	小农户/种粮大户	每亩 160 元
机械耕地/旋耕	合作社	小农户/种粮大户	每亩 70 元
	大户	小农户	每亩 60 元
压实土地	合作社	小农户/种粮大户	每亩 20 元
机械条播/耕种	合作社	小农户/种粮大户	每亩 60—65 元
病虫害防治	合作社	小农户/种粮大户	每亩 50 元
	农资商		每亩 5 元作业费/每亩 30 元农药费
打药	农户	小农户	(雇人)每桶 10 元
除草	合作社	小农户/种粮大户	每亩 30 元
苗后除草	合作社	小农户/种粮大户	每亩 25 元
灌溉	合作社	小农户/种粮大户	每亩 60 元
追肥	种粮大户	小农户/种粮大户	每亩 10 元
机械收割/播种	合作社	小农户/种粮大户	每亩 120 元
收割小麦	本地/外地机手	小农户/种粮大户	每亩 60—70 元

种植环节	服务主体	服务对象	服务价格示例
收割玉米/秸秆还田	本地/外地机手	小农户/种粮大户	每亩100元
机械收割	种粮大户	种粮大户	每亩50元(包括送上门),每亩40元(纯收割)
		小农户	每亩60元
烘干代储	公司	小农户/种粮大户	每斤0.13元左右
金融保险服务	政府/保险公司	小农户/种粮大户	农业保险每亩15.2元;家庭财产保险每户10元

附录二　社会化服务相关政策措施(2014—2023年)

附表 2-1　政府对社会化服务进行监管与组织协调的政策措施

时间	对社会化服务的监管内容	资料来源
2015年	政府对社会化服务的服务内容、服务标准、购买程序、监督管理、资质审核等各项进行统一,划定合作社不同级别评定的资质标准	《山东省齐河县小麦、玉米生产社会化服务标准综合体县市规范》
	齐河县域内农业投入品经营实行市场准入制度,由农业农村局下辖的农业行政执法大队核准	《齐河县绿色食品原料(小麦、玉米)标准化生产基地农业投入品市场准入制度》
	统防统治:县农业农村局制订面积指标,最后评估验收;县植保站分解指标并提供技术信息、防治方案并进行监督审核;服务组织根据所在区域确定地块,要求必须成方成片,不得低于300亩	《山东省齐河县小麦、玉米生产社会化服务标准综合体县市规范》
2015年	建设农业信息服务系统;监测测报服务系统;物联网信息化工程	《山东省齐河县小麦、玉米生产社会化服务标准综合体县市规范》
	县政府及其经济综合主管部门优先安排、确保灌溉用电	《山东省齐河县小麦、玉米生产社会化服务标准综合体县市规范》

续表

时间	对社会化服务的监管内容	资料来源
2016 年	健全了县乡村三级监管体系,完善了农产品质量安全监管追溯平台,强化农业投入品监管力度,推动了农业标准化生产基地建设	《齐河县农业农村局 2016 年工作总结》
2017 年	农产品质量安全监管体系更加健全,追溯体系不断完善,监管执法力度加大	《齐河县农业农村局 2017 年工作总结》
2018 年	开展农产品质量安全检测工作,配合做好农产品质量安全市的整体创建和验收工作,开展农产品质量安全专项整治和农资打假工作,推动农业标准化生产基地建设	《齐河县农业农村局 2018 年工作总结》
2019 年	开展农产品的检测工作,开展农产品质量安全专项检查、农资打假工作,加大农业综合执法力度	《齐河县农业农村局 2019 年工作总结》
2022 年	加强执法监管,保障质量安全;畅通运输渠道,大力发展原粮"四散"(散装、散运、散卸、散存)运输,加快推广应用新型专用运输工具和配套装卸设备,加强对粮食专用运输车辆的技术规范认证	《山东齐河:扛牢粮食安全政治责任,创新产后服务"齐河模式"》
2023 年	抓好品质品牌建设,引领农业高质量发展;强化农产品质量安全监管,全面推行食用农产品达标合格证制度,农产品抽检合格率稳定在98%以上	《齐河县农业农村局 2022 年工作总结》

附表 2-2 政府参与社会化服务供给的政策措施

时间		供给内容	资料来源
2014—2015 年		连续投入 2000 多万元实行夏玉米统一供种。	《"齐河模式"夯实国家粮食安全根基》
2015 年	种子	整合项目资金继续开展全县小麦统一补贴供种,以及 30 万亩核心区玉米统一补贴供种	《齐河县农业农村局 2015 年工作总结》
2021 年		推进良种繁育基地建设,保障良种供给;实行种子精选分级,提高用种质量标准;推广种子包衣技术,确保核心区良种包衣率达 100%	《关于开展"吨半粮"生产能力建设工作的意见(2021 年 11 月 17 日)》

续表

时间	供给内容		资料来源
2015 年	肥料	县土壤肥料工作站提供测土配方施肥建议卡	《山东省齐河县小麦、玉米生产社会化服务标准综合体县市规范》
2015 年		在关键生产环节投入上,购进腐熟羊粪 6000 吨,统一购置 1600 吨控释肥,以补贴的形式发放到绿色增产模式攻关核心区	《齐河县农业农村局 2015 年工作总结》
2021 年		核心区落实"六统一"的耕种技术	《关于开展"吨半粮"生产能力建设工作的意见(2021 年 11 月 17 日)》
2010—2015 年	田间基础设施	县财政 5 年累计投入 9 亿多元,新增改善灌溉面积 80 多万亩	《大方田引领,整建制推进全力打造鲁北黄河大粮仓》
2016 年		通过加大农田基础设施建设、提升农田地力水平、关键技术措施落实	《齐河县农业农村局 2016 年工作总结》
2019 年	农机	完成齐河县 2 万亩水肥一体化项目	《齐河县农业农村局 2019 年工作总结》
2021 年		高标准农田建设任务 8 万亩,总投资 1.2 亿元	《齐河县农业农村局 2021 年工作总结》
2014 年		高产创建专项资金中拿出 160 万元,购置施肥机 3000 台、速效氮肥 800 吨	《"齐河模式"夯实国家粮食安全根基》
2012—2015 年		连续四年购置小麦宽幅播种机近 600 台套	《"齐河模式"夯实国家粮食安全根基》
2022 年		获国家农机补贴资金 1225 万元,补贴农机 640 台	《齐河县农业农村局 2022 年工作总结》
2023 年		提升农业设施装备应用水平;强化机收减损,巩固提升收减损成效;全面落实农机补贴政策;推广农业机械和农机手保险	《2023 年齐河县加快建设绿色优质高效现代化农业强县实施方案》
2022 年	仓储物流	推进"收储运加消"全链条节粮减损,创新实行粮食烘干仓储一体化,投资 5 亿元建成粮食综合服务中心 16 处、智能恒温粮仓 38 座、粮食烘干塔 33 座,新增粮食储备 19 万吨,日烘干能力达到 1.08 万吨,实现烘干仓储设施乡镇全覆盖	《山东齐河:建设大面积"吨半粮"示范区"六粮"同抓保障粮食安全》

续表

时间		供给内容	资料来源
2022年	优价收购	由县属国有企业通过村集体领办合作社,以略高于市场的价格与农户签订粮食种植和收购协议,统一收购农户粮食,乡镇联合社对各合作社收购的粮食进行统计管理,再由国有企业提供"收干储销"一条龙服务	《山东齐河:提升粮食烘干能力筑牢"黄河粮仓"安全》
2022年		加快建设黄河流域(山东)现代农业科学城,国家现代农业产业园年粮食加工能力28万吨、总产值73亿元,落地鲁粮、旺旺等龙头企业36家,就地加工转化率达到80%,与13个省市、500余家商超合作,齐河优质粮价格高于市场均价7%、亩均增收230元以上	《山东齐河:用好"加减乘除"四法筑牢粮食安全"压舱石"》
2014年	产业链延伸	抓好农业品牌建设,2015年计划新增"三品"认证20个以上	《2014年工作总结及2015年工作计划》
2015年		农业产业化经营及农产品加工步伐加快。全县在建、续建1000万元以上农产品加工产业项目16个,固定资产投资26.72亿元	《2015年工作总结及2016年工作计划》
2022年		建立供种、种植、收获、仓储、加工、销售全链条农业产业体系,推动农业"接二连三"	《山东齐河:建设大面积"吨半粮"示范区"六粮"同抓保障粮食安全》
2022年		整县制推进国家农业现代化示范区和国家现代农业产业园建设,加大农业产业化龙头企业引进和培植力度打造农业产业集群;完善"粮头食尾""农头工尾"产业链,整县制推进国家农业现代化示范区和国家现代农业产业园建设,实施"延链、补链、强链、优链"工程	《山东齐河:坚持六化同步促进绿色农业提质增效》

时间	供给内容	资料来源
2023 年	品牌培育	持续培育农产品品牌。坚持市场赋能,以品牌营销带动产业振兴,依托"黄河味道·齐河"区域公用品牌,深化品牌建设,提升"齐河小麦""齐河玉米"等品牌商标知名度;建立公用品牌和自主品牌"双品牌"营销体系,开展小麦策划推广,整合齐河大锅饼、齐河豆腐脑等特色小吃,采取一体化运营、农民免费加盟方式,拓宽农民就业渠道;增加农民收入联合电子商务、抖音、快手新兴业态,打造齐河农特产品品牌推广平台	《2023 年齐河县加快建设绿色优质高效现代化农业强县实施方案》

附表 2-3　政府推动技术集成的政策措施

时间	政府推动的技术集成内容	资料来源
2015 年	针对项目的技术培训:县基地办制定《齐河县绿色食品原料小麦、玉米标准化生产技术规程》,举办技术培训班,要求农户按照内容要求规范、真实填写记录手册,并进行信用体系建设教育	《齐河县全国绿色食品原料标准化生产基地建设情况汇报》
2015 年	建设县电视台、齐河报"专家金点子"专栏、"农政通"手机短信平台。	《山东省齐河县小麦、玉米质量安全生产标准综合体县市规范》
2018 年	围绕粮食绿色高质高效创建,大力开展农业科技培训。积极开展百名科技人员下乡服务活动;举办农业生产技术讲座,开展新型职业农民生产技能培训,完成新型职业农民认定工作,基层农技推广补助项目顺利实施;提升农技人员素质能力,组织县乡农技人员共100 人次赴东平、蒙阴、夏津等地实训学习;做好齐河农技和齐河智农应用程序的安装使用工作。	《2018 年工作总结及 2019 年工作计划(齐河农业农村局)》
2021 年	开展高素质农民培育工作,2021 年德州市下达任务 586 人,实际培育高素质农民 658 人,其中,新型经营主体带头人 584 人、农业领军人才 60 人、农村电商人才培训 14 人,超 12.2%完成任务;开展农民技术职称评定工作	《2021 年工作总结》
2023 年	加强新型职业农民、实用人才、农业科技人才培育引进组织开展职业农民职称评审	《2023 年齐河县加快建设绿色优质高效现代化农业强县实施方案》

续表

时间	政府推动的技术集成内容	资料来源
2023 年	建立农技服务三级体系;创新农技推广三种形式;强化科技培训三方力量	《大力推进"吨半粮"生产能力建设》

附表 2-4　财政补贴与金融保险的政策措施

时间	财政补贴与金融保险政策内容	资料来源
2012 年	对百亩以上种粮大户每亩补贴 20—100 元,在农机具补贴、免费供种方面予以倾斜,对被评为县、市、省级示范社的给予 5000—2 万元奖励	《齐河县人民政府关于印发齐河县农业发展奖扶政策的通知》
2014 年	县财政拿出 500 万专项资金,对发展好、带动能力强的农民合作社给予 10 万—20 万元的奖扶	《齐河县新型农民专业合作组织(粮食、植保、农机)的奖励扶持办法》
2014 年	农村改革、强农惠农政策全面落实;落实小麦直补面积 115.13 万亩,发放直补资金 1.44 亿元;实施整建制高产创建、全程社会化服务、良种补贴、测土配方施肥、新型农民培训、小麦"一喷三防"等 10 类强农惠农项目,圆满完成了项目阶段实施任务,落实惠农资金 4000 多万元	《齐河县农业农村局 2014 年工作总结及 2015 年工作计划》
2013—2015 年	连续三年补贴 20 万亩核心区深耕深松	《"齐河模式"夯实国家粮食安全根基》
2015 年	政策性农业保险。玉米投保面积 113.93 万亩,小麦投保 114.13 万亩,基本实现了小麦、玉米投保全覆盖。小麦受灾面积 1 万亩、玉米受灾面积 9 万亩,为群众争取理赔资金 1087 万元	《2015 年工作总结及 2016 年工作计划》
2015 年	保险服务:农业保险由农户出资 20%、财政补贴 80%,政府推动投保率达 100%	《山东省齐河县小麦、玉米生产社会化服务标准综合体县市规范》
2015 年	齐河农商银行推出"农机保"贷款产品,利率优惠政策:在普通贷款利率浮动基础上少上浮 20 个百分点	《大方田引领,整建制推进,全力打造鲁北黄河大粮仓》
2015 年	成立了全国县域第一家金融控股公司,与中国农科院发起设立 30 亿元的"中农(齐河)产业投资基金"	《大方田引领,整建制推进,全力打造鲁北黄河大粮仓》
2018 年	强农惠农政策进一步落实。完成 2018 年耕地地力补贴发放工作,核实小麦面积 113.13 万亩,发放补贴资金 1.41 亿元。2018 年粮食保险参保工作圆满完成,全县小麦投保 106.49 万亩,玉米投保 104.85 万亩,理赔受灾小麦、玉米 13.16 万亩,理赔金额 1707.3 万元	《齐河农业农村局 2018 年工作总结》

时间	财政补贴与金融保险政策内容	资料来源
2022 年	积极协同金融部门创新金融服务"三农"机制,开展鲁担惠农贷、强村贷、富民贷等金融服务模式,助推产业振兴;抓好小麦、玉米完全成本保险参保投保工作,确保政策性农业保险参保率不低于 90%	《齐河县农业农村局 2022 年工作总结》

参 考 文 献

1．陈超红：《农业人力资源管理问题与解决措施》，《现代农业研究》2020 年第 8 期。

2．陈航英：《土客结合：资本下乡的用工机制研究》，《社会》2021 年第 4 期。

3．陈军亚：《韧性小农：历史延续与现代转换——中国小农户的生命力及自主责任机制》，《中国社会科学》2019 年第 12 期。

4．陈烁文、黄雅、钟涨宝：《家庭生命周期对土地转入行为的影响研究》，《调研世界》2021 年第 9 期。

5．陈锡文：《当前农业农村的若干重要问题》，《中国农村经济》2023 年第 8 期。

6．陈义媛：《集体统筹与中国式农业现代化的可能路径》，《武汉大学学报（哲学社会科学版）》2024 年第 4 期。

7．陈义媛：《农业现代化的区域差异：农业规模化不等于农业现代化》，《理论月刊》2023 年第 4 期。

8．陈义媛：《中国农业机械化服务市场的兴起：内在机制及影响》，《开放时代》2019 年第 3 期。

9．仇童伟、罗必良:《流转"差序格局"撕裂与农地"非粮化":基于中国 29 省调查的证据》,《管理世界》2022 年第 9 期。

10．翟军亮、吴春梅、金清:《基于政策合法性视角的公共政策有效落地分析——以设施农业政策在优成农场的落地为例》,《中国农村观察》2021 年第 1 期。

11．杜其君:《政策细化:一种政策适应性的再生产方式》,《公共管理评论》2023 年第 1 期。

12．龚燕玲、张应良:《高标准基本农田建设政策对粮食产能的影响》,《华中农业大学学报(社会科学版)》2023 年第 4 期。

13．郭晓鸣、温国强:《农业社会化服务的发展逻辑、现实阻滞与优化路径》,《中国农村经济》2023 年第 7 期。

14．黄建红:《基层政府农业政策执行悖论与应对之策——基于"模糊—冲突"模型的分析》,《吉首大学学报(社会科学版)》2022 年第 2 期。

15．黄思:《农户本位的农业社会化服务供给研究——基于江汉平原 Y 村的个案分析》,《华中农业大学学报(社会科学版)》2023 年第 4 期。

16．黄宗智:《华北的小农经济与社会变迁》,广西师范大学出版社 2023 年版。

17．黄祖辉、张晓山、郭红东、徐旭初、苑鹏、梁巧:《现代农业的产业组织体系及创新研究》,科学出版社 2019 年版。

18．焦长权、董磊明:《从"过密化"到"机械化":中国农业机械化革命的历程、动力和影响(1980—2015 年)》,《管理世界》2018 年第 10 期。

19．靳卫东、房芳、陈佩奇:《土地流转有助于提升粮食安全吗——基于土地经营方式转变的分析》,《中国地质大学学报(社会科学版)》2023 年第 4 期。

20．孔祥智:《健全农业社会化服务体系实现小农户和现代农业发展有机衔接》,《农村经营管理》2018 年第 4 期。

21．孔祥智:《中国式农业现代化的重大政策创新及理论贡献》,《教学与研究》2023 年第 2 期。

22．雷坤洪、梁亚文、马睿泽、阮俊虎:《中国农业社会化服务:逻辑建构、水平测度与动态演进》,《农业经济问题》2024 年第 7 期。

23．李谷成:《论农户家庭经营在乡村振兴中的基础性地位》,《华中农业大学学报(社会科学版)》2021 年第 1 期。

24．李海淘、傅琳琳、黄祖辉、朋文欢:《农业适度规模经营的多种形式与展望》,《浙江农业学报》2021 年第 1 期。

25．李蹊:《避责型块内分割:新型城镇化下小城市户籍改革困境分析》,《北京工业大学学报(社会科学版)》2023 年第 3 期。

26．李如潇、杨阳:《中国农业高质量发展水平测度》,《统计与决策》2023 年第 14 期。

27．刘成、李颖、冯中朝:《以"土地规模化"与"服务规模化"推进我国农业适度规模经营》,《学习月刊》2023 年第 3 期。

28．刘可、齐振宏、黄炜虹、杨彩艳:《家庭生命周期对农户规模经营意愿的影响分析——基于长江中游三省稻农的调查与分析》,《中国农业大学学报》2019 年第 3 期。

29．刘洋、陈秉谱、何兰兰:《我国农业社会化服务的演变历程、研究现状及展望》,《中国农机化学报》2022 年第 4 期。

30．刘依杭:《"谁来种粮":小农户与家庭农场的经营特征及逻辑选择》,《农村经济》2023 年第 5 期。

31．芦千文、崔红志:《农业专业化社会化服务体系建设的历程、问题和对策》,《山西农业大学学报(社会科学版)》2021 年第 4 期。

32．芦千文:《中国农业生产性服务业:70 年发展回顾、演变逻辑与未来展望》,《经济学家》2019 年第 11 期。

33．罗斯炫、何可、张俊飚:《改革开放以来中国农业全要素生产率再探讨——基于生产要素质量与基础设施的视角》,《中国农村经济》2022 年第 2 期。

34．吕方:《中国式现代化视域下的"宜居宜业和美乡村"》,《新视野》2023 年第 3 期。

35．孟令兴主编:《"齐河模式"打造华夏第一麦》,中国农业出版社 2015 年版。

36．潘璐:《村集体为基础的农业组织化——小农户与现代农业有机衔接的一种路径》,《中国农村经济》2021 年第 1 期。

37．庞海月、张恩齐、陈前恒:《小农户农业生产技术效率的社会互动效应——基于甘肃省 203 个农户的调查》,《中国农业资源与区划》2024 年第 6 期。

38．彭继权、张利国:《农业技术进步会降低农户的相对贫困吗——基于节本增产和外出务工的视角》,《农业技术经济》2023 年第 1 期。

39．彭继权、吴海涛、孟权:《家庭生命周期、社会资本与农户生计策略研究》,《中国农业大学学报》2018 年第 9 期。

40．孙明扬:《基层农技服务供给模式的变迁与小农的技术获取困境》,《农业经济问题》2021 年第 3 期。

41．孙生阳、孙艺夺、胡瑞法、张超、蔡金阳:《中国农技推广体系的现状、问题及政策研究》,《中国软科学》2018 年第 6 期。

42．孙新华、付莹莹:《细碎土地规模化流转的组织技术》,《南京农业大学学报(社会科学版)》2023 年第 2 期。

43．孙艺荧:《农业企业联农带农发展的长效机制研究——基于价值网络视角的多案例分析》,《农村经济》2023 年第 4 期。

44．唐金玲、匡远配:《农地流转的粮食增产效应测度及调适——以湖南省 2005—2016 年的数据为例》,《湖南农业大学学报(社会科学版)》2019 年第 6 期。

45．王晓丽、郭沛:《金融科技纾解新型农业经营主体融资困境的路径研究》,《学习与探索》2022 年第 8 期。

46．王亚华:《什么阻碍了小农户和现代农业发展有机衔接》,《人民论坛》2018 年第 7 期。

47．熊春文、柯雪龙:《小农农业何以存续?——基于华北一个村庄的个案研究》,《中国农业大学学报(社会科学版)》2021 年第 6 期。

48．徐宗阳:《机手与麦客——一个公司型农场机械化的社会学研究》,《社会学研究》2021 年第 2 期。

49．徐宗阳:《农民行动的观念基础——以一个公司型农场的作物失窃事件为例》,《社会学研究》2022 年第 3 期。

50．燕艳华、云振宇、席兴军:《中国粮食减损的小农参与:回顾、反思与展望——以河南省 A 县捡麦人为例》,《西北农林科技大学学报(社会科学版)》2023 年第 4 期。

51．杨丽新:《农村公共品的组织化供给与集体再造》,《农村经济》2022 年第 7 期。

52．杨少雄、苏岚岚、孔荣、王慧玲：《农民收入质量：逻辑建构、测度评价与动态演进》，《中国农村经济》2023 年第 8 期。

53．叶敬忠、豆书龙、张明皓：《小农户和现代农业发展：如何有机衔接？》，《中国农村经济》2018 年第 11 期。

54．叶敬忠：《农政问题：概念演进与理论发展》，《社会学研究》2022 年第 1 期。

55．张哲晰、潘彪、高鸣、牧月英、徐雪：《农业社会化服务：衔接赋能抑或歧视挤出》，《农业技术经济》2023 年第 5 期。

56．赵微、张宁宁：《耕地经营规模、家庭生命周期与农户生计策略》，《中国人口·资源与环境》2019 年第 5 期。

57．赵晓峰、赵祥云：《新型农业经营主体社会化服务能力建设与小农经济的发展前景》，《农业经济问题》2018 年第 4 期。

58．赵雪、石宝峰、盖庆恩、吴比、赵敏娟：《以融合促振兴：新型农业经营主体参与产业融合的增收效应》，《管理世界》2023 年第 6 期。

59．赵雅倩、王芳：《"法、理、情"的融合：消极"土政策"在乡村治理中何以存在和运行——以河南省瓮厢村土地调整为例》，《中国农村观察》2023 年第 5 期。

60．郑永君、钟楚原、罗剑朝：《地权整合性、经营嵌入性与乡村产业振兴》，《中国农村观察》2023 年第 3 期。

61．钟丽娜、陈健、吴惠芳：《集体农业生产性服务体系构建的路径与困境——兼论集体经济实现形式》，《农村经济》2022 年第 7 期。

62．周娟、万琳：《农业现代化的双重规模化路径下农业服务型合作社的产生、运行与意义》，《农业经济问题》2023 年第 7 期。

63．朱磊：《农资经销商的转型及其动因分析——基于豫县的实地调研》，《西北农林科技大学学报（社会科学版）》2018年第2期。

64．Chenchen Ren, Xinyue Zhou, Chen Wang, et al., Ageing Threatens Sustainability of Smallholder Farming in China, *Nature*, Vol.616, No.7955, 2023, pp.96-103.

后　记

　　本书系共计 6 本。除总论外,从"地、技、义、利、人"五个维度展开深入研究,分别对应"藏粮于地""藏粮于技""政府责任""农民利益"以及"农耕文明"的目标与愿景。本研究以齐河县为代表的山东省县域实践为样板范例和研究对象,对县域整建制、大规模提升粮食单产,保障国家粮食安全的措施、方法、逻辑和机制进行了全面而系统的探讨。通过实证研究,得出了具有启发性的理论与政策层面的结论,期望能为进一步夯实国家粮食安全根基贡献力量,同时也作为山东省扛起农业大省政治责任、打造乡村振兴"齐鲁样板"的一项系统性理论成果。

　　本项研究于 2023 年年初正式启动。研究团队在德州市齐河县开展了长时间、大规模的实地调研,并多次召开研讨会和论证会,对观点进行提炼,对提纲进行整理与完善。研究和撰写工作主要由来自中国人民大学、北京师范大学、华东理工大学和中共山东省委党校(山东行政学院)的学者承担。在此过程中,研究得到了中共山东省委党校(山东行政学院)、山东省农业农村厅领导同志以及德州市、齐河县党政领导同志的鼎力支持,为调研工作提供了良好条件;农业专家、种粮农户以及粮食产业链上的各类市场主体给予了我们很大的帮助,为研究提供了丰富的资料和专业建议;人民出版社经济与管理编辑部主任郑海燕编审为本书系的出版付出了诸多心血,提供了大力支持。在此,我们一并表示衷心的感谢。

2024年5月,习近平总书记在山东考察期间,明确提出要求山东建设更高水平的"齐鲁粮仓"。本项研究及本书系的出版,正是贯彻落实习近平总书记重要指示精神的具体实践。在炎热酷暑下,我们深入村落、走访农户,与基层干部、科研人员、农户促膝交流、彻夜长谈,细致查阅各类文献资料、认真研读各级政策文件,正是在这些深入实践、融入实践的过程中,我们对之前学习过的理论知识、政策要求、指示精神有了切实、具体、触达心灵的理解与感悟。如今,在本书系出版之际,回顾2023年研究启动时的场景,我们更加深刻地体会到"把论文写在祖国大地上"的内涵与价值。

本书聚焦于"农民利益"主题,由北京师范大学董磊明教授带领团队基于集体调研写作而成。董磊明教授和北京工业大学李蹊老师负责搭建写作框架和把控调研方向,包含两人在内的九名团队成员持续深入田野点展开调研与写作。北京师范大学国曦今老师全程参与了调研与讨论,齐河县农业农村局董永同志为本书观点提炼提供了智力支持。初稿章节写作分工如下:绪论由李蹊、董磊明撰写;第一章由刘绪明、谢梅婕撰写;第二章由谢梅婕、刘绪明撰写;第三章由李胧珊、鲁悦、杨琳撰写;第四章由吴方硕、李蹊、鲁悦撰写;第五章由杨琳、李胧珊、吴方硕撰写;结语由董磊明、李蹊撰写;附录由鲁悦、李胧珊、杨琳整理。全书由李蹊、董磊明统稿和修订,作为集体智慧呈现给大家。

本书系献给为保障国家粮食安全不懈奋斗、默默奉献的劳动者们!

策划编辑：郑海燕
责任编辑：高　旭
封面设计：牛成成
责任校对：周晓东

图书在版编目（CIP）数据

小农户与现代农业发展有机衔接 ：粮食生产多元经营主体与社会化
服务体系研究 ／ 李蹊，董磊明著 . -- 北京 ：人民出版社，2025. 6.
ISBN 978 - 7 - 01 - 027203 - 0

Ⅰ. F323

中国国家版本馆 CIP 数据核字第 2025J6Z652 号

小农户与现代农业发展有机衔接

XIAONONGHU YU XIANDAI NONGYE FAZHAN YOUJI XIANJIE

——粮食生产多元经营主体与社会化服务体系研究

李　蹊　董磊明　著

人民出版社 出版发行

（100706　北京市东城区隆福寺街 99 号）

中煤（北京）印务有限公司印刷　新华书店经销

2025 年 6 月第 1 版　2025 年 6 月北京第 1 次印刷
开本：710 毫米×1000 毫米 1/16　印张：17.25
字数：200 千字

ISBN 978 - 7 - 01 - 027203 - 0　定价：88.00 元

邮购地址 100706　北京市东城区隆福寺街 99 号
人民东方图书销售中心　电话（010）65250042　65289539